事例でわかる

相続税・贈与税と財産評価の要点

岡本武久＋丸田隆英＋八谷昌宏 著

清文社

はしがき

　平成26年秋に清文社から、「相続税・贈与税について、税理士の実務に役立つ本を執筆いただきたい」との依頼を受けた時には、正直丁重にお断りするつもりでした。相続税の基礎控除額の圧縮や贈与税の特例の新設・拡充、そして社会の高齢化に伴い次世代への資産承継の注目度が高まる中、わたしたち税理士にとって相続税・贈与税の重要性が高まることは理解できるのですが、日々の業務に追われる状態で、相続税、贈与税そして財産評価について、専門家である税理士の実務に役立つ書物を執筆するというのは、わたしにはあまりにも荷が重すぎる仕事だと思われたのです。

　まさに、断りの連絡を清文社に入れようとした時、ふっと、その年の6月に国税当局を退官した二人の後輩の顔が思い浮かびました。彼らは長年、大阪国税局で最も資産税案件の調査能力が高い部門でシビアな調査を担当し、また、各署の審理担当者を指導・教育する担当として、課税当局の第一線で活躍してきた者です。そして現在は、精力的に資産税業務に取り組んでいるスペシャリストです。彼らと協力すれば、清文社の期待に応えることができるのでは、と思いなおし、本書の執筆に至りました。この二人とは、もちろん、本書の共同執筆者である岡本武久税理士と八谷昌宏税理士です。

　わたしたちは本書の執筆に当たっては、清文社の依頼目的を踏まえ、特に次の点に留意しました。

① 相続税・贈与税の経験があまりない税理士にも容易に理解できるように基礎的な事項も丁寧に説明すること。また、申告書作成作業に役立つよう事例に基づく申告書の記載例を豊富に入れること。

② 執筆者3名は国税当局で調査、審理及び評価担当を経験した者であるので、この経験を生かし、「見落としがちな項目」、「実務上、よく問題となる点」、そして「後に調査等で指摘を受けないため、申告書作成段階からどのようなことに注意すべきか」等について、「実務上の注意点」や「留意点」というコラムを豊富に挿入し、注意喚起をはかること。

③ 必要な事項を確実に記載するとともに、常に手元においていただけるよう、適量な範囲内に収めること。

　わたしたちの意図したことが本書において実現し、皆さん方の実務に役立つものとなっていれば幸いです。本書の執筆を終えて、わたしたち自身がさらにレベルアップする必要があるという思いを強くしています。本書の内容について、皆様方からのご意見や要望をいただければ幸いです。

　結びになりますが、本書の出版の機会を与えてくださった清文社と最後まで原稿のフォローを担当していただいた同社編集部の井元氏に心から感謝の意を表します。

平成27年7月

執筆者を代表して

税理士　丸田　隆英

目次

I 平成27年1月1日以後の相続及び贈与から適用される改正事項

一 相続税に関する改正事項 …………………………………………………… 1
- ① 相続税の算定方法と改正事項　1
- ② 各改正事項の内容　2
  - (1) 遺産に係る基礎控除額の引下げ　2
  - (2) 税率構造の見直し　2
  - (3) 小規模宅地等の特例の見直し　3
  - (4) 税額控除額の引上げ　5

二 贈与税に関する改正事項 …………………………………………………… 6
- (1) 暦年課税における税率構造の見直し　6
- (2) 相続時精算課税の要件の改正　7
- (3) 直系尊属から住宅取得等資金の贈与を受けた場合の贈与税の非課税特例の延長・拡充　7
- (4) 直系尊属から教育資金の一括贈与を受けた場合の贈与税の非課税特例の延長・拡充　8
- (5) 結婚・子育て資金の一括贈与に係る贈与税の非課税特例の創設　8

三 事業承継税制に関する改正事項 …………………………………………… 9
- ① 適用要件の見直し　10
  - (1) 後継者の親族要件の見直し　10
  - (2) 先代経営者の要件の緩和　10
- ② 納税猶予期限の確定事由の見直し　10
  - (1) 雇用確保要件の緩和　10
  - (2) 総収入金額の見直し　10
- ③ 負担の軽減　10
  - (1) 債務控除の方法の見直し　10
  - (2) 民事再生計画の認可等があった場合の猶予税額の再計算　10
- ④ 納税猶予を受けている株式の再贈与についての課税の見直し　10
  - (1) 経営贈与承継期間後の贈与　10
  - (2) やむを得ない理由がある場合の経営贈与承継期間内の贈与　10

Ⅱ 相続税の要点と申告書作成

- 一 はじめに …………………………………………………………………… 13
- 二 相続税の要点 ……………………………………………………………… 13
  - ① 相続人の確認　13
    - (1) 法定相続人　13
    - (2) 養子縁組　13
    - (3) 相続分　14
  - ② 申告義務者の確認　16
  - ③ 遺言書の有無の確認　16
    - (1) 公正証書遺言　17
    - (2) 自筆証書遺言　17
  - ④ 納税義務者　17
  - ⑤ 財産の把握　17
    - (1) 不動産　18
    - (2) 事業用財産　19
    - (3) 有価証券　19
    - (4) 現金・預金等　19
    - (5) 家庭用動産　22
    - (6) 生命保険金　22
    - (7) 退職手当金　23
    - (8) 貸付金　23
    - (9) 金地金　24
    - (10) 生命保険契約に関する権利　24
    - (11) 債務・葬式費用　25
  - ⑥ 小規模宅地の特例について　25
    - (1) 特例の適用対象となる宅地等　25
    - (2) 上記(1)の宅地のうち、いずれか2以上の宅地等を選択する場合の限度面積　25
    - (3) 特定居住用宅地等　26
    - (4) 特定事業用宅地等　26
    - (5) 特定同族会社事業用宅地等　27
    - (6) 二世帯住宅に居住している場合、老人ホームに入っている場合の取扱い　27
  - ⑦ 農地等についての納税猶予の特例　28
  - ⑧ 非上場株式等についての納税猶予の特例　30
    - (1) 特例を受けるための要件　30
    - (2) 経済産業大臣の認定　31
    - (3) 特例の対象となる非上場株式等の数　32
    - (4) 納税猶予額の計算　32

- 9 財産分割についての確認　33
- 10 相続税額の計算　33
  - (1) 基礎控除額　33
  - (2) 相続税の総額　34
  - (3) 各人の相続税額の算出　35

三　相続税の申告書等の記載事例 ……………………………………… 37
- (1) 一般的な場合　37
- (2) 相続時精算課税の適用者がいる場合　55
- (3) 農地の納税猶予を受ける場合　64
- (4) 非上場株式等に係る納税猶予を受ける場合　78
- (5) 財産が未分割の場合　89

III　贈与税の要点と申告書作成

一　はじめに ……………………………………………………………… 99
- 1 贈与とは　99
- 2 贈与の種類　100
- 3 贈与があったとみなされる場合　100
  - (1) 保険料を負担した者以外の人が保険金を受け取った場合　100
  - (2) 委託者以外の者を受益者とする信託契約を設定した場合の信託受益権　101

二　贈与税の要点 ………………………………………………………… 102
- 1 贈与税の概要　102
  - (1) いつ贈与したことになるのか？（贈与によって財産を取得した時期）　102
  - (2) 誰が（贈与者）　103
  - (3) 誰に（受贈者＝納税義務者）　103
  - (4) 何を贈与するのか（贈与税の課税財産）　104
  - (5) 取得した財産の価額　104
- 2 贈与税の非課税財産　105
- 3 贈与税の申告　105
- 4 暦年課税と相続時精算課税　106
  - (1) 暦年課税　106
  - (2) 相続時精算課税　106
- 5 贈与する前に確認しておきたい事項　107
  - (1) 贈与財産の時価　107
  - (2) 贈与者と受贈者の意思確認　107
- 6 親子間の金銭の貸借　108
- 7 贈与税の計算方法　108
  - (1) 贈与税の課税価格　108
  - (2) 同じ年に暦年課税分と相続時精算課税分がある場合の贈与税の課税価格　108

(3) 暦年課税の場合　109
　　(4) 相続時精算課税の場合　110

三　贈与税の申告書等の記載事例 …………………………………………… 111
　　(1) 現預金等の贈与（暦年課税を選択）　111
　　(2) 土地及び現金等の贈与（相続時精算課税を選択して申告）　113
　　(3) 現預金等の贈与（暦年課税と相続時精算課税の両方を活用する場合）　118
　　(4) 配偶者に対する居住用不動産又は居住用不動産取得資金の贈与（配偶者控除の特例）　122
　　(5) 住宅取得等資金の贈与①（直系尊属から住宅取得等資金の贈与を受けた場合の非課税特例＋暦年課税）　124
　　(6) 住宅取得等資金の贈与②（相続時精算課税特例適用）　129
　　(7) 農地等の贈与（農地等を贈与した場合の納税猶予の特例）（暦年課税）　134
　　(8) 非上場株式の納税猶予の特例　139
　　(9) 直系尊属から教育資金の一括贈与を受けた場合の贈与税の非課税特例　144
　　(10) 結婚・子育て資金の一括贈与に係る贈与税の非課税特例（平成27年度改正・新設）　144

Ⅳ 評価の要点

一　財産の価額 …………………………………………………………………… 147
二　土地 ……………………………………………………………………………… 148
　(一) 土地評価の区分及び評価単位　148
　　1　土地の評価上の区分　148
　　　(1) 原則　148
　　　(2) 異なる地目の土地を一団として評価する場合　149
　　2　評価単位　150
　　　(1) 宅地　151
　　　(2) 田及び畑　154
　　　(3) 山林及び原野　155
　　　(4) 牧場及び池沼　155
　　　(5) 鉱泉地　155
　　　(6) 雑種地　155
　　3　土地の上に存する権利の評価上の区分　156
　(二) 宅地の評価　157
　　1　路線価方式　157
　　2　倍率方式　158
　(三) 路線価方式　160
　　1　画地調整率　160
　　2　画地調整率を用いた宅地の評価　162
　　　(1) 奥行価格補正率　162
　　　(2) 側方路線影響加算率　163

(3)　二方路線影響加算率　　165
　　　(4)　間口狭小補正率及び奥行長大補正率　　166
　　　(5)　不整形地補正率　　166
　　　(6)　がけ地補正率　　170
　　3　その他の宅地に影響を与える要因　　172
　　　(1)　無道路地の評価　　172
　　　(2)　セットバックを必要とする宅地の評価　　174
　　　(3)　都市計画道路予定地の区域内にある宅地の評価　　175
　　4　広大地　　176
　　　(1)　広大地の要件　　177
　　　(2)　倍率方式の地域に所在する広大地　　179
　　　(3)　市街化調整区域内の土地の広大地評価　　179
　　　(4)　広大地の評価事例　　180
　(四)　倍率方式　　180
　(五)　農地・山林の評価　　181
　　1　宅地比準方式　　181
　　　(1)　その農地又は山林が宅地とした場合の１㎡当たりの価額　　182
　　　(2)　宅地造成費　　184
　　　(3)　宅地への転用が見込まれない市街地農地等及び市街地山林　　188
　　2　広大な市街地農地等及び市街地山林　　188
　　3　倍率方式　　190
　(六)　不動産調査　　190
　　1　不動産調査とは　　190
　　2　役所調査の内容　　191
　　　(1)　法務局　　191
　　　(2)　市町村役場　　193
三　建物　……………………………………………………………………………　193
　1　建物評価の原則　　193
　2　貸し付けられている建物の評価　　193
　3　建築中の家屋の評価　　194
　4　増改築等に係る家屋の状況に応じた固定資産税評価額が付されていない家屋の評価　　195
四　有価証券　………………………………………………………………………　195
　1　上場株式の評価　　195
　2　取引相場のない株式の評価　　195
　　　(1)　会社の規模に応じた評価方式（原則的評価方式）　　195
　　　(2)　少数株主に係る特例的な評価方式　　196
　　　(3)　会社規模の区分による評価方式　　196
　　　(4)　株主の態様による区分　　197
　　　(5)　計算方法　　199

五　その他の主な財産の評価方法 …………………………………………………… 201
- ① 預貯金　201
- ② 利付公社債　202
- ③ 割引発行の公社債　202
- ④ 貸付信託受益証券　203
- ⑤ 証券投資信託受益証券　203
- ⑥ J-REIT　203
- ⑦ 生命保険契約に関する権利　203
- ⑧ ゴルフ会員権　203
- ⑨ 一般動産　204
- ⑩ 書画骨とう品　204
- ⑪ たな卸商品等　204

凡例

相法	…………	相続税法
措法	…………	租税特別措置法
相基通	………	相続税基本通達
評価通達	……	財産評価基本通達

※　本書の内容は、平成27年7月1日現在の法令・通達等によっています。
　なお、本書に収録している記載例の様式は、平成26年分のものを一部加工して使用しているものがあります。あらかじめご了承ください。

Ⅰ 平成27年1月1日以後の相続及び贈与から適用される改正事項

　平成25年度ないし平成27年度税制改正では、相続税及び贈与税について重要な改正が行われています。まずは、相続税及び贈与税の改正内容について説明します。

一　相続税に関する改正事項

　以下の相続税の改正事項は平成27年1月1日以後の相続に適用されますが、小規模宅地等の特例に係る改正事項の一部は平成26年1月1日以後の相続からすでに適用されています。

1　相続税の算定方法と改正事項

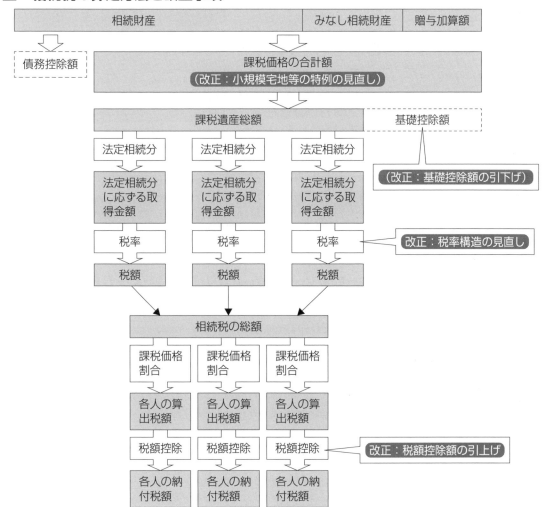

2 各改正事項の内容

(1) 遺産に係る基礎控除額の引下げ

遺産に係る基礎控除額が、改正前の60％相当額に引き下げられました。

	定額控除額	法定相続人数に比例する額
改正前（平成26年12月31日以前）	5,000万円	1,000万円×法定相続人数
改正後（平成27年1月1日以後）	3,000万円	600万円×法定相続人数

例えば、法定相続人が配偶者と子2人の場合の基礎控除額は、次のようになります。

○平成26年12月31日以前

　5,000万円＋1,000万円×3人＝8,000万円

○平成27年1月1日以後

　3,000万円＋600万円×3人＝4,800万円

(2) 税率構造の見直し

法定相続分に応ずる各人の取得金額に対する税率構造が変わり、最高税率が50％から55％に引き上げられました。

改正前（平成26年12月31日以前）				改正後（平成27年1月1日以後）			
法定相続分に応ずる取得金額		税率	控除額	法定相続分に応ずる取得金額		税率	控除額
	1,000万円以下	10％					
1,000万円超	3,000万円以下	15％	50万円	改正前（平成26年12月31日以前と同じ）			
3,000万円超	5,000万円以下	20％	200万円				
5,000万円超	1億円以下	30％	700万円				
1億円超	3億円以下	40％	1,700万円	1億円超	2億円以下	40％	1,700万円
				2億円超	3億円以下	45％	2,700万円
3億円超		50％	4,700万円	3億円超	6億円以下	50％	4,200万円
				6億円超		55％	7,200万円

例えば、課税価格の総額が10億円で法定相続人が妻と子2人の場合の相続税の総額は、次のようになります。

○平成26年12月31日以前

> 基礎控除額：5,000万円＋1,000万円×3人＝8,000万円
> 課税遺産額：10億円－8,000万円＝9億2,000万円
> 各相続人の法定相続分に応ずる取得金額に係る税額：
> ・妻の法定相続分に応ずる税額
> 　9億2,000万円×2分の1（妻の法定相続分）＝4億6,000万円
> 　4億6,000万円×50％－4,700万円＝1億8,300万円
> ・子の法定相続分に応ずる取得金額に係る税額
> 　9億2,000万円×4分の1（子の法定相続分）＝2億3,000万円
> 　2億3,000万円×40％－1,700万円＝7,500万円

相続税の総額：1億8,300万円＋7,500万円×2 ＝ 3億3,300万円

○平成27年1月1日以後

基礎控除額：3,000万円＋600万円×3人＝4,800万円
課税遺産額：10億円－4,800万円＝9億5,200万円
各相続人の法定相続分に応ずる取得金額に係る税額：
・妻の法定相続分に応ずる税額
  9億5,200万円×2分の1（妻の法定相続分）＝4億7,600万円
  4億7,600万円×50％－4,200万円＝ 1億9,600万円
・子の法定相続分に応ずる税額
  9億5,200万円×4分の1（子の法定相続分）＝2億3,800万円
  2億3,800万円×45％－2,700万円＝ 8,010万円
相続税の総額：1億9,600万円＋8,010万円×2 ＝ 3億5,620万円

(3) 小規模宅地等の特例の見直し

特例の対象となる限度面積が引き上げられるとともに、要件の一部が緩和されています。要件の緩和は、平成26年1月1日以後の相続からすでに適用されています。

① 対象宅地等の限度面積の引上げ

小規模宅地等の区分	限度面積		減額割合
	平成26年12月31日まで	平成27年1月1日以後	
① 特定居住用宅地等	240m²	330m²	80％
② 特定事業用宅地等 特定同族会社事業用宅地等	400m²		80％
③ 貸付事業用宅地等	200m²		50％

また、複数の類型の小規模宅地がある場合には、適用可能な限度面積計算は次のとおりです。

○平成26年12月31日以前　　①×$\frac{5}{3}$＋②＋③×2 ≦400m²

○平成27年1月1日以後　　①×$\frac{200}{330}$＋②×$\frac{200}{400}$＋③≦200m²

なお、平成27年1月1日以後の相続については、選択した宅地等が特定事業用宅地等・特定同族会社事業用宅地等及び特定居住用宅地等のみである場合には、完全併用することができることとなり、上記の調整計算は不要となります（特定事業用宅地等・特定同族会社事業用宅地等400m²、特定居住用宅地等330m²、合計730m²まで）。

② 特定居住用宅地等の要件の緩和（平成26年1月1日以後の相続に適用）

イ 二世帯住宅

a 改正前（平成25年12月31日以前）の取扱いの概要

従前は二世帯住宅については建物内部で行き来ができるものは、一の家屋とされていました。一方で、建物内部で行き来できない構造のものは、それぞれの部分ごとで一の家屋として取り扱われてい

ました。
　したがって、建物内部で行き来できない二世帯住宅について、例えば1階部分に被相続人が居住し、2階部分に長男（生計別）が居住していた場合（下図参照）の取扱いは次のようになっていました。

1階部分に係る敷地部分	被相続人の居住の用に供されていた宅地であり、他の要件を満たせば小規模宅地等の適用が可能。
2階部分に係る敷地部分	生計別親族である長男の居住の用に供されていた宅地であるので、小規模宅地等の特例の対象には該当しない。

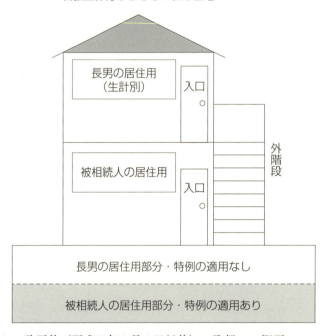

各独立部分からなる二世帯住宅

b　改正後（平成26年1月1日以後）の取扱いの概要
　構造上独立した（外部でのみ行き来できる）各部分から構成されている二世帯住宅についても、被相続人が居住している部分以外に居住している者が被相続人の親族（生計一であるか生計別であるかは問いません。）であれば、敷地全体が特定居住用宅地等の対象となります。
　したがって、上図の場合には長男の居住用部分も含めて敷地全体が小規模宅地等の特例の対象となります。
　ただし、区分所有建物の旨の登記がされている場合には、上記の取扱いはありません。
ロ　老人ホーム関係
a　改正前の取扱いの概要
　国税庁ホームページ質疑応答事例において、老人ホームに入所した場合の取扱いが、次のとおり公表されていました。

【回答要旨】
　被相続人が居住していた建物を離れて老人ホームに入所したような場合には、一般的には、そ

れに伴い被相続人の生活の拠点も移転したものと考えられます。しかし、個々の事例のなかには、その者の身体上又は精神上の理由により介護を受ける必要があるため、居住していた建物を離れて、老人ホームに入所しているものの、その被相続人は自宅での生活を望んでいるため、いつでも居住できるような自宅の維持管理がなされているケースがあり、このようなケースについては、諸事情を総合勘案すれば、病気治療のため病院に入院した場合と同様な状況にあるものと考えられる場合もありますから、一律に生活の拠点を移転したものとみるのは実情にそぐわない面があります。

そこで、被相続人が、老人ホームに入所したため、相続開始の直前においても、それまで居住していた建物を離れていた場合において、次に掲げる状況が客観的に認められるときには、被相続人が居住していた建物の敷地は、相続開始の直前においてもなお被相続人の居住の用に供されていた宅地等に該当するものとして差し支えないものと考えられます。

(1) 被相続人の身体又は精神上の理由により介護を受ける必要があるため、老人ホームへ入所することとなったものと認められること。
(2) 被相続人がいつでも生活できるようその建物の維持管理が行われていたこと。
(3) 入所後あらたにその建物を他の者の居住の用その他の用に供していた事実がないこと。
(4) その老人ホームは、被相続人が入所するために被相続人又はその親族によって所有権が取得され、あるいは終身利用権が取得されたものでないこと。

(注)
1 上記(1)について、特別養護老人ホームの入所者については、その施設の性格を踏まえれば、介護を受ける必要がある者に当たるものとして差し支えないものと考えられます。
なお、その他の老人ホームの入所者については、入所時の状況に基づき判断します。
2 上記(2)の「被相続人がいつでも生活できるよう建物の維持管理が行われている」とは、その建物に被相続人の起居に通常必要な動産等が保管されるとともに、その建物及び敷地が起居可能なように維持管理されていることをいいます。

b　改正後の取扱い

次の①又は②の理由により相続開始直前において所有している自宅を居住の用に供していなかった場合には、老人ホーム等に入所又は入居直前の被相続人の居住の用に供していた宅地等は、相続開始直前においても被相続人の居住の用に供されていた宅地等とされることが法律及び施行令で規定されました。

① 介護保険法に規定する要介護認定又は要支援認定を受けていた被相続人が、養護老人ホーム、有料老人ホーム又はサービス付き高齢者向け住宅等の一定の施設又は住居に入居していたこと。
② 障害者の日常生活及び社会生活を総合的に支援するための法律に規定する障害者支援区分の認定を受けていた被相続人が障害者支援施設又は共同生活援助を行う住居に入所又は入居していたこと。

ただし、当該自宅敷地を事業（事業に準ずる不動産の貸付を含む）の用又は被相続人等以外の者の居住の用に供されていた場合は、この限りではありません。

(4) **税額控除額の引上げ**

未成年者控除及び障害者控除に係る税額控除額が引き上げられました。

① 未成年者控除額

改正前（平成26年12月31日以前）	6万円×（20歳－相続開始時の年齢）
改正後（平成27年1月1日以後）	10万円×（20歳－相続開始時の年齢）

② 障害者控除額

改正前（平成26年12月31日以前）	6万円（12万円）×（85歳－相続開始時の年齢）
改正後（平成27年1月1日以後）	10万円（20万円）×（85歳－相続開始時の年齢）

（注） 12万円又は20万円は特別障害者の場合

二　贈与税に関する改正事項

(1) 暦年課税における税率構造の見直し

平成27年1月1日以後は、次の区分に応じて改正後の税率が適用されます。

① 贈与を受けた年の1月1日時点で20歳以上である者が父母・祖父母などの直系尊属から贈与を受けた場合

基礎控除後の課税価格	税率	控除額
200万円以下	10%	－
200万円超　400万円以下	15%	10万円
400万円超　600万円以下	20%	30万円
600万円超　1,000万円以下	30%	90万円
1,000万円超　1,500万円以下	40%	190万円
1,500万円超　3,000万円以下	45%	265万円
3,000万円超　4,500万円以下	50%	415万円
4,500万円超	55%	640万円

② ①以外の場合

基礎控除後の課税価格	税率	控除額
200万円以下	10%	－
200万円超　300万円以下	15%	10万円
300万円超　400万円以下	20%	25万円
400万円超　600万円以下	30%	65万円
600万円超　1,000万円以下	40%	125万円
1,000万円超　1,500万円以下	45%	175万円
1,500万円超　3,000万円以下	50%	250万円
3,000万円超	55%	400万円

I 平成27年1月1日以後の相続及び贈与から適用される改正事項

（参考） 平成26年12月31日以前の贈与

基礎控除後の課税価格	税率	控除額
200万円以下	10%	—
200万円超　300万円以下	15%	10万円
300万円超　400万円以下	20%	25万円
400万円超　600万円以下	30%	65万円
600万円超　1,000万円以下	40%	125万円
1,000万円超	50%	225万円

(2) 相続時精算課税の要件の改正

相続税精算課税の贈与者及び受贈者の要件が見直されました。

	改正前（平成26年12月31日以前）	改正後（平成27年1月1日以後）
贈与者	65歳以上の者	60歳以上の者
受贈者	・20歳以上の者 ・贈与を受けた時において贈与者の推定相続人	・20歳以上の者 ・贈与を受けた時において贈与者の推定相続人又は孫

（注） 年齢は贈与をした（受けた）年の1月1日時点

(3) 直系尊属から住宅取得等資金の贈与を受けた場合の贈与税の非課税特例の延長・拡充

20歳以上（その年1月1日現在）の子や孫が直系尊属から住宅取得等資金の贈与を受けた場合の贈与税の非課税特例について、次の見直しがされた上、その適用期限が平成31年6月30日まで延長されています。

① 非課税限度額の拡充

住宅用家屋の取得等に係る契約の締結時期	対価又は費用の額に含まれる消費税の税率が10%の場合		左記以外の場合	
	良質な住宅用家屋	左記以外の住宅用家屋	良質な住宅用家屋	左記以外の住宅用家屋
～平成27年12月			1,500万円	1,000万円
平成28年1月～9月			1,200万円	700万円
平成28年10月～平成29年9月	3,000万円	2,500万円	1,200万円	700万円
平成29年10月～平成30年9月	1,500万円	1,000万円	1,000万円	500万円
平成30年10月～平成31年6月	1,200万円	700万円	800万円	300万円

（注）1　上記の「良質な住宅用家屋」とは、省エネルギー対策等級4（平成27年4月以降は断熱等性能等級4）又は耐震等級2以上若しくは免震建築物に該当する住宅用家屋をいいます。

（注）2　東日本大震災の被災者が直系尊属から住宅取得等資金の贈与を受けた場合の贈与税の非課税措置についても、非課税限度額が次のように拡充された上、その適用期限が平成31年6月30日まで延長されています。

住宅用家屋の取得等に係る契約の締結時期	対価又は費用の額に含まれる消費税の税率が10%の場合		左記以外の場合	
	良質な住宅用家屋	左記以外の住宅用家屋	良質な住宅用家屋	左記以外の住宅用家屋
～平成27年12月			1,500万円	1,000万円
平成28年1月～9月				
平成28年10月～平成29年9月	3,000万円	2,500万円		
平成29年10月～平成31年6月	1,500万円	1,000万円		

② 「良質な住宅用家屋」の範囲に、一次エネルギー消費量等級4以上に該当する住宅用家屋及び高齢者等配慮対策等級3以上に該当する住宅用家屋が加えられました。

③ 適用対象となる増改築の範囲に、一定の省エネ改修工事、バリアフリー改修工事及び給排水管又は雨水の浸水を防止する部分に係る工事が加えられました。

④ 平成28年9月以前に契約を締結した住宅用家屋について上記①の「左記以外の場合」に掲げる非課税限度額の適用を受けた場合であっても、上記①の「対価又は費用の額に含まれる消費税の税率が10％の場合」に掲げる非課税限度額の適用を受けることができます。

(4) 直系尊属から教育資金の一括贈与を受けた場合の贈与税の非課税特例の延長・拡充

30歳未満の者（以下「受贈者」といいます。）が、教育資金に充てるため、金融機関等との一定の契約に基づき、受贈者の直系尊属から①信託受益権を付与された場合、②書面による贈与により取得した金銭を銀行等に預入をした場合又は③書面による贈与により取得した金銭等で証券会社等で有価証券を購入した場合には、信託受益権又は金銭等の価額のうち1,500万円までの金額に相当する部分の価額については、金融機関等の営業所等を経由して教育資金非課税申告書を提出することにより贈与税が非課税となる特例の適用期限が、平成31年3月31日まで延長されています。

また、教育資金の内に、通学定期券代、留学のための渡航費などの交通費が含まれることとされました。

(5) 結婚・子育て資金の一括贈与に係る贈与税の非課税特例の創設

① 非課税特例の概要

個人（20歳以上50歳未満の者に限ります。以下「受贈者」といいます。）の結婚・子育て資金の支払に充てるためにその直系尊属（以下「贈与者」といいます。）が金銭等を拠出し、金融機関（信託会社（信託銀行を含みます。）、銀行等及び金融商品取引業者（第一種金融商品取引業を行う者に限ります。）をいいます。）に信託等をした場合には、信託受益権の価額又は拠出された金銭等の額のうち受贈者1人につき1,000万円（結婚に際して支出する費用については300万円を限度とします。）までの金額に相当する部分の価額については、平成27年4月1日から平成31年3月31日までの間に拠出されるものに限り、贈与税を課さないこととされます。

② 結婚・子育て資金とは

上記の「結婚・子育て資金」とは、次に掲げる費用に充てるための金銭をいいます。

イ 結婚に際して支出する婚礼（結婚披露を含む。）に要する費用、住居に要する費用及び引越に要する費用のうち一定のもの

ロ 妊娠に要する費用、出産に要する費用、子の医療費及び子の保育料のうち一定のもの

③　申告

　受贈者は、本特例の適用を受けようとする旨等を記載した非課税申告書を、金融機関を経由し受贈者の納税地の所轄税務署長に提出しなければなりません。

④　払出しの確認等

　受贈者は、払い出した金銭を結婚・子育て資金の支払に充当したことを証する書類を金融機関に提出しなければなりません。

　金融機関は、提出された書類により払い出された金銭が結婚・子育て資金の支払に充当されたことを確認し、その確認した金額を記録するとともに、その書類及び記録を結婚・子育て資金を管理するための契約（以下「結婚・子育て資金管理契約」といいます。）の終了の日の翌年3月15日後6年を経過する日まで保存しなければならないこととされています。

⑤　結婚・子育て資金管理契約の終了

　次に掲げる事由に該当した場合には、結婚・子育て資金管理契約は終了します。

　イ　受贈者が50歳に達した場合

　ロ　受贈者が死亡した場合

　ハ　信託財産等の価額が零となった場合において終了の合意があったとき

⑥　終了時の取扱い

　上記⑤イ又はハに掲げる事由に該当したことにより結婚・子育て資金管理契約が終了した場合において非課税拠出額から結婚・子育て資金支出額を控除した残額があるときは、これらの事由に該当した日に当該残額の贈与があったものとして受贈者に贈与税が課されます。

　なお、上記⑤ロに掲げる事由に該当したことにより結婚・子育て資金管理契約が終了した場合には、非課税拠出額から結婚・子育て資金支出額を控除した残額については、贈与税は課されません。

⑦　期間中に贈与者が死亡した場合の取扱い

　信託等があった日から結婚・子育て資金管理契約の終了の日までの間に贈与者が死亡した場合には、当該死亡の日における非課税拠出額から結婚・子育て資金支出額を控除した残額については、受贈者が贈与者から相続又は遺贈により取得したものとみなして、当該贈与者の死亡に係る相続税の課税価格に加算されます。「直系尊属から教育資金の一括贈与を受けた場合の贈与税の非課税制度」とは、取扱いが異なりますので注意してください。

　なお、この場合において、受贈者が孫である場合には、当該残額に対応する相続税額については相続税額の2割加算の対象とはされません。

三　事業承継税制に関する改正事項

　非上場株式に係る相続税・贈与税の事業承継税制（納税猶予及び免除の特例）について、適用要件及び猶予期限の確定事由の見直し並びに負担の軽減などを考慮した改正が行われました。

　事業承継税制に関する主な改正事項は、次のとおりです。なお、これらの改正事項は、一部を除き平成27年1月1日以後の相続等に係る相続税又は贈与に係る贈与税について適用されます。

1 適用要件の見直し

(1) 後継者の親族要件の見直し

後継者の要件の内、被相続人・贈与者の「親族」であるという要件が廃止されました。したがって、後継者が他人であっても事業承継税制の適用を受けることが可能となりました。

(2) 先代経営者の要件の緩和

贈与税について、これまでは贈与者の役員退任が要件になっていましたが、改正後は贈与時に役員であっても代表権を有していなければ特例の適用が可能となりました。また、役員である贈与者が認定会社から給与の支給等を受けた場合であっても、贈与税の納税猶予の取消事由には該当しないこととなりました。

(3) 適用対象となる資産保有型会社・資産運用型会社の要件についての見直し

① 常時使用従業員数が5人以上であることとする要件は、経営承継相続人等と生計を一にする親族以外の従業員数で判定することとなりました。

② 商品の販売・貸付け等を行っていることとする要件について、経営承継相続人等の同族関係者等に対する貸付けを除外することとなりました。

2 納税猶予期限の確定事由の見直し

(1) 雇用確保要件の緩和

改正前は、「経営承継期間毎年、贈与又は相続開始時の雇用の8割」を確保する必要がありました。改正後は、「経営承継期間平均で、贈与又は相続開始時の雇用の8割」の確保に緩和されました。

なお、経営承継期間とは、原則として申告期限の翌日から5年を経過する日までの期間をいいます。

(2) 総収入金額の見直し

納税猶予期限の確定事由である「総収入金額が零」となった場合の、総収入金額について、営業外収益及び特別利益が除外されることになりました。

3 負担の軽減

(1) 債務控除の方法の見直し

納税猶予税額の計算において、課税価格から債務控除（債務・葬式費用）を行う場合には、非上場株式以外の財産の価額から先に控除するように納税猶予税額の計算方法が変更されました。

(2) 民事再生計画の認可等があった場合の猶予税額の再計算

経営承継期間後に民事再生計画に基づき事業再生を行う場合に、納税猶予額を再計算し、再計算後の納税猶予額で猶予を継続し、再計算前と再計算後の差額を免除する措置が創設されました。

4 納税猶予を受けている株式の再贈与についての課税の見直し

次の見直しは、平成27年4月1日以後の贈与に適用されます。

(1) 経営贈与承継期間後の贈与

経営贈与承継期間経過後に、経営承継受贈者が後継者へ特例受贈非上場株式等を贈与した場合において、その後継者が贈与税の納税猶予制度の適用を受けるときは、その適用を受ける特例受贈非上場株式等に係る猶予税額を免除されます。

(2) やむを得ない理由がある場合の経営贈与承継期間内の贈与

　経営贈与承継期間内に、経営承継受贈者が後継者へ特例受贈非上場株式等を贈与した場合（身体障害等のやむを得ない理由により当該経営承継受贈者が認定贈与承継会社の代表者でなくなった場合に限ります。）において、その後継者が贈与税の納税猶予制度の適用を受けるときは、その適用を受ける特例受贈非上場株式等に係る猶予税額を免除されます（相続税の納税猶予制度についても同様とされます。）。

Ⅱ 相続税の要点と申告書作成

一 はじめに

　相続税の申告書を作成するに際しては、依頼者である相続人との信頼関係を築くことが大事です。相続財産の多寡に関わらず、相続人の協力なしには適正な申告書は作成できません。
　相続人が税理士にきちんと事実を伝えていれば、税務調査で追徴課税を受けることがなかったかもしれないという案件を何度も見てきました。
　もしくは、税理士が申告前に確認さえしておけば、申告漏れにならなかったという案件もたくさんあります。
　相続開始から申告期限まで10か月ありますが、税理士への依頼は、早々にはきません。
　限られた時間の中で、いかに手際よく相続人との信頼関係を築き、適正かつ可能な限り納税者に有利な申告書を作成するかがポイントです。

二 相続税の要点

1 相続人の確認

　申告書には、被相続人の全ての相続人が明らかになる戸籍謄本の添付が必要です。実務では被相続人の出生の日まで遡って戸籍を確認します。申告書を作成する上での基本中の基本です。簡単なことですが、ここをおろそかにすると、相続人の数を間違えて、依頼者に損害を与えることにもなりかねません。

⑴ **法定相続人**（民法886～895）

　配偶者は常に相続人です。配偶者とともに相続人となる第一順位は子、第二順位が親、第三順位が兄弟姉妹です。子がすでに死亡している場合は、孫が代襲して相続人となります。実務上はほとんどないと思われますが、親が相続人となる場合に親が亡くなっていて、祖父母が生きていれば祖父母が相続人となります。
　兄弟姉妹が相続人の場合も同様に代襲相続はありますが、一代、つまり兄弟姉妹の子が限度となります。
　また、非嫡出子の相続分については、平成25年9月4日付最高裁判所の決定を受け、同年12月5日、民法900条の規定が一部改正されて、嫡出子の相続分と同等になりました。

⑵ **養子縁組**

　養子は、縁組の日から、養親の実子としての身分を取得します。（民法809）成人に達した者は、養子をする（養親になる）ことができます。（民法792）
　ただし、尊属（自分の叔父叔母など）や年長者を養子にすることはできません。また、未成年者を

養子にする場合には、家庭裁判所の許可が必要ですが、孫や配偶者の実子を養子にする場合は不要です。（民法793、798）

民法上は養子を何人とってもかまわないですが、相続税の計算上は、実子がいる場合は1人のみ、実子がいない場合は2人までを相続税法上の相続人とすると規定されています。（相法15②）

(3) 相続分

法定相続分の主なものは、次のとおりです。

法定相続人	法定相続分
配偶者と子の場合	配偶者2分の1　子全員で2分の1 子が数名いるときには、2分の1を人数で割ります。 また、相続開始以前に子が先に死亡している場合には、その子（孫）が代襲相続人となります。さらに孫が先に死亡している場合には、その子（ひ孫）が代襲相続人となります。
配偶者と父又は母 （子がいない場合）	配偶者3分の2　父又は母で3分の1 父と母がいる場合には、3分の1を2分の1ずつ、つまり各6分の1となります。 なお、相続開始以前に父母が死亡しており、祖父又は祖母がいる場合には、祖父又は祖母が相続人となります。
配偶者と兄弟姉妹 （子及び親がいない場合）	配偶者4分の3　兄弟姉妹が4分の1 兄弟姉妹が数名いるときには、4分の1を人数で割ります。 ただし、父母の一方のみを同じくする兄弟姉妹の相続分は、父母の双方を同じくする兄弟姉妹の相続分の2分の1となります。また、兄弟姉妹が相続開始以前に死亡している場合には、その子（甥又は姪）が代襲相続人となりますが、兄弟姉妹の代襲は一代限度、つまり甥又は姪までです。
子のみ	全体を子の人数で割ります。 代襲相続があります。
父又は母のみ	全体を父と母で均等に配分します。 相続開始以前に父母が死亡しており、祖父又は祖母がいる場合には、祖父又は祖母が相続人となります。
兄弟姉妹のみ	全体を兄弟姉妹の人数で割ります。 ただし、父母の一方のみを同じくする兄弟姉妹の相続分は、父母の双方を同じくする兄弟姉妹の相続分の2分の1となります。 また、一代限度の代襲相続があります。

また、共同相続人の中に、遺贈を受けたり生前贈与を受けた者（特別受益者）がいる場合の相続分の算定は次のとおりです。

① 被相続人が相続開始の時に有していた財産の価額に、特別受益となる贈与の価額を加算したものを相続財産とみなし、

② ①の価額を法定相続分（遺言による指定相続分がある場合には指定相続分）を乗じて各相続人の相続分額を一応算定し、

③ ②で算定した相続分額から特別受益額（遺贈額及び生前贈与額）を差し引いて各相続人の具体的相続分を算定する。

実務の注意点　　　　　　　　　養子縁組の効果

　養子縁組の効果は、基礎控除額の増額だけではありません。累進税率の緩和効果、相続の一代飛ばしという効果、遺留分対策（つまり、相続人が増えることにより被相続人があまり相続財産を渡したくないと考えている相続人の遺留分を少なくすることができるという効果）、生命保険、死亡退職金の非課税枠の増額という効果、さらには未成年者控除や障害者控除の適用の可能性が増えるという効果など様々な効果があります。

　さらに、小規模宅地の特例において、被相続人の配偶者がすでに亡くなっていて、子どもたちは持ち家がある場合に養子縁組していた孫（持ち家なし）が相続することによって、小規模宅地の特例が使えるという効果の可能性もあります。

留意点

「代襲相続人が被相続人の養子である場合の相続人の数と法定相続分」

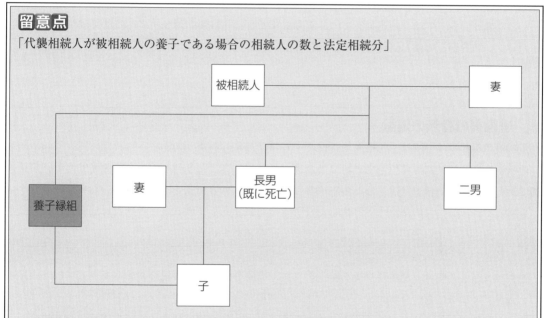

　相続税額を算定する際には、法定相続人数と法定相続分が重要です。

　上図の場合、被相続人の長男が被相続人より先に死亡しており、その子が被相続人の養子となっています。この場合、法定相続人数及び長男の子の法定相続分はどのようになるのでしょうか。

　長男の子は、養子としての資格と長男の代襲相続人としての資格を併せ持つことになりますが、長男の子は実子一人として数えます。したがって、上図の場合には法定相続人数は、妻・二男・長男の子で3名となります。

　次に法定相続分ですが、長男の子は代襲相続人としての相続分と養子としての相続分との双方を有することになります。したがって、法定相続分は、次のようになります。

妻	1／2
二男	1／2×1／3＝1／6
長男の子	代襲相続分 (1／2×1／3) ＋ 養子としての相続分 (1／2×1／3) ＝1／3

（相基通15-4）

2　申告義務者の確認

相続人以外にも申告義務が生じる場合があります。

いわゆる、みなし相続財産を相続人以外の者が取得した場合です。

よく死亡保険金を愛人が取得した場合という例がありますが、そのような場合でなくても、孫や相続人の配偶者が死亡保険金を受け取るということはよくあることです。

みなし相続財産としては、死亡退職金もありますが、死亡退職金を相続人以外の者が取得することは、あまりありません。

> **実務の注意点**
>
> ここで、実務上気を付けなければならない点は、相続税の2割加算と相続財産に加算される相続開始前3年以内の暦年課税分の贈与です。
>
> 2割加算については、後述しますので省略しますが、相続開始前3年以内の暦年課税の贈与についての加算が、相続人以外のみなし相続財産を取得した者についても適用されるので注意が必要です。

3　遺言書の有無の確認

遺言書の有無については、相続人等に確認すれば、通常、わかります。

遺言書に財産の分割等について書いてあれば、その遺言書どおりの分割でも構いませんし、相続人間で話し合って、遺言書とは異なる内容の分割協議を行ってもかまいません。

遺言書の作成時には、注意すべき次のような重要な点があります。遺言の作成に当たっては、これらの点からも税理士が適切なアドバイスをすることが求められます。

① 税務上の観点からの検討の重要性

遺言者は多くの場合、相続税法上の特例等に関して熟知していない場合が多くあります。したがって、遺言書どおりに財産分割をすると、例えば小規模宅地の特例が使えなくなる場合もあります。

また、遺言者の特定の者への思いが強すぎるあまりに、例えば配偶者に財産を過度に遺贈することにより、結果的に二次相続で子が過大な相続税を強いられることになったり、孫に財産を遺贈することにより2割加算による税額が過大になったりする場合があります。

② 明確に解釈できる遺言であること

遺言の内容は、明確に解釈できるものである必要があります。例えば、「長男に不動産を、次男に金融資産を相続させ、不動産の価額と金融資産の額に不均衡がある場合には清算すること」というような遺言の場合、不動産の価額は何をもって決めるのかという問題が発生します。固定資産税評価額か、相続税評価額か、又は鑑定評価額なのか。時価という点からは鑑定評価額になると思われますが、山林等で何百筆もある場合には多大なコストが発生します。

相続人が明確に解釈でき、スムーズにその内容が実行できる遺言にすることが必要です。

③ 事後のトラブルとならないような遺言にすること

遺言により不動産を共有で相続した場合、共有者間で意見の対立がある場合には、その運用方法等で支障が生じ、有効活用ができなくなる可能性があります。世代が進行すると、共有関係が錯綜する

可能性もあります。

不動産を共有で相続させるような遺言は、その後のトラブルの原因ともなりかねませんので、慎重に検討する必要があります。

④ 遺留分への配慮

遺留分とは、いわば民法が保証した各相続人の最低相続分です。遺留分は配偶者、子及び直系尊属に認められており、兄弟姉妹にはありません。

遺留分は直系尊属のみが相続人である場合には、3分の1で、それ以外の場合には2分の1です。

たとえば、配偶者と子2名が相続人である場合には、

配偶者	遺留分2分の1×法定相続分2分の1　　　　　　＝4分の1
子	遺留分2分の1×法定相続分2分の1×2分の1＝8分の1

となります。

この遺留分を侵害された場合には、1年以内に遺留分の減殺請求をすることができますので、遺言書を作成する場合には、遺留分への配慮が必要です。

遺言書には、公正証書遺言、自筆証書遺言、秘密証書遺言がありますが、実務上は公正証書遺言と自筆証書遺言がほとんどであると思われますので、この2つの遺言方法について、次に解説します。

(1) **公正証書遺言**

遺言者が公証人の面前で、2人以上の証人の立会いのもと、遺言の内容を口授し、それに基づいて公証人が文章にまとめ、公正証書遺言として作成するものです。メリットとしては、紛失や改ざんの心配がなく、家庭裁判所での検認の手続を経る必要がありません。さらに方式の不備で遺言が無効になるおそれもありません。また、文字が書けない人でも公証人が遺言者の署名を代筆することもできます。デメリットは費用がかかる点と、遺言の内容が完全な秘密ではないという点です。

(2) **自筆証書遺言**

遺言者が紙に自ら遺言の内容の全文を書き、かつ日付、氏名を書いて、署名の下に押印します。全て自書でなければならず、パソコンによるものは無効です。

メリットとしては、簡単に作成できて、費用がかからず、遺言の内容や作成についても秘密が保持できます。デメリットは紛失や改ざんの心配があることや文字が書ける人に限定されること、方式不備で無効になる危険もあります。

また、家庭裁判所の検認の手続が必要です。

4 納税義務者（相法1条の3）

被相続人＼相続人		国内に住所あり	国内に住所なし		
			日本国籍あり		日本国籍なし
			国外居住5年以下	国外居住5年超	
国内に住所あり		居住無制限納税義務者	非居住無制限納税義務者		
国内に住所なし	国外居住5年以下				
	国外居住5年超			制限納税義務者	

上記表は被相続人及び相続人の住所地が国内にあるか、国外にあるか、もしくは日本国籍の有無等

により、被相続人の財産のうち、国内財産のみが課税対象になるのか、全世界の財産が課税対象になるのかを一覧にしたものです。

アミかけ部分が無制限納税義務者となり、全世界の財産に課税されるパターンです。アミのない部分の制限納税義務者は、国内財産のみに課税されます。

この表からも明らかなとおり、被相続人もしくは相続人が国内に住所を有しておれば、全世界課税となります。過去には相続人を海外（タックスヘイブン）に居住をさせて、国外財産を贈与し、課税を逃れるといった案件がありましたが、そのような課税逃れは難しくなっています。

5　財産の把握

(1) 不動産

不動産の把握方法としては、毎年4月～5月にかけて、固定資産税の納税通知書が所在地の市町村から送られてきますので、それにより把握することができます。全ての不動産に関して必要という訳ではありませんが、場合によっては、現地確認、役所での確認が必要な場合があります。また、建物のみを所有している場合には借地権の有無について確認が必要です。

留意点

最近、不動産を利用した相続対策として生前にタワーマンションを取得するスキームが流行っています。説明するまでもなく、時価と相続税評価額との乖離を利用するものです。このタワーマンションの相続税評価に関して争われた事案（裁決事例）があるので、ご紹介します。

【タワーマンションの相続税評価に関する裁決事例】

平成19年7月	被相続人が病院に入院	
平成19年8月	タワーマンションの売買契約	293百万円
平成19年8月	所有権移転登記	
平成19年9月	被相続人死亡　申告評価額	58百万円
平成19年11月	相続登記	
平成20年7月	相続人が売却	285百万円

この案件は課税庁が財産評価基本通達第6「この通達の定めにより難い場合の評価」を適用し、当該マンションは取得価額である293百万円で評価することが相当であるとしたものです。
その理由として、
① 被相続人のマンション取得時と相続開始時が近接していること
② 被相続人のマンションの取得価額が293百万円であること
③ 相続人と当該マンションの売却の仲介を依頼された不動産業者との間の一般媒介契約における媒介価格が315百万円であること
④ 当該マンションの近傍における基準地の価格は、相続開始の前後においてほぼ横ばいであること
を挙げています。

実務上、相続開始日に近接した日にマンションを購入して、時価と相続税評価額との乖離を利

用した事例はたくさんあります。何故上記案件が課税庁により否認されたか、それ以前に調査で問題にされたか、もちろん圧縮額が大きいという点もありますが、相続開始後すぐに売却しているという点が非常に大きいと思われます。上記案件でも売却の事実がなければ、課税庁に否認されなかったかもわかりません。

　税理士としては、財産の確認や評価をするだけではなく、財産内容や取得の経緯等を確認して、適切なアドバイスが必要です。

(2) 事業用財産

事業用財産については、所得税の決算書で確認できます。

(3) 有価証券

有価証券で申告が多いのは、上場株式や同族会社である取引相場のない株式です。

> **留意点**
> 　上場株式の確認方法としては、証券会社等からの各種報告書等やカレンダー、預貯金の異動明細から証券会社等との資金の交流を確認する方法、確定申告書や財産債務の明細書、電話帳、香典帳等から確認するという方法があります。
> 　非上場株式は、法人税申告書の別表2や株主台帳、出資者名簿等があります。
> 　有価証券に関しても、現金・預貯金等と同様にいわゆる名義有価証券という問題が存在しますが、実務上は、税務調査においても、名義預貯金ほどは問題にはされていないと思います。有価証券の場合、配当が支払われる場合が多く、確定申告をする場合が多くみられます。確定申告を名義人が行うことによって、管理運用面で税務署側が預貯金ほどは名義財産であると認定しづらい点があります。そういう意味では配当支払のない非上場株式は預貯金と同様に問題になっているケースが多いと思われます。

(4) 現金・預金等

　預金については、自宅や銀行の貸金庫等に保管等してある通帳から確認する方法や主宰法人がある場合にはその法人の取引銀行にも個人の取引がなかったかを確認するという方法もあります。

　申告書を作成する中で、残高を記載するだけであれば、何も問題ありません。

　ただ、次の国税庁の発表にもありますが、相続財産の金額の構成比では、土地に次いで多いのが現金・預貯金となっています。

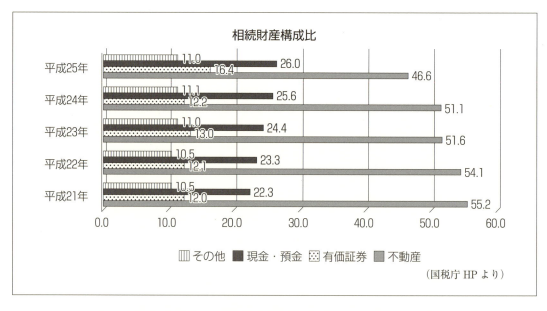

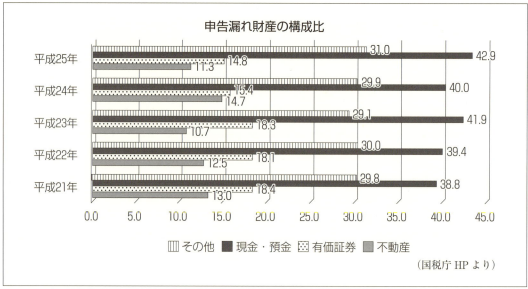

　平成25年中の相続開始分に係る相続財産の内訳として土地が41.5％、現金・預貯金が26.0％となっております。
　さらに、大阪国税局管内の税務調査における申告漏れ財産のうち、現金・預貯金が42.9％を占めています。

実務の注意点

　相続税の税務調査においては現金・預貯金が主な調査項目であることは間違いありません。
　また、発表はありませんが、重加算税の対象となっている財産も現金・預貯金が大部分を占めていると思われます。

そういう意味では、土地の評価も大事ですが、この現金・預貯金の正確な（税務署から指摘されない）計上が申告書作成の一番のポイントであるといっても過言ではありません。

少し古い話になりますが、10年程前までは相続税の調査といえば、無記名の割引債券を見つけることといっても言い過ぎではないくらい、無記名の割引債券の申告除外や申告漏れが多くありました。その無記名の割引債券の販売が平成14年頃に終了し、その償還されたお金はどこにいったのでしょうか。被相続人名義の国内銀行の預金になったものもあるでしょうが、少し前までは本人確認があまり厳しくなかった金地金の購入資金や現金として、自宅等に保管されている部分も多いのではないでしょうか。注意が必要です。

（イ）現　金

実務の注意点

相続税がかかるような家庭であれば、自宅や貸金庫に数百万円、数千万円保管していることは珍しいことではありません。少なくとも相続開始日から3年〜5年ぐらいの預金の異動状況を確認し、使途の不明な大口の現金出金があれば、相続人等に確認して申告漏れのないように注意しなければなりません。中には現金で隠しておけば大丈夫だと思っているような人もいるかもわかりませんが、税務調査で隠していた現金が頻繁に発見されている現実があります。

また、相続開始直前にATMで現金出金を繰り返している案件もよくあります。預金の異動明細には実際に出金をした店舗の店番が印字されています。誰が出金したのかは大体わかるということも知っていないと、依頼者に説明できません。

また逆に、多額の現金を申告計上する場合には、経緯等を添付して申告することをお薦めします。何も説明がなく高額の現金が申告計上されていて相続開始直前の現金出金等と結びつかなければ、税務署から、もっとあるのではないかと思われて調査になる可能性が高いと思われます。

さらに、相続開始日に慌てて葬式費用のためと思い、現金出金されていることもよくあります。悪いことではありませんが、出金後の預金残高で申告し、現金計上するのを忘れていることがよくあるので、注意が必要です。

（ロ）預貯金

近年は、被相続人と相続人が同居ではなく、被相続人の取引金融機関を知らない場合も珍しいことではなくなってきています。

さらにペイオフ対策として、預金を分散させている場合があります。

そのような場合には、自宅周辺の金融機関、法人の取引銀行に加えて、所得税の還付金の振込先金融機関、公共料金の振替口座、財産及び債務の明細書に記載された金融機関等に確認するという方法があります。

> **実務の注意点**
>
> 最近でも郵便局の貯金や国債の申告漏れや申告除外の事例がたくさんあります。
>
> 郵便局の取引の有無については、必ず相続人に確認する必要があります。
>
> さらに、昔から、税務調査で一番問題となっているのが、家族名義の預貯金です。申告に際しては、帰属の問題はさておき、相続人の名義でどの程度の金額の預貯金が存在するのか確認することをお薦めします。
>
> よくあるのは、相続人からの聞き取りが不十分で、税務調査でその存在を指摘されて初めて、税理士が預貯金の存在を知るというパターンです。
>
> 相続人等は、自分の稼ぎから形成した預貯金なのか、贈与されたものなのか、被相続人が名義を使用していただけの預金なのか、大体わかっています。自らの稼ぎから形成されたものであれば、全く問題ありません。贈与されたもので、贈与税の申告も適正にされていれば、これも問題ありません。問題は、被相続人が勝手に（贈与したつもりで）作成した預貯金です。預金を預けた当初は被相続人しか知らない預金であったが、ある特定の時点でその預金が確実に贈与され、その後において相続人のものとして管理・運用されておれば、名義預金とは認定されにくいでしょう。
>
> また、税務調査になれば、税務署は孫名義も含めて、最低でも3年間、長ければ10年間の預貯金の異動履歴を調べます。そこで、資金交流や大口の現金入出金などを抽出します。相続人の協力を得て最低でも死亡日前3年間の預貯金の異動状況は確認するべきと考えます。

(5) **家庭用動産**

家庭用動産としては、原則、売買実例や精通者意見価格を参酌して評価するとなっていますが、実務上は家庭用動産数十万円として一括で申告されていることが多くあります。特別に高価な動産がない限り、そのような簡易な申告で十分であると思われます。

(6) **生命保険金**

生命保険金に関しては、保険会社からの通知がきますし、通帳に振り込まれますので、簡単に把握することができます。ただし、「みなし相続財産」ですので、分割対象財産ではありません。また、相続人以外の方、孫や相続人の配偶者などが取得した場合は、生命保険金の非課税枠を使うことができませんので注意が必要です。さらに、支払われた保険金から契約者貸付金が差し引かれていた場合の生命保険金の額はその差し引かれた後の額で判断します。

次の表は、生命保険金の簡単な課税関係を表したものです。

契約者	被保険者	保険料負担者	受取人	課税関係
A	A	A	B	Aが死亡した場合は、Aの相続財産とみなされBに課税されます。満期の場合は、AからBへの贈与とみなされます。
A	A	C	B	Aが死亡した場合又は満期の場合はともにCからBへの贈与があったとみなされます。
A	A	A	A	Aが死亡した場合には、Aの相続財産とみなされ、Aの相続人に課税されます。満期の場合はAに一時所得が課税されます。
A	B	A	A	Bが死亡した場合又は満期の場合ともにAに一時所得が課税されます。Aが死亡した場合は本来の相続財産（生命保険契約に関する権利）としてAの相続人に課税されます。
A	A	A1／2 C1／2	B	Aが死亡した場合は、1／2はAの相続財産とみなされBに相続税が課税されます。残りの1／2はCからの贈与とみなされ、贈与税が課税されます。満期の場合はA、C二人からの贈与とみなされ、Bに贈与税が課税されます。

(7) 退職手当金

　被相続人の死亡によって取得した被相続人に支給されるべきであった退職手当金、功労金その他これに準ずる給与で、被相続人の死亡後3年以内に支給額が確定したものについては、実際に支給される時期にかかわらず、その支給を受ける者が相続又は遺贈により取得したものとみなされます。

　弔慰金等に関しては、明らかに退職手当金に該当すると認められるものを除き、次の金額を弔慰金（非課税）として取扱い、その金額を超える部分の金額があるときは、その超える部分に相当する金額は退職手当金等に該当するものとして取り扱います。

①	被相続人の死亡が業務上の死亡の場合	被相続人の死亡時における賞与以外の普通給与の3年分に相当する金額
②	被相続人の死亡が業務上の死亡でない場合	被相続人の死亡時における賞与以外の普通給与の半年分に相当する金額

　なお、被相続人の死亡後3年経過後に支給の確定した退職手当金等は、遺族の一時所得として所得税が課税されます。この場合、退職手当金の非課税枠は当然使えませんが、一時所得は2分の1課税です。

(8) 貸付金

　貸付金として被相続人の申告計上が必要なケースとしては、亡くなった方が会社経営をしている場合で、当該法人に対する貸付金というパターンが多いと思われます。これは、法人税の申告書等で確認することができます。

　たまに、相続人に対する貸付金という勘定科目で申告計上されている場合もありますが、これはほとんどの場合、申告書作成過程で相続人の預金口座に被相続人の口座から資金移動があり、贈与税の申告もしていないので、貸付金と処理していることが多いと思います。

申告計上していれば、税務調査であえて、これは贈与です、と言われることはまずないでしょう。

> **実務の注意点**
>
> よくある例として、亡くなった方が経営していた法人に関与している税理士と相続税の申告書を作成している税理士が違う場合に、貸付金を計上することを失念しているケースがあります。
>
> さらに、被相続人以外の相続人から法人への貸付金がある場合の原資についてもよく確認する必要があります。預金や有価証券と同じことで、名義貸付金という場合が多々あります。
>
> 法人が売上を除外して得た資金を資金繰りが厳しいために、法人に還流させたい場合に、代表者ではなく、代表者の相続人からの貸付金として経理処理されている場合もあります。
>
> また、相続対策として、事前に債務免除の手続をとる場合もありますが、その場合は当該法人の他の株主に対するみなし贈与が課税されないか、株価の検討をしてから、実施することをお薦めします。

⑼ 金地金

ペイオフの解禁や現物の割引金融債の販売終了とともに、金地金を所有している割合は高くなっていると思います。

金の価格については、ネット等で相場を調べることができますので、その買取り価格で申告すれば、問題ありません。

ただし、申告書作成段階で被相続人の預金口座の入出金状況から、金取引を把握できる場合（振込等）もありますが、現金取引の場合は、相続人への聞き取りしか把握方法はありません。

保有しているか否かについて、税理士から相続人に尋ねなければ教えてくれない場合もありますので、注意が必要です。

> **実務の注意点**
>
> また、最近、金の仏具が雑誌等で紹介されています。
>
> 確かに相続税法12条で非課税財産として、「墓所、霊びょう及び祭具並びにこれらに準ずるもの」と規定されています。
>
> ただし、「これらのもの（仏具等）であっても、商品、骨とう品又は投資の対象として所有しているものは、これに含まない」と相続税法基本通達12-2に規定されています。

⑽ 生命保険契約に関する権利

相続税対策の一つとして生命保険を利用した商品が様々あります。生命保険契約に関する権利は、被相続人が契約者で相続人等が被保険者であるため、相続が開始しても保険金は支払われないため、保険証券等で確認し、解約返戻金を保険会社に計算してもらいます。

中には高額なものも存在するため、確認漏れのないようにしなければいけません。

Ⅱ　相続税の要点と申告書作成

⑾　債務・葬式費用（相法13条）

　債務として控除できるのは、被相続人の債務で、原則として相続の際に現に存し、かつ、確実と認められるものに限られます。

　葬式費用として認められるものは、①葬式又は葬送に際し、あるいはこれらの前において埋葬、火葬、納骨又は遺がい若しくは遺骨の回送その他に要した費用、②葬式に際し施与した金品で、被相続人の職業、財産その他の事情に照らして相当程度と認められるものに要した費用、③その他葬式の前後に生じた出費で通常葬式に伴うものと認められるもの、④死体の捜索又は死体、遺骨の運搬に要した費用です。

　葬式費用として相続財産から控除できないものとしては、①香典返戻費用、②墓地の購入費用、③法会に要する費用などがあります。

6　小規模宅地の特例について（措法69の4）

　被相続人又は被相続人と生計を一にしていた被相続人の親族（以下「被相続人等」といいます。）の事業の用又は居住の用に供されていた宅地等がある場合には、一定の要件の下に、遺産である宅地等のうち限度面積までの部分（以下「小規模宅地等」といいます。）について、相続税の課税価格に算入すべき価額の計算上、一定の割合を減額する制度です。

⑴　特例の適用対象となる宅地等

相続開始直前における宅地等（※1）の利用区分			要件		限度面積	減額割合
被相続人等の居住の用に供されていた宅地等		①	特定居住用宅地等に該当する宅地等		330㎡	80%
被相続人等の事業の用に供されていた宅地等	貸付事業（※2）以外の事業用の宅地等	②	特定事業用宅地等に該当する宅地等	特定事業用宅地等	400㎡	80%
		③	特定同族会社事業用宅地等に該当する宅地等（一定の法人の事業の用に供されていたものに限る）		400㎡	80%
	貸付事業用の宅地等	④	貸付事業用宅地等に該当する宅地等		200㎡	50%

※1　「宅地等」とは、建物又は構築物の敷地の用に供されている土地又は土地の上に存する権利をいい、棚卸資産等は除きます。

※2　「貸付事業」とは、相続開始の直前において被相続人の「不動産貸付業」「駐車場業」「自転車駐車場業」及び事業と称するに至らない不動産の貸付けその他これに類する行為で相当の対価を得て継続的に行う「準事業」のことをいいます。

⑵　上記⑴の宅地のうち、いずれか2以上の宅地等を選択する場合の限度面積

	特例の適用を選択する宅地等	限度面積
1	特定居住用宅地等①及び特定事業用宅地等（②又は③）	①の適用面積の合計≦330㎡ ②及び③の適用面積の合計≦400㎡　｝合計730㎡
2	貸付事業用宅地等④及びそれ以外の宅地等（①、②又は③）	①の適用面積の合計×$\frac{200}{330}$＋②及び③の適用面積の合計×$\frac{200}{400}$＋④の適用面積の合計≦200㎡

※　つまり、特定居住用宅地等と特定事業用宅地等であれば、併せて730㎡まで、80%減額することができますが、貸付事業用宅地等との併用は、特定居住用宅地等又は特定事業用宅地等がそれぞれ限度面積に満たない場合に併用することができるということです。

(3) **特定居住用宅地等**

　相続開始の直前において被相続人等の居住の用に供されていた宅地等で、次の表の区分に応じ、それぞれに掲げる要件に該当する被相続人の親族が相続又は遺贈により取得したもの（それぞれの要件に該当する被相続人の親族が相続又は遺贈により取得した持分の割合に応じる部分に限られます）をいいます。

区分		特例の適用要件	
		取得者	取得者ごとの要件
被相続人の居住の用に供されていた宅地等	1	配偶者	要件なし
	2	被相続人の居住の用に供されていた一棟の建物に居住していた親族（注）	相続開始の直前から相続税の申告期限まで引き続きその建物に居住し、かつ、その宅地等を相続税の申告期限まで有している人
	3	上記1及び2以外の親族	次の①から③に該当する場合で、かつ、次の④及び⑤の要件を満たす人 ①　相続開始の時において、被相続人若しくは相続人が日本国内に住所を有していること、又は、相続人が日本国内に住所を有していない場合で日本国籍を有していること ②　被相続人に配偶者がいないこと ③　被相続人に、相続開始の直前においてその被相続人の居住の用に供されていた家屋に居住していた親族でその被相続人の相続人（相続の放棄があった場合には、その放棄がなかったものとした場合の相続人）である人がいないこと ④　相続開始3年以内に日本国内にあるその人又はその人の配偶者の所有する家屋（相続開始の直前において被相続人の居住の用に供されていた家屋を除きます）に居住したことがないこと ⑤　その宅地等を相続税の申告期限まで有していること
被相続人と生計を一にしていた被相続人の親族の居住の用に供されていた宅地等	1	被相続人の配偶者	要件なし
	2	被相続人と生計を一にしていた親族	相続開始の直前から相続税の申告期限まで引き続きその家屋に居住し、かつ、その宅地等を相続税の申告期限まで有している人

(注)　「被相続人の居住の用に供されていた一棟の建物に居住していた親族」とは、次の①又は②のいずれに該当するかに応じ、それぞれの部分に居住していた親族のことをいいます。

①　被相続人の居住の用に供されていた一棟の建物が、区分所有建物である登記がされている建物である場合	被相続人の居住の用に供されていた部分
②　①以外の建物である場合	被相続人又は被相続人の親族の居住の用に供されていた部分

(4) **特定事業用宅地等**

　特定事業用宅地等とは、被相続人等の事業の用に供されていた宅地等で、次に掲げる要件のいずれかを満たす被相続人の親族（その親族から相続又は遺贈によりその宅地等を取得したその親族の相続

人を含みます。）が相続又は遺贈により取得したもの（それぞれの要件に該当する被相続人の親族が相続又は遺贈により取得した持分の割合に応じる部分に限られます）をいいます。
① 被相続人等の事業（不動産貸付業その他一定のものを除きます）の用に供されていた宅地等を相続又は遺贈により取得した親族が、相続開始時から相続税の申告期限までの間にその宅地等の上で営まれていた被相続人の事業を引き継ぎ、申告期限までその宅地等を有し、かつ事業を営んでいること。
② 相続又は遺贈によりその宅地等を取得した被相続人の親族が被相続人と生計を一にしていた者であって、相続開始時から申告期限まで引き続きその宅地等を有し、かつ、相続開始前から申告期限まで引き続きその宅地等を自己の事業の用に供していること。

この特定事業用宅地等を判定する場合の事業からは、不動産貸付業、駐車場業、自転車駐車場業及び準事業は除かれます。不動産貸付業、駐車場業又は自転車駐車場業については、その規模、設備の状況及び営業形態等を問わず、全て特定事業用宅地等には該当しません。

(5) **特定同族会社事業用宅地等**

特定同族会社事業用宅地等とは、相続開始直前に被相続人及びその親族その他被相続人と特別の関係がある者が有する株式の総数又は出資の総額がその株式又は出資に係る法人の発行済み株式総数又は出資の総額の５／10を超える法人の事業（不動産貸付業、駐車場業、自転車駐車場業及び準事業を除きます。）の用に供されていた宅地等で、その宅地等を相続又は遺贈により取得した被相続人の親族（申告期限において、その法人の役員である者に限ります）が相続開始時から申告期限まで引き続きその宅地等を有し、かつ申告期限まで引き続きその法人の事業の用に供されている場合のその宅地等（それぞれの要件に該当する被相続人の親族が相続又は遺贈により取得した持分の割合に応じる部分に限られます）をいいます。

なお、使用貸借の場合は適用できませんので、注意が必要です。

(6) 二世帯住宅に居住している場合や被相続人が老人ホームに入っている場合の取扱いが、平成26年1月1日以降の相続又は遺贈について、要件が緩和されました。（3ページ参照。）

留意点
① 小規模宅地の特例は、当初申告において適法に選択された場合、その後において別の宅地を選択した方が有利であることが判明しても更正の請求は認められません。
　また、修正申告においても選択替えはできないので、選択可能な宅地が複数個所ある場合は慎重に検討する必要があります。
② 小規模宅地の特例は申告期限までに分割されていない宅地については適用されません。ただし、申告期限から3年以内に分割された場合は特例の対象とすることができます。この場合、申告期限までに「申告期限後3年以内の分割見込書」を所轄税務署に提出しなければなりません。
　また、申告期限から3年の期間に遺産の分割ができない場合であっても、そのできないことについて、やむを得ない事情がある場合には、税務署長の承認を受けた場合に限り、それぞれに掲げる分割ができることとなった日の翌日から4か月以内に分割された場合には特例の適用が受けられます。この場合、相続税の申告期限後3年を経過する日の翌日から2月を経過する

日までに、そのやむを得ない事情の詳細等を記載した承認申請書を、所轄税務署長に提出する必要があります。

当初申告での「申告期限後3年以内の分割見込書」を忘れる人は少ないですが、「遺産が未分割であることについてやむを得ない事由がある旨の承認申請書」の提出忘れはよくあるので、注意が必要です。

③ 被相続人に配偶者がなく、子供は被相続人とは別に自己の所有の居宅に住んでいる場合、この特例は遺贈でもOKですので、まだ自宅のない孫などに遺贈で渡してこの特例を使うという方法や、養子縁組をしていれば、その養子が分割協議で取得することも可能です。ただし、2割加算との検討は必要です。

④ 特定居住用の減額と特定事業用の減額が完全併用できるようになったので、相続対策の一つとして、非常に有効な手段の一つになったものと思われます。

7 農地等についての納税猶予の特例（措法70の6）

農業を営んでいた被相続人から相続又は遺贈により一定の農地及び採草放牧地並びに準農地（以下「農地等」といいます。）を取得した相続人（以下「農業相続人」といいます。）が、これらの農地等を引き続き農業の用に供していく場合には、一定の要件のもとに、その取得した農地等の価額のうち農業投資価格（評価倍率表に記載）を超える部分に対応する相続税について、納税猶予期限まで納税を猶予する特例です。

納税猶予期限まで納税が猶予された相続税は、原則として免除されますが、納税猶予期限前に農地等の譲渡、贈与、転用等、農業経営の廃止など一定の事由が生じた場合には、猶予されていた相続税の全部又は一部について猶予の期限が確定し、原則として、その相続税額を利子税とともに納付しなければなりません。

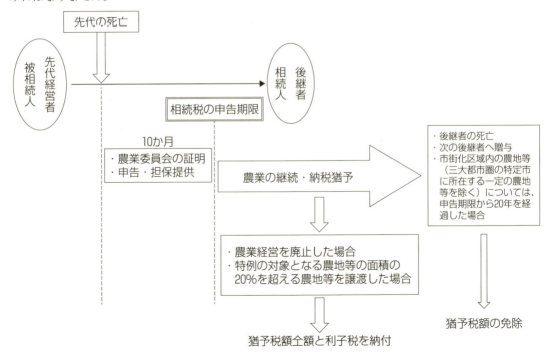

Ⅱ 相続税の要点と申告書作成

都市計画区分		地理的区分	三大都市圏		地方圏
			特定市	特定市以外	
都市計画区域	市街化区域	生産緑地以外	適用不可	20年免除	
		生産緑地	終　身		
	市街化調整区域		終　身		
都市計画区域外					

　上記表は農地の所在地により、納税猶予の適否及び20年免除もしくは、終身営農かを一覧にしたものです。

　なお、特定市の生産緑地について納税猶予の特例を受けた場合には、それ以外の市街化区域内農地についても終身となります。

● 計算例

相続人 A（農業相続人）、B

取得財産 A　…　預金1億円、田100アール（1万m²、所在地大阪府、通常評価額5,000万円）
　　　　　　　　農業投資価格…大阪府 H26年分　10アール当たり　820千円
　　　　　　　　　⇒　100アール　8,200千円

　　　　　B　…　預金1億円

ステップ1

通常の評価額で相続税の総額を計算します。

150,000千円＋100,000千円＝250,000千円

250,000千円－42,000千円＝208,000千円

税率表で計算すると、相続税の総額は49,200千円となります。

ステップ2

農業投資価格で相続税の総額を計算します。

108,200千円＋100,000千円＝208,200千円

208,200千円－42,000千円＝166,200千円

税率表で計算すると、相続税の総額は35,860千円となります。

ステップ3

49,200千円－35,860千円＝13,340千円（納税猶予税額）

ステップ4

A　…　35,860千円×108,200／208,200＝18,636,176円

　　　　18,636,176＋13,340,000円＝31,976,176円（差引税額）

猶予税額13,340,000を控除して18,636,100円（納付税額）
B … 35,860千円×100,000／208,200＝17,223,823円（差引税額）
17,223,800（納付税額）

> **留意点**
> 　農地の納税猶予で一番のポイントは本当に制度を相続人が理解しているかどうかという点です。多数の農業相続人が猶予の途中で、その農地を宅地に転用したり、売却することになり、相続税の本税と利子税を払う際、そんなことは聞いていない、説明を受けていないと発言しているのを聞いたことがあります。実際には聞いているかも知れませんが、本当の意味で理解ができていないまま、とりあえず申告時点の相続税が安いからという安易な気持ちで受けている人が多いのではないかと思います。短くても20年、調整区域は終身農業を続けなくてはいけません。
> 　納税免除ではないということを説明し、理解したうえで制度を利用すべきです。
> 　また、特例農地等の面積の20％を超えて任意に譲渡等した場合に猶予税額の全てについても納税猶予が打ち切られるということについても十分な説明が必要です。

8　非上場株式等についての納税猶予の特例（措法70の7の2）

　後継者である相続人等が、相続等により、経済産業大臣の認定を受ける非上場会社の株式等を被相続人から取得し、その会社を経営していく場合には、その後継者が納付すべき相続税のうち、その株式等（一定の部分に限ります。）に係る課税価格の80％に対応する相続税の納税が猶予され、後継者の死亡等により、納税が猶予されている相続税の納付が免除されます。

　この特例の適用を受けるためには、まず、相続開始後、「中小企業における経営の承継の円滑化に関する法律」に基づき、会社の要件、後継者の要件、先代経営者の要件、を満たしていることについての「経済産業大臣の認定」を受ける必要があります。

(1) 特例を受けるための要件

① 会社の主な要件

　次の会社に該当しないこと。

　イ　上場会社
　ロ　中小企業者に該当しない会社
　ハ　風俗営業会社
　ニ　資産管理会社（一定の要件を満たすものを除きます。）
　ホ　総収入金額が零の会社、従業員数が零の会社

② 後継者である相続人等の主な要件

　イ　相続開始の日の翌日から5か月を経過する日において会社の代表権を有していること。
　ロ　相続開始の時において、後継者及び後継者と特別の関係がある者で総議決権数の50％超の議決権数を保有し、かつ、これらの者の中で最も多くの議決権数を保有することとなること。

③ 先代経営者である被相続人の主な要件

　イ　会社の代表権を有していたこと

ロ　相続開始の直前において、被相続人及び被相続人と特別の関係がある者で総議決件数の50％超の議決権数を保有し、かつ、後継者を除いたこれらの者の中で最も多くの議決権数を保有していたこと。

④　担保提供

納税が猶予される相続税及び利子税の額に見合う担保を税務署に提出すること。

（特例を受ける非上場株式の全てを担保として提供した場合は、納税が猶予される相続税額及び利子税の額に見合う担保の提供があったものとみなされます。）

> **留意点**
>
> この非上場株式についての納税猶予の特例は、実務上でも適用を受けている者は非常に少ないのが現実です。
>
> その理由の1つとして、経済産業大臣の事前確認を含む制度が煩雑という点がありました。しかし、平成25年度税制改正において、事前確認が不要となり、担保提供手続も簡素化されました。今後は税理士としても提案する制度の一つとして理解していなければならなくなったと考えられます。

(2)　経済産業大臣の認定

> この制度を利用する上でのポイントは？
> ⇒「経済産業大臣の認定」です。この認定さえ受ければ、計算も特に問題ありません。

「経済産業大臣の認定」を受けるためには、相続開始の日の翌日から8か月を経過する日までに、「認定申請書」及び添付書類を経済産業大臣（窓口は地方経済産業局の中小企業課）に提出します。

添付書類は、

① 定款の写し
② 株主名簿の写し
③ 登記事項証明書
④ 分割協議書ほか株式等の取得の事実を証する書類及び相続税の見込額を記載した書類
⑤ 従業員数証明書
⑥ 貸借対照表、損益計算書等
⑦ 相続開始の時から相続認定申請基準日までの間において上場会社等又は風俗営業会社に該当しない旨の誓約書
⑧ 特別子会社及び特定特別子会社に関する次の誓約書
　イ　相続開始の時において特別子会社が外国会社に該当する場合であって、申請者又はその支配関係法人が特別子会社の株式又は持分を有しないときは、その有しない旨の誓約書
　ロ　相続開始の時から相続認定申請基準日までの間において、特定特別子会社が上場会社等、大会社又は風俗営業会社のいずれにも該当しない旨の誓約書
⑨ 戸籍謄本

です。

実務上は、「経済産業大臣の認定」を受ければ、手続の大部分が終了したといっても過言ではあり

ません。

(3) **特例の対象となる非上場株式等の数**

この特例の対象となる非上場株式等の数は、下記の表の区分に応じた数が限度となります。

	区分	特例の対象となる非上場株式等の限度数
1	a+b＜c×2／3の場合	a
2	a+b≧c×2／3の場合	c×2／3－b

注　a：後継者（相続人等）が相続等により取得した非上場株式の数
　　b：後継者が相続の開始前から保有する非上場株式等の数
　　c：相続の開始の直前の発行済株式等の総数

●**計算例**

例：発行済株式総数　　　　30,000株（c）
　　被相続人の所有株数　　20,000株
　　後継者の以前からの所有株数　5,000株（b）
　　後継者が相続する株数　20,000株（a）

特例の対象となる株数　20,000＋5,000＝25,000
　　　　　　　　　　30,000×2／3＝20,000　⇒　上表2に該当
　　　　　　　　　　30,000×2／3－5,000＝15,000

(4) **納税猶予額の計算**

ステップ1　本来の計算により、後継者の相続税額を計算します。

| 後継者以外の相続人等が取得した財産の価額の合計額 | 後継者が取得した全ての財産の価額の合計額 | ⇒ | ①後継者の相続税額 |

ステップ2　後継者の取得した財産が特例の適用を受ける非上場株式等のみであると仮定して後継者の相続税額を計算します。（債務や葬式費用がある場合は、非上場株式等以外の財産から先に控除します。）

| 後継者以外の相続人等が取得した財産の価額の合計額 | A　特例の適用を受ける非上場株式等の額 | ⇒ | ②Aに対応する後継者の相続税額 |

ステップ3　後継者の取得した財産が特例の適用を受ける非上場株式等の20％のみであると仮定して後継者の相続税額を計算します。

| 後継者以外の相続人等が取得した財産の価額の合計額 | B　A×20％ | ⇒ | ③Bに対応する後継者の相続税額 |

ステップ4　②の金額から③の金額を控除した残額が④の猶予される相続税となります。

| ④猶予税額 | ⑤納付税額 |

● 計算例

例：相続人 子2人 A（後継者）、B

相続財産3億円、うちBが取得した財産1億円、Aが取得した特例の適用を受ける非上場株式1億円、その他の財産1億円と仮定します。

ステップ1

　300,000千円－42,000千円（基礎控除額）＝258,000千円

　258,000千円を税率表で計算すると、相続税の総額は69,200千円となります。

　Aの相続税は69,200千円×2／3＝46,133,300円

ステップ2

　200,000千円－42,000千円＝158,000千円

　158,000千円を税率表で計算すると、相続税の総額は33,400千円となります。

　Aの相続税は16,700千円です。

ステップ3

　120,000千円－42,000千円＝78,000千円

　78,000千円を税率表で計算すると、相続税の総額は11,600千円となります。

　Aの相続税は1,933,300円です。

※納税猶予税額は16,700,000円－1,933,300円＝14,766,700円となります。

9　財産分割についての確認

遺産分割に関しては、相続人間で話し合って決めるというのが原則ですが、実際には小規模宅地の特例の適否や、配偶者がいる場合には二次相続も可能な限り考慮した上で、適切なアドバイスが必要です。

10　相続税額の計算

(1)　**基礎控除額**（相法15条）

　3,000万円＋600万円×法定相続人の数

法定相続人の数に算入される養子の数の限度は、被相続人に実子がいない場合は2人、実子がいる場合は1人です。

⚠ 実務の注意点

養子縁組に関する実際にあった事例を紹介します。配偶者も子供もいない、兄弟がいたが、すでに死亡しており、相続人は甥、姪の計6人という被相続人がおりました。

相続対策として、養子縁組をして相続人を増やすことができると聞いていたので、亡くなる半年前に甥の1人と養子縁組をしました。結果、法定相続人は6人⇒1人となってしまいました。
　養子縁組をしたために、養子が第一順位の相続人となり、他の甥、姪は相続人から除かれてしまったのです。
　珍しいミスだとは思いますが、注意が必要です。

(2) 相続税の総額

①相続又は遺贈により財産を取得した人ごとに計算した課税価格の合計額、②遺産に係る基礎控除額、③法定相続分、④相続税の税率を基礎に計算します。

● 計算例

- 相続財産総額　1億5,000万円　　債務控除額　500万円（葬式費用を含む）
- 相続人　妻、長男、次男の3人
- 分割の内容　　妻　5,000万円、長男　7,500万円（債務を負担）次男　2,000万円

① 課税価格の合計額

　　妻　5,000万円　＋　長男　7,500万円　＋　次男　2,000万円＝1億4,500万円

② 遺産に係る基礎控除額

　　3,000万円＋600万円×3＝4,800万円

③ ①－②＝9,700万円

④ ③の金額を法定相続分により取得したとした場合の各人の取得金額

　　妻　　9,700万円×1／2＝4,850万円
　　長男　9,700万円×1／2×1／2＝2,425万円
　　次男　9,700万円×1／2×1／2＝2,425万円

⑤ 各人ごとの相続税額（相続税の速算表により計算します。）

　　妻　　4,850万円×20％－200万円＝770万円
　　長男　2,425万円×15％－50万円＝3,137,500円
　　次男　2,425万円×15％－50万円＝3,137,500円

⑥ 相続税の総額

　　7,700,000円＋3,137,500円＋3,137,500円＝13,975,000円

相続税の速算表（平成27年1月1日以後の相続）

法定相続分に応ずる取得金額	税率	速算控除額
1,000万円以下	10%	—
3,000万円以下	15%	50万円
5,000万円以下	20%	200万円
1億円以下	30%	700万円
2億円以下	40%	1,700万円
3億円以下	45%	2,700万円
6億円以下	50%	4,200万円
6億円超	55%	7,200万円

(3) 各人の相続税額の算出

相続又は遺贈により財産を取得した者の、納付すべき相続税額は、相続税の総額を基として次の算式により計算した金額になります。

> 相続税の総額 × B/A ＝ 各相続人等の相続税額

A…相続又は遺贈により財産を取得した者の相続税の課税価格の合計額
B…その相続人又は受遺者の相続税の課税価格

※ B/Aの値は端数調整をして、合計が「1」になるように各人の値が小数点第2位にとどめても差し支えありません。

以上の計算で算出された各人の相続税額から、次の各種の加算又は控除を行い、その後の金額が実際に納付する相続税額となります。

① その者が、被相続人の子（代襲相続人を含み、被相続人の直系卑属がその被相続人の養子となっている場合は含まない。）、父母及び配偶者以外の者であるときは、相続税額にその20％を加算します。（相続税額の加算）（相法18条）

つまり、孫を養子にした場合は、20％加算となります。

② その者が、相続開始前3年以内にその相続に係る被相続人から贈与により財産を取得したことがある場合には、その贈与により取得した財産で贈与税の課税価格の基礎に算入されるものの価額を相続税の課税価格に加算した価額をもって相続税の課税価格とみなして計算した相続税額から、その贈与財産につき課せられた贈与税相当額を控除します。（贈与税額控除）（相法19条）

③ その者が、被相続人の配偶者であるときは、次の算式により算出された配偶者に対する税額軽減相当額を控除します。（配偶者控除）（相法19条の2）

$$A = 課税価格の合計額 \times 配偶者の法定相続分 \quad \begin{pmatrix} 計算した金額が1億6,000万円に \\ 満たない場合は1億6,000万円 \end{pmatrix}$$

$$B = 配偶者が分割協議等により取得した財産価額 - 配偶者の債務控除額 + 配偶者の相続開始前3年以内の受贈財産価額$$

$$相続税の総額 \times \frac{AとBの少ない方の金額}{課税価格の合計額} = 配偶者の税額軽減$$

④ その者が、被相続人の法定相続人（制限納税義務者を除きます。）で、かつ、未成年者であるときは、その者が20歳に達するまでの1年につき、相続税額から10万円を控除します。（未成年者控除）（相法19条の3）

⑤ その者が、被相続人の法定相続人（非居住無制限納税義務者又は制限納税義務者を除きます。）で、かつ、障害者であるときは、85歳に達するまでの1年につき、相続税額から10万円（特別障害者であるときは、20万円）を控除します。（障害者控除）（相法19条の4）

　上記未成年者控除及び障害者控除は、その者の相続税額から控除しきれない部分の金額があるときは、その者の扶養義務者の相続税額から控除することができます。

⑥ その者の被相続人が、相続開始前10年以内に相続により財産を取得し、これについて相続税が課されているときは、次の算式により算出した金額について相次相続控除の適用があります。（相次相続控除）（相法20条）

$$A \times \frac{C}{B-A} \times \frac{D}{C} \times \frac{10-E}{10} = 各相続人の相次相続控除額$$

A：第1次相続により取得した財産（相続時精算課税の適用を受けた贈与財産を含みます。）につき、課せられた第2次相続の被相続人の相続税額（相続時精算課税の適用を受ける財産につき課せられた贈与税があるときは、その贈与税の税額を控除した後の金額）

B：第1次相続によって第2次相続の被相続人が取得した財産（相続時精算課税の適用を受けた贈与財産を含みます。）の価額（債務控除をした後の金額）

C：第2次相続によって相続人及び受遺者の全員が取得した財産（相続時精算課税の適用を受けた贈与財産を含みます。）の価額の合計額（債務控除をした後の金額）

D：第2次相続によって相続人が取得した財産（相続時精算課税の適用を受けた贈与財産を含みます。）の価額（債務控除をした後の金額）

E：第1次相続開始の時から第2次相続開始の時までの年数（1年未満は切捨て）

⑦ その者が、相続税法の施行地外にある財産を取得し、その地の法令により相続税に相当する税が課せられたときは、相続税額からその課せられた税額に相当する金額を控除します。（在外財産控除）

三　相続税の申告書等の記載事例

(1) 一般的な場合

〈前提〉
相続関係人　被相続人　夫　　　田中一郎（平成27年6月10日死亡）80歳
　　　　　　相続人　　妻　　　田中花子　79歳
　　　　　　　　　　　長男　　田中　勝　50歳
　　　　　　　　　　　二男　　田中次男　47歳
　　　　　　　　　　　孫養子　田中　透　10歳（長男の子）

遺産の内容及び分割の状況

内容	詳細	金額（特例適用前）	田中花子	田中　勝	田中次男	田中　透
自宅土地　400m²	単価200,000円	80,000,000	80,000,000			
自宅建物　300m²		8,000,000	8,000,000			
上場株式　10,000株	○×建設@5000	50,000,000			50,000,000	
現金		2,000,000		2,000,000		
普通預金	○○銀行○×支店	2,500,000		2,500,000		
定期預金	○○銀行○×支店	30,000,000		30,000,000		
定期預金	○△銀行○×支店	20,000,000				20,000,000
生命保険金	○○生命	20,000,000	10,000,000	10,000,000		
債務（公租公課）	27年度分固定資産税	65,000		65,000		
債務（未払医療費）	○○病院	250,000		250,000		
葬式費用	○×寺	500,000		500,000		
葬式費用	○×葬儀社	600,000		600,000		
3年以内の暦年贈与	現金	9,900,000		3,300,000	3,300,000	3,300,000

相続税の申告書

FD3553

_____税務署長
___年___月___日提出
相続開始年月日 **27**年**6**月**10**日
※申告期限延長日 ___年___月___日

第1表

○フリガナは、必ず記入してください。

	各人の合計（被相続人）	財産を取得した人
フリガナ	タナカ イチロウ	タナカ ハナコ
氏名	田中 一郎	田中 花子 ㊞
生年月日	昭和10年4月10日（年齢80歳）	昭和10年10月10日（年齢79歳）
住所（電話番号）	大阪市谷町1-1-1	〒 大阪市谷町1-1-1
被相続人との続柄／職業	無職	妻
取得原因	該当する取得原因を〇で囲みます。	㊞相続・遺贈・相続時精算課税に係る贈与
※整理番号		

課税価格の計算

項目	合計	田中花子
①取得財産の価額（第11表③）	139,700,000 円	35,200,000 円
②相続時精算課税適用財産の価額（第11の2表1⑦）		
③債務及び葬式費用の金額（第13表3⑦）	1,415,000	
④純資産価額（①+②-③）（赤字のときは0）	138,285,000	35,200,000
⑤純資産価額に加算される暦年課税分の贈与財産価額（第14表1④）	9,900,000	
⑥課税価格（④+⑤）（1,000円未満切捨て）	148,185,000 Ⓐ	35,200,000

各人の算出税額の計算

項目	合計	田中花子
法定相続人の数／遺産に係る基礎控除額	4人 / 0,000,000 Ⓑ	左の欄には、第2表の②欄の⑤の人数及び⑥の金額を記入します。
⑦相続税の総額	12,982,000	左の欄には、第2表の⑧欄の金額を記入します。
⑧あん分割合（各人の⑥／Ⓐ）一般の場合（⑩の場合を除く）	1.00	0.2375409116
⑨算出税額（⑦×各人の⑧）	12,981,999	3,083,756 円
⑩農地等納税猶予の適用を受ける場合／算出税額（第3表⑪）		
⑪相続税額の2割加算が行われる場合の加算金額（第4表⑦）	408,247 円	

各人の納付・還付税額の計算

税額控除	合計	田中花子
⑫暦年課税分の贈与税額控除額（第4表の2⑤）		
⑬配偶者の税額軽減額（第5表⑤又は⑥）	3,083,756	3,083,756
⑭未成年者控除額（第6表1②、③又は⑥）	1,000,000	
⑮障害者控除額（第6表2②、③又は⑥）		
⑯相次相続控除額（第7表③又は⑱）		
⑰外国税額控除額（第8表1⑧）		
⑱計	4,083,756	3,083,756
⑲差引税額（⑨+⑪-⑱又は⑩+⑪-⑱）（赤字のときは0）	9,306,490	0
⑳相続時精算課税分の贈与税額控除額（第11の2表⑧）	00	00
㉑医療法人持分税額控除額（第8の4表2B）		
㉒小計（⑲-⑳-㉑）（黒字のときは100円未満切捨て）	9,306,400	0
㉓農地等納税猶予税額（第8表2⑦）	00	00
㉔株式等納税猶予税額（第8の2表2⑨）	00	00
㉕山林納税猶予税額（第8の3表2⑧）		
㉖医療法人持分納税猶予税額（第8の4表2A）		
㉗申告納税額／申告期限までに納付すべき税額（㉒-㉓-㉔-㉕-㉖）	9,306,300	00
㉘還付される税額	△	△

（注）㉒欄の金額が赤字となる場合は、㉘欄の左端に△を付してください。なお、この場合で、㉒欄の金額のうちに贈与税の外国税額控除額（第11の2表⑤）があるときの㉘欄の金額については、「相続税の申告のしかた」を参照してください。

※の項目は記入する必要がありません。

作成税理士の事務所所在地・署名押印・電話番号　㊞

□ 税理士法第30条の書面提出有　　□ 税理士法第33条の2の書面提出有

… Ⅱ 相続税の要点と申告書作成

相続税の申告書（続）　FD3554

		財産を取得した人	財産を取得した人
フリガナ		タナカ マサル	タナカ ツグオ
氏名		田中 勝 ㊞	田中 次男 ㊞
生年月日		昭和39年10月1日（年齢50歳）	昭和43年5月6日（年齢47歳）
住所（電話番号）		大阪市谷町1-1-1	奈良市1-2-3
被相続人との続柄	職業	長男　会社員	二男　会社員
取得原因		相続・遺贈・相続時精算課税に係る贈与	相続・遺贈・相続時精算課税に係る贈与
※整理番号			

第1表（続）

課税価格の計算

		金額	金額
①	取得財産の価額（第11表③）	34,500,000 円	50,000,000 円
②	相続時精算課税適用財産の価額（第11の2表⑦）		
③	債務及び葬式費用の金額（第13表3⑦）	1,415,000	
④	純資産価額（①+②-③）（赤字のときは0）	33,085,000	50,000,000
⑤	純資産価額に加算される暦年課税分の贈与財産価額（第14表1④）	3,300,000	3,300,000
⑥	課税価格（④+⑤）（1,000円未満切捨て）	36,385,000	53,300,000

各人の算出税額の計算

法定相続人の数	遺産に係る基礎控除額		
⑦	相続税の総額		
⑧	一般の場合（⑩の場合を除く）あん分割合	0.2455376725	0.3596855282
⑨	算出税額	3,187,570 円	4,669,437 円
⑩	農地等納税猶予の適用を受ける場合 算出税額		
⑪	相続税額の2割加算が行われる場合の加算金額（第4表1⑦）	円	円

各人の納付・還付税額の計算

⑫	暦年課税分の贈与税額控除額（第4表2⑨）		
⑬	配偶者の税額軽減額（第5表⑤又は⑧）		
⑭	未成年者控除額（第6表1②、③又は⑥）		
⑮	障害者控除額（第6表2②、③又は⑥）		
⑯	相次相続控除額（第7表⑤又は⑱）		
⑰	外国税額控除額（第8表1⑧）		
⑱	計		
⑲	差引税額（⑨+⑪-⑱）又は（⑩+⑪-⑱）（赤字のときは0）	3,187,570	4,669,437
⑳	相続時精算課税分の贈与税額控除額（第11の2表⑧）	00	00
㉑	医療法人持分税額控除額（第8の4表2B）		
㉒	小計（⑲-⑳-㉑）（黒字のときは100円未満切捨て）	3,187,500	4,669,400
㉓	農地等納税猶予税額（第8表2⑦）	00	00
㉔	株式等納税猶予税額（第8の2表2㊉）	00	00
㉕	山林納税猶予税額（第8の3表2⑧）		
㉖	医療法人持分納税猶予税額（第8の4表2A）		
㉗	申告納税額 申告期限までに納付すべき税額（㉒-㉓-㉔-㉕-㉖）	3,187,500	4,669,400
㉘	還付される税額	△	△

※の項目は記入する必要がありません。

（注）㉒欄の金額が赤字となる場合は、㉒欄の左端に△を付してください。なお、この場合で、㊉欄の金額のうちに贈与税の外国税額控除額（第11の2表⑤）があるときの㉘欄の金額については、「相続税の申告のしかた」を参照してください。

税務署整理欄	申告区分	年分	名簿番号		
	申告年月日			グループ番号	検算印

相続税の申告書（続）

FD3554

第1表（続）

※申告期限延長日　年　月　日

財産を取得した人

フリガナ	タナカ トオル
氏名	田中 透　㊞
生年月日	平成17年5月4日（年齢10歳）
住所（電話番号）	大阪市谷町1-1-1
被相続人との続柄　職業	養子
取得原因	**相続**・遺贈・相続時精算課税に係る贈与
※整理番号	

課税価格の計算

取得財産の価額（第11表③）	①	20,000,000 円
相続時精算課税適用財産の価額（第11の2表①）	②	
債務及び葬式費用の金額（第13表3⑦）	③	
純資産価額（①+②-③）（赤字のときは0）	④	20,000,000
純資産価額に加算される暦年課税分の贈与財産価額（第14表1④）	⑤	3,300,000
課税価格（④+⑤）（1,000円未満切捨て）	⑥	23,300,000 000

各人の算出税額の計算

法定相続人の数 / 遺産に係る基礎控除額		
相続税の総額	⑦	
一般の場合（⑩の場合を除く） あん分割合	⑧	0.1572358875
算出税額	⑨	2,041,236 円
農地等納税猶予の適用を受ける場合 算出税額（第3表）	⑩	
相続税額の2割加算が行われる場合の加算金額（第4表1⑦）	⑪	408,247 円

各人の納付・還付税額の計算

暦年課税分の贈与税額控除額（第4表2⑭）	⑫	
配偶者の税額軽減額（第5表⑦又は⑬）	⑬	
未成年者控除額（第6表1②、③又は⑥）	⑭	1,000,000
障害者控除額（第6表2②、③又は⑥）	⑮	
相次相続控除額（第7表⑬又は⑱）	⑯	
外国税額控除額（第8表1⑧）	⑰	
計	⑱	1,000,000
差引税額（⑨+⑪-⑱）又は（⑩+⑪-⑱）（赤字のときは0）	⑲	1,449,483
相続時精算課税分の贈与税額控除額（第11の2表⑧）	⑳	00
医療法人持分税額控除額（第8の4表2B）	㉑	
小計（⑲-⑳-㉑）（黒字のときは100円未満切捨て）	㉒	1,449,400
農地等納税猶予税額（第8表2⑦）	㉓	00
株式等納税猶予税額（第8の2表2⑩）	㉔	00
山林納税猶予税額（第8の3表2⑧）	㉕	00
医療法人持分納税猶予税額（第8の4表2A）	㉖	00
申告納税額　申告期限までに納付すべき税額（㉒-㉓-㉔-㉕-㉖）	㉗	1,449,400
還付される税額	㉘	

（注）㉒欄の金額が赤字となる場合は、㉒欄の左端に△を付してください。なお、この場合で、㉒欄の金額のうちに贈与税の外国税額控除額（第11の2表⑤）があるときの㉘欄の金額については、「相続税の申告のしかた」を参照してください。

※の項目は記入する必要がありません。

※税務署整理欄	申告区分		年分		名簿番号				
	申告年月日						グループ番号		検算印

相続税の総額の計算書

被相続人: 田中 一郎

第2表

この表は、第1表及び第3表の「相続税の総額」の計算のために使用します。
なお、被相続人から相続、遺贈や相続時精算課税に係る贈与によって財産を取得した人のうちに農業相続人がいない場合は、この表の㊹欄及び㊺欄並びに⑨欄から⑪欄までは記入する必要がありません。

① 課税価格の合計額
- 第1表 ⑥Ⓐ: 148,185,000 円
- 第3表 ⑥Ⓐ: ,000 円

② 遺産に係る基礎控除額
3,000万円 + (600万円 × Ⓑ 4 人) = Ⓐ 5,400 万円

③ 課税遺産総額
- (㋑－㋺): 94,185,000 円
- (㋭－㋺): ,000 円

Ⓑの人数及びⒶの金額を第1表Ⓑへ転記します。

④ 法定相続人		⑤ 左の法定相続人に応じた法定相続分	第1表の「相続税の総額⑦」の計算		第3表の「相続税の総額⑦」の計算	
氏名	被相続人との続柄		⑥ 法定相続分に応ずる取得金額 (㋩×⑤) (1,000円未満切捨て)	⑦ 相続税の総額の基となる税額 下の「速算表」で計算します。	⑨ 法定相続分に応ずる取得金額 (㋬×⑤) (1,000円未満切捨て)	⑩ 相続税の総額の基となる税額 下の「速算表」で計算します。
田中 花子	妻	1/2	47,092,000	7,418,400	,000	
田中 勝	長男	1/6	15,697,000	1,854,550	,000	
田中 次男	二男	1/6	15,697,000	1,854,550	,000	
田中 透	養子	1/6	15,697,000	1,854,550	,000	
			,000		,000	
			,000		,000	
			,000		,000	
			,000		,000	
法定相続人の数 Ⓐ 4 人		合計 1	⑧ 相続税の総額 (⑦の合計額) (100円未満切捨て) 12,982,000		⑪ 相続税の総額 (⑩の合計額) (100円未満切捨て) 00	

(注) 1 ④欄の記入に当たっては、被相続人に養子がある場合や相続の放棄があった場合には、「相続税の申告のしかた」をご覧ください。
2 ⑧欄の金額を第1表⑦欄へ転記します。財産を取得した人のうちに農業相続人がいる場合は、⑧欄の金額を第1表⑦欄へ転記するとともに、⑪欄の金額を第3表⑦欄へ転記します。

○この表を修正申告書の第2表として使用するときは、第3表の1の⑥欄の⑥Ⓐの金額を記入します。㊹欄には修正申告書第1表の㋺の⑥Ⓐの金額を記入し、㊺欄には修正申告書

相続税の速算表

法定相続分に応ずる取得金額	10,000千円以下	30,000千円以下	50,000千円以下	100,000千円以下	200,000千円以下	300,000千円以下	600,000千円以下	600,000千円超
税率	10%	15%	20%	30%	40%	45%	50%	55%
控除額	- 千円	500千円	2,000千円	7,000千円	17,000千円	27,000千円	42,000千円	72,000千円

この速算表の使用方法は、次のとおりです。
⑥欄の金額×税率－控除額＝⑦欄の税額　　⑨欄の金額×税率－控除額＝⑩欄の税額
例えば、⑥欄の金額30,000千円に対する税額（⑦欄）は、30,000千円×15％－500千円＝4,000千円です。

○連帯納付義務について
相続税の納税については、各相続人等が相続、遺贈や相続時精算課税に係る贈与により受けた利益の価額を限度として、お互いに連帯して納付しなければならない義務があります。

相続税額の加算金額の計算書 / 暦年課税分の贈与税額控除額の計算書

被相続人: 田中一郎

第4表

1 相続税額の加算金額の計算書

この表は、相続、遺贈や相続時精算課税に係る贈与によって財産を取得した人のうちに、被相続人の一親等の血族（代襲して相続人となった直系卑属を含みます。）及び配偶者以外の人がいる場合に記入します（相続や遺贈により取得した財産のうちに、租税特別措置法第70条の2の3（直系尊属から結婚・子育て資金の一括贈与を受けた場合の贈与税の非課税）第10項第2号に規定する管理残額がある人は、第4表の付表を作成します。）。

（注）一親等の血族であっても相続税額の加算の対象となる場合があります。詳しくは「相続税の申告のしかた」をご覧ください。

加算の対象となる人の氏名		田中流			
各人の税額控除前の相続税額 （第1表⑨又は第1表⑩の金額）	①	2,041,236 円	円	円	円
相続等の開始前に被相続人の一親等の血族であった期間内にその被相続人から相続時精算課税に係る贈与によって取得した財産の価額	②				
被相続人から相続、遺贈や相続時精算課税に係る贈与によって取得した財産などで相続税の課税価格に算入された財産の価額 （第1表①＋第1表②＋第1表⑤）	③				
加算の対象とならない相続税額 （①×②÷③）	④				
管理残額がある場合 加算の対象とならない相続税額 （第4表の付表⑦の金額）	⑤				
相続税額の加算金額 （①×0.2） （注）上記②〜⑤の金額がある場合には、（（①－④－⑤）×0.2）となります。	⑥	408,247 円	円	円	円

（注）各人の⑥欄の金額を第1表のその人の「相続税額の2割加算が行われる場合の加算金額⑪」欄に転記します。

2 暦年課税分の贈与税額控除額の計算書

この表は、第14表の「1 純資産価額に加算される暦年課税分の贈与財産価額及び特定贈与財産価額の明細」欄に記入した財産のうち相続税の課税価格に加算されるものについて、贈与税が課税されている場合に記入します。

	控除を受ける人の氏名					
相続開始の年の前年分	相続開始の年の前年中に暦年課税に係る贈与によって取得した財産の価額の合計額（贈与税の配偶者控除後の金額）	①	円	円	円	円
	①のうち被相続人から暦年課税に係る贈与によって取得した財産の価額の合計額（贈与税額の計算の基礎となった価額）	②				
	その年分の暦年課税分の贈与税額	③	00	00	00	00
	控除を受ける贈与税額 （③×②÷①）	④				
	贈与税の申告書の提出先		税務署	税務署	税務署	税務署
相続開始の年の前々年分	相続開始の年の前々年中に暦年課税に係る贈与によって取得した財産の価額の合計額（贈与税の配偶者控除後の金額）	⑤	円	円	円	円
	⑤のうち被相続人から暦年課税に係る贈与によって取得した財産の価額の合計額（贈与税額の計算の基礎となった価額）	⑥				
	その年分の暦年課税分の贈与税額	⑦	00	00	00	00
	控除を受ける贈与税額 （⑦×⑥÷⑤）	⑧				
	贈与税の申告書の提出先		税務署	税務署	税務署	税務署
相続開始の年の前々々年分	相続開始の年の前々々年中に暦年課税に係る贈与によって取得した財産の価額の合計額（贈与税の配偶者控除後の金額）	⑨	円	円	円	円
	⑨のうち相続開始の日から遡って3年前の日以後に被相続人から暦年課税に係る贈与によって取得した財産の価額の合計額（贈与税額の計算の基礎となった価額）	⑩				
	その年分の暦年課税分の贈与税額	⑪	00	00	00	00
	控除を受ける贈与税額 （⑪×⑩÷⑨）	⑫				
	贈与税の申告書の提出先		税務署	税務署	税務署	税務署
暦年課税分の贈与税額控除額計 （④＋⑧＋⑫）		⑬	円	円	円	円

（注）各人の⑬欄の金額を第1表のその人の「暦年課税分の贈与税額控除額⑫」欄に転記します。

配偶者の税額軽減額の計算書

被相続人 田中 一郎

第5表

私は、相続税法第19条の2第1項の規定による配偶者の税額軽減の適用を受けます。

1 一般の場合
（この表は、①被相続人から相続、遺贈や相続時精算課税に係る贈与によって財産を取得した人のうちに農業相続人がいない場合又は②配偶者が農業相続人である場合に記入します。）

課税価格の合計額のうち配偶者の法定相続分相当額	（第1表の㋐の金額）〔配偶者の法定相続分〕 148,185,000円 × 1/2 = 74,092,500円 上記の金額が16,000万円に満たない場合には、16,000万円	㋑※ 160,000,000 円

配偶者の税額軽減額を計算する場合の課税価格	① 分割財産の価額（第11表の配偶者の①の金額）	分割財産の価額から控除する債務及び葬式費用の金額			⑤ 純資産価額に加算される暦年課税分の贈与財産価額（第1表の配偶者の⑤の金額）	⑥ (①－④+⑤)の金額（⑤の金額より小さいときは⑤の金額）(1,000円未満切捨て)
		② 債務及び葬式費用の金額（第1表の配偶者の③の金額）	③ 未分割財産の価額（第11表の配偶者の②の金額）	④ (②－③)の金額（③の金額が②の金額より大きいときは0）		
	35,200,000 円	円	円	円	円	※ 35,200,000 円

⑦ 相続税の総額（第1表の⑦の金額）	⑧ ㋑の金額と⑥の金額のうちいずれか少ない方の金額	⑨ 課税価格の合計額（第1表の㋐の金額）	⑩ 配偶者の税額軽減の基となる金額（⑦×⑧÷⑨）
12,982,000 円	35,200,000 円	148,185,000 円	3,083,756 円

配偶者の税額軽減の限度額	（第1表の配偶者の⑨又は⑩の金額）（第1表の配偶者の⑫の金額） (3,083,756 円 －　　　　　　円)	㋺ 3,083,756 円

配偶者の税額軽減額	（⑩の金額と㋺の金額のうちいずれか少ない方の金額）	㋩ 3,083,756 円

(注) ㋩の金額を第1表の配偶者の「配偶者の税額軽減額⑬」欄に転記します。

2 配偶者以外の人が農業相続人である場合
（この表は、被相続人から相続、遺贈や相続時精算課税に係る贈与によって財産を取得した人のうちに農業相続人がいる場合で、かつ、その農業相続人が配偶者以外の場合に記入します。）

課税価格の合計額のうち配偶者の法定相続分相当額	（第3表の㋐の金額）〔配偶者の法定相続分〕 ,000円 × = 円 上記の金額が16,000万円に満たない場合には、16,000万円	㋥※ 円

配偶者の税額軽減額を計算する場合の課税価格	⑪ 分割財産の価額（第11表の配偶者の①の金額）	分割財産の価額から控除する債務及び葬式費用の金額			⑮ 純資産価額に加算される暦年課税分の贈与財産価額（第1表の配偶者の⑤の金額）	⑯ (⑪－⑭+⑮)の金額（⑮の金額より小さいときは⑮の金額）(1,000円未満切捨て)
		⑫ 債務及び葬式費用の金額（第1表の配偶者の③の金額）	⑬ 未分割財産の価額（第11表の配偶者の②の金額）	⑭ (⑫－⑬)の金額（⑬の金額が⑫の金額より大きいときは0）		
	円	円	円	円	円	※ ,000 円

⑰ 相続税の総額（第3表の⑦の金額）	⑱ ㋥の金額と⑯の金額のうちいずれか少ない方の金額	⑲ 課税価格の合計額（第3表の㋐の金額）	⑳ 配偶者の税額軽減の基となる金額（⑰×⑱÷⑲）
00 円	円	,000 円	円

配偶者の税額軽減の限度額	（第1表の配偶者の⑩の金額）（第1表の配偶者の⑫の金額） (　　　　　　円 －　　　　　　円)	㋭ 円

配偶者の税額軽減額	（⑳の金額と㋭の金額のうちいずれか少ない方の金額）	㋬ 円

(注) ㋬の金額を第1表の配偶者の「配偶者の税額軽減額⑬」欄に転記します。

※ 相続税法第19条の2第5項（(隠蔽又は仮装があった場合の配偶者の相続税額の軽減の不適用)）の規定の適用があるときには、「課税価格の合計額のうち配偶者の法定相続分相当額」の（第1表の㋐の金額）、⑥、⑦、⑨、「課税価格の合計額のうち配偶者の法定相続分相当額」の（第3表の㋐の金額）、⑯、⑰及び⑲の各欄は、第5表の付表で計算した金額を転記します。

未成年者控除額 障害者控除額 の計算書

被相続人　田中　一郎

第6表

1　未成年者控除
（この表は、相続、遺贈や相続時精算課税に係る贈与によって財産を取得した法定相続人のうちに、満20歳にならない人がいる場合に記入します。）

未成年者の氏名		田中 透				計
年齢 （1年未満切捨て）	①	平成17年5月4日生 10 歳	歳	歳	歳	
未成年者控除額	②	10万円×(20歳-10歳) = 1,000,000円	10万円×(20歳-___歳) = 0,000円	10万円×(20歳-___歳) = 0,000円	10万円×(20歳-___歳) = 0,000円	1,000,000円
未成年者の第1表の((⑨+⑪-⑫-⑬)又は(⑩+⑪-⑫-⑬))の相続税額	③	2,449,483円	円	円	円	2,449,483

（注）1　過去に未成年者控除の適用を受けた人は、②欄の控除額に制限がありますので、「相続税の申告のしかた」をご覧ください。
　　　2　②欄の金額と③欄の金額のいずれか少ない方の金額を、第1表のその未成年者の「未成年者控除額⑭」欄に転記します。
　　　3　②欄の金額が③欄の金額を超える人は、その超える金額（②－③の金額）を次の④欄に記入します。

| 控除しきれない金額
（②－③） | ④ | 円 | 円 | 円 | 円 | 計 円
Ⓐ |

（扶養義務者の相続税額から控除する未成年者控除額）
　Ⓐ欄の金額は、未成年者の扶養義務者の相続税額から控除することができますから、その金額を扶養義務者間で協議の上、適宜配分し、次の⑥欄に記入します。

扶養義務者の氏名						計
扶養義務者の第1表の((⑨+⑪-⑫-⑬)又は(⑩+⑪-⑫-⑬))の相続税額	⑤	円	円	円	円	円
未成年者控除額	⑥					

（注）各人の⑥欄の金額を未成年者控除を受ける扶養義務者の第1表の「未成年者控除額⑭」欄に転記します。

2　障害者控除
（この表は、相続、遺贈や相続時精算課税に係る贈与によって財産を取得した法定相続人のうちに、一般障害者又は特別障害者がいる場合に記入します。）

		一般障害者		特別障害者		計
障害者の氏名						
年齢 （1年未満切捨て）	①	歳	歳	歳	歳	
障害者控除額	②	10万円×(85歳-___歳) = 0,000円	10万円×(85歳-___歳) = 0,000円	20万円×(85歳-___歳) = 0,000円	20万円×(85歳-___歳) = 0,000円	0,000円
障害者の第1表の(⑨+⑪-⑫-⑭)又は(⑩+⑪-⑫-⑬-⑭)の相続税額	③	円	円	円	円	円

（注）1　過去に障害者控除の適用を受けた人の控除額は、②欄により計算した金額とは異なりますので税務署にお尋ねください。
　　　2　②欄の金額と③欄の金額のいずれか少ない方の金額を、第1表のその障害者の「障害者控除額⑮」欄に転記します。
　　　3　②欄の金額が③欄の金額を超える人は、その超える金額（②－③の金額）を次の④欄に記入します。

| 控除しきれない金額
（②－③） | ④ | 円 | 円 | 円 | 円 | 計 円
Ⓐ |

（扶養義務者の相続税額から控除する障害者控除額）
　Ⓐ欄の金額は、障害者の扶養義務者の相続税額から控除することができますから、その金額を扶養義務者間で協議の上、適宜配分し、次の⑥欄に記入します。

扶養義務者の氏名						計
扶養義務者の第1表の((⑨+⑪-⑫-⑭)又は(⑩+⑪-⑫-⑬-⑭))の相続税額	⑤	円	円	円	円	円
障害者控除額	⑥					

（注）各人の⑥欄の金額を障害者控除を受ける扶養義務者の第1表の「障害者控除額⑮」欄に転記します。

生命保険金などの明細書

被相続人　田中 一郎

第9表

1 相続や遺贈によって取得したものとみなされる保険金など

この表は、相続人やその他の人が被相続人から相続や遺贈によって取得したものとみなされる生命保険金、損害保険契約の死亡保険金及び特定の生命共済金などを受け取った場合に、その受取金額などを記入します。

保険会社等の所在地	保険会社等の名称	受取年月日	受取金額	受取人の氏名
	○○生命	27.7.2	10,000,000円	田中 花子
	○○生命	27.7.2	10,000,000	田中 勝
		. .		
		. .		
		. .		

(注) 1 相続人(相続の放棄をした人を除きます。以下同じです。)が受け取った保険金などのうち一定の金額は非課税となりますので、その人は、次の2の該当欄に非課税となる金額と課税される金額とを記入します。
2 相続人以外の人が受け取った保険金などについては、非課税となる金額はありませんので、その人は、その受け取った金額そのままを第11表の「財産の明細」の「価額」の欄に転記します。
3 相続時精算課税適用財産は含まれません。

2 課税される金額の計算

この表は、被相続人の死亡によって相続人が生命保険金などを受け取った場合に、記入します。

保険金の非課税限度額	[第2表のⒶの法定相続人の数] (500万円× 4 人 により計算した金額を右のⒶに記入します。)	Ⓐ 20,000,000 円

保険金などを受け取った相続人の氏名	① 受け取った保険金などの金額	② 非課税金額 (Ⓐ× 各人の① / Ⓑ)	③ 課税金額 (①-②)
田中 花子	10,000,000円	10,000,000円	0円
田中 勝	10,000,000	10,000,000	0
合計	Ⓑ 20,000,000	20,000,000	0

(注) 1 Ⓑの金額がⒶの金額より少ないときは、各相続人の①欄の金額がそのまま②欄の非課税金額となりますので、③欄の課税金額は0となります。
2 ③欄の金額を第11表の「財産の明細」の「価額」欄に転記します。

相続税がかかる財産の明細書
（相続時精算課税適用財産を除きます。）

被相続人　田中　一郎　第11表

○相続時精算課税適用財産の明細については、この表によらず第11の2表に記載します。

遺産の分割状況	区　分	①全部分割	2 一部分割	3 全部未分割
	分割の日	・　・		

財産の明細							分割が確定した財産	
種類	細目	利用区分、銘柄等	所在場所等	数量 固定資産税評価額	単価 倍数	価額	取得した人の氏名	取得財産の価額
土地等	宅地	自用地	大阪市谷町1-1-1	400.00㎡	200,000円	27,200,000円	田中花子	27,200,000円
	小計					27,200,000		
計						27,200,000		
家屋		自用家屋	大阪市谷町1-1-1	300.00㎡ 8,000,000	1.0	8,000,000	田中花子	8,000,000
	小計					8,000,000		
計						8,000,000		
有価証券	その他の株式	○×建設	○○証券○×支店	10,000株	5,000	50,000,000	田中次男	50,000,000
	小計					50,000,000		
計						50,000,000		
現金預貯金等	現金	現金				2,000,000	田中勝	2,000,000
	小計					2,000,000		
現金預貯金等	預貯金	普通預金	○○銀行○×支店			2,500,000	田中勝	2,500,000
	小計					2,500,000		
現金預貯金等	預貯金	定期預金	○○銀行○×支店			30,000,000	田中勝	30,000,000
現金預貯金等	預貯金	定期預金	○△銀行○×支店			20,000,000	田中透	20,000,000
	小計					50,000,000		
計						54,500,000		
合計						139,700,000		

合計表	財産を取得した人の氏名	（各人の合計）	田中花子	田中勝	田中次男	田中透	
	分割財産の価額 ①	139,700,000円	35,200,000円	34,500,000円	50,000,000円	20,000,000円	円
	未分割財産の価額 ②						
	各人の取得財産の価額（①＋②）③	139,700,000	35,200,000	34,500,000	50,000,000	20,000,000	

（注）1　「合計表」の各人の③欄の金額を第1表のその人の「取得財産の価額①」欄に転記します。
　　　2　「財産の明細」の「価額」欄は、財産の細目、種類ごとに小計及び計を付し、最後に合計を付して、それらの金額を第15表の①から㉘までの該当欄に転記します。

小規模宅地等についての課税価格の計算明細書

FD3545

被相続人 　田中一郎

この表は、小規模宅地等の特例（租税特別措置法第69条の4第1項）の適用を受ける場合に記入します。
なお、被相続人から、相続、遺贈又は相続時精算課税に係る贈与により取得した財産のうちに、「特定計画山林の特例」又は「特定事業用資産の特例」の対象となり得る財産がある場合には、第11・11の2表の付表2を作成します（第11・11の2表の付表2を作成する場合には、この表の「1　特例の適用にあたっての同意」欄の記入を要しません。）。

1　特例の適用にあたっての同意

この欄は、小規模宅地等の特例の対象となり得る宅地等を取得した全ての人が次の内容に同意する場合に、その宅地等を取得した全ての人の氏名を記入します。

私(私たち)は、「2　小規模宅地等の明細」の①欄の取得者が、小規模宅地等の特例の適用を受けるものとして選択した宅地等又はその一部（「2　小規模宅地等の明細」の⑤欄で選択した宅地等）の全てが限度面積要件を満たすものであることを確認の上、その取得者が小規模宅地等の特例の適用を受けることに同意します。

氏名	田中花子		

(注) 1　小規模宅地等の特例の対象となり得る宅地等を取得した全ての人の同意がなければ、この特例の適用を受けることはできません。
　　 2　上記の各欄に記入しきれない場合には、第11・11の2表の付表1(続)を使用します。

2　小規模宅地等の明細

この欄は、小規模宅地等についての特例の対象となり得る宅地等を取得した人のうち、その特例の適用を受ける人が選択した小規模宅地等の明細等を記載し、相続税の課税価格に算入する価額を計算します。

「小規模宅地等の種類」欄は、選択した小規模宅地等の種類に応じて次の1～4の番号を記入します。

小規模宅地等の種類： 1 特定居住用宅地等、 2 特定事業用宅地等、 3 特定同族会社事業用宅地等、 4 貸付事業用宅地等

選択した小規模宅地等	小規模宅地等の種類 1～4の番号を記入します。	① 特例の適用を受ける取得者の氏名 〔事業内容〕 ② 所在地番 ③ 取得者の持分に応ずる宅地等の面積 ④ 取得者の持分に応ずる宅地等の価額	⑤ ③のうち小規模宅地等（「限度面積要件」を満たす宅地等）の面積 ⑥ ④のうち小規模宅地等（④×⑤/③）の価額 ⑦ 課税価格の計算に当たって減額される金額（⑥×⑨） ⑧ 課税価格に算入する価額（④－⑦）
	1	① 田中花子 〔　　〕 ② 大阪市谷町1-1-1 ③ 400.00 ㎡ ④ 80,000,000 円	⑤ 330.00 ㎡ ⑥ 66,000,000 円 ⑦ 52,800,000 円 ⑧ 27,200,000 円
		① ② ③　　　　　　　　㎡ ④　　　　　　　　円	⑤　　　　　　　　㎡ ⑥　　　　　　　　円 ⑦　　　　　　　　円 ⑧　　　　　　　　円
		① ② ③　　　　　　　　㎡ ④　　　　　　　　円	⑤　　　　　　　　㎡ ⑥　　　　　　　　円 ⑦　　　　　　　　円 ⑧　　　　　　　　円

(注) 1　①欄の「〔　〕」は、選択した小規模宅地等が被相続人等の事業用宅地等（ 2 、 3 又は 4 ）である場合に、相続開始の直前にその宅地等の上で行われていた被相続人等の事業について、例えば、飲食サービス業、法律事務所、貸家などのように具体的に記入します。
　　 2　小規模宅地等を選択する一の宅地等が共有である場合又は一の宅地等が貸家建付地である場合において、その評価額の計算上「賃貸割合」が1でないときには、第11・11の2表の付表1（別表）を作成します。
　　 3　⑧欄の金額を第11表の「財産の明細」の「価額」欄に転記します。
　　 4　上記の各欄に記入しきれない場合には、第11・11の2表の付表1(続)を使用します。

○「限度面積要件」の判定

上記「2　小規模宅地等の明細」の⑤欄で選択した宅地等の全てが限度面積要件を満たすものであることを、この表の各欄を記入することにより判定します。

小規模宅地等の区分	被相続人等の居住用宅地等	被相続人等の事業用宅地等		
小規模宅地等の種類	1 特定居住用宅地等	2 特定事業用宅地等	3 特定同族会社事業用宅地等	4 貸付事業用宅地等
⑨ 減額割合	80/100	80/100	80/100	50/100
⑩ ⑤の小規模宅地等の面積の合計	330.00 ㎡	㎡	㎡	㎡
⑪ 限度面積 イ 小規模宅地等のうちに 4 貸付事業用宅地等がない場合	〔 1 の⑩の面積〕 330 ≦ 330 ㎡	〔 2 の⑩及び 3 の⑩の面積の合計〕 ㎡ ≦ 400 ㎡		
ロ 小規模宅地等のうちに 4 貸付事業用宅地等がある場合	〔 1 の⑩の面積〕 ㎡ × 200/330	〔 2 の⑩及び 3 の⑩の面積の合計〕 ㎡ × 200/400	+	〔 4 の⑩の面積〕 ㎡ ≦ 200 ㎡

(注) 限度面積は、小規模宅地等の種類（「 4 貸付事業用宅地等」の選択の有無）に応じて、⑪欄（イ又はロ）により判定を行います。「限度面積要件」を満たす場合に限り、この特例の適用を受けることができます。

※の項目は記入する必要がありません。

※ 税務署整理欄　年分　　　名簿番号　　　申告年月日　　　一連番号　　　グループ番号　　　補完

第11・11の2表の付表1

債務及び葬式費用の明細書

被相続人 田中 一郎

第13表

1 債務の明細
（この表は、被相続人の債務について、その明細と負担する人の氏名及び金額を記入します。）

債務の明細						負担することが確定した債務	
種類	細目	債権者 氏名又は名称	住所又は所在地	発生年月日 弁済期限	金額	負担する人の氏名	負担する金額
公租公課	未払固定資産税	大阪市		27・1・1	65,000円	田中 勝	65,000円
未払金	未払医療費	○○病院	大阪市○○		250,000	田中 勝	250,000
合計					315,000		

2 葬式費用の明細
この表は、被相続人の葬式に要した費用について、その明細と負担する人の氏名及び金額を記入します。

葬式費用の明細					負担することが確定した葬式費用	
支払先 氏名又は名称	住所又は所在地	支払年月日	金額		負担する人の氏名	負担する金額
○×葬儀社	大阪市○×	27・6・20	600,000円		田中 勝	600,000円
○×寺	大阪市○×	27・6・20	500,000		田中 勝	500,000
合計			1,100,000			

3 債務及び葬式費用の合計額

債務などを承継した人の氏名		（各人の合計）	田中 勝				
債務	負担することが確定した債務 ①	315,000円	315,000円		円	円	円
	負担することが確定していない債務 ②						
	計（①+②） ③	315,000	315,000				
葬式費用	負担することが確定した葬式費用 ④	1,100,000	1,100,000				
	負担することが確定していない葬式費用 ⑤						
	計（④+⑤） ⑥	1,100,000	1,100,000				
合計（③+⑥） ⑦		1,415,000	1,415,000				

（注）1 各人の⑦欄の金額を第1表のその人の「債務及び葬式費用の金額③」欄に転記します。
2 ③、⑥及び⑦欄の金額を第15表の㉝、㉞及び㉟欄にそれぞれ転記します。

II 相続税の要点と申告書作成

純資産価額に加算される暦年課税分の贈与財産価額及び特定贈与財産価額 出資持分の定めのない法人などに遺贈した財産 特定の公益法人などに寄附した相続財産・特定公益信託のために支出した相続財産 **の明細書**

被相続人　田中一郎

第14表

1 純資産価額に加算される暦年課税分の贈与財産価額及び特定贈与財産価額の明細

この表は、相続、遺贈や相続時精算課税に係る贈与によって財産を取得した人(注)が、その相続開始前3年以内に被相続人から暦年課税に係る贈与によって取得した財産がある場合に記入します。

(注) 被相続人から租税特別措置法第70条の2の3（直系尊属から結婚・子育て資金の一括贈与を受けた場合の贈与税の非課税）第10項第2号に規定する管理残額以外の財産を取得しなかった人は除きます（相続時精算課税に係る贈与によって財産を取得している人を除く。）。

番号	贈与を受けた人の氏名	贈与年月日	相続開始前3年以内に暦年課税に係る贈与を受けた財産の明細					② ①の価額のうち特定贈与財産の価額	③ 相続税の課税価格に加算される価額 (①−②)
			種類	細目	所在場所等	数量	①価額		
1	田中 勝	24.12.1	現金預貯金等	現金			1,100,000 円	円	1,100,000 円
2	田中 勝	25.1.3	現金預貯金等	現金			1,100,000		1,100,000
3	田中 勝	26.12.1	現金預貯金等	現金			1,100,000		1,100,000
4	田中次男	24.12.1	現金預貯金等	現金			1,100,000		1,100,000

贈与を受けた人ごとの③欄の合計額	氏名	(各人の合計)	田中 勝	田中次男	田中 透	
	④金額	9,900,000 円	3,300,000 円	3,300,000 円	3,300,000 円	円

上記「②」欄において、相続開始の年に被相続人から贈与によって取得した居住用不動産や金銭の全部又は一部を特定贈与財産としている場合には、次の事項について、「（受贈配偶者）」及び「（受贈財産の番号）」の欄に所定の記入をすることにより確認します。

（受贈配偶者）　　　　　　　　　　　　　　　　（受贈財産の番号）
私［　　］は、相続開始の年に被相続人から贈与によって取得した上記［　　］の特定贈与財産の価額については贈与税の課税価格に算入します。
なお、私は、相続開始の年の前年以前に被相続人からの贈与について相続税法第21条の6第1項の規定の適用を受けていません。

(注) ④欄の金額を第1表のその人の「純資産価額に加算される暦年課税分の贈与財産価額⑤」欄及び第15表の㉗欄にそれぞれ転記します。

2 出資持分の定めのない法人などに遺贈した財産の明細

この表は、被相続人が人格のない社団又は財団や学校法人、社会福祉法人、宗教法人などの出資持分の定めのない法人に遺贈した財産のうち、相続税がかからないものの明細を記入します。

遺贈した財産の明細					出資持分の定めのない法人などの所在地、名称
種類	細目	所在場所等	数量	価額	
				円	
		合　計			

3 特定の公益法人などに寄附した相続財産又は特定公益信託のために支出した相続財産の明細

私は、下記に掲げる相続財産を、相続税の申告期限までに、

(1) 国、地方公共団体又は租税特別措置法施行令第40条の3に規定する法人に対して寄附（租税特別措置法施行令の一部を改正する政令（平成20年政令第161号）附則第57条第1項の規定により、なおその効力を有することとされる旧租税特別措置法施行令第40条の3第1項第2号及び第3号に規定する法人に対する寄附を含みます。）をしましたので、租税特別措置法第70条第1項の規定の適用を受けます。

(2) 租税特別措置法施行令第40条の4第3項の要件に該当する特定公益信託の信託財産とするために支出しましたので、租税特別措置法第70条第3項の規定の適用を受けます。

(3) 特定非営利活動促進法第2条第3項に規定する認定特定非営利活動法人に対して寄附（特定非営利活動促進法の一部を改正する法律（平成23年6月22日法律第70号）附則第10条第4項に規定する旧認定特定非営利活動法人に対し、その法人が行う特定非営利活動促進法第2条第1項に規定する特定非営利活動に係る事業に関連する寄附を含みます。）をしましたので、租税特別措置法第70条第10項の規定の適用を受けます。

寄附(支出)年月日	寄附(支出)した財産の明細					公益法人等の所在地・名称 (公益信託の受託者及び名称)	寄附(支出)をした相続人等の氏名
	種類	細目	所在場所等	数量	価額		
． ．					円		
． ．							
			合　計				

(注) この特例の適用を受ける場合には、期限内申告書に一定の受領書、証明書類等の添付が必要です。

純資産価額に加算される暦年課税分の贈与財産価額及び特定贈与財産価額・出資持分の定めのない法人などに遺贈した財産・特定の公益法人などに寄附した相続財産・特定公益信託のために支出した相続財産 の明細書

被相続人　田中一郎

第14表

1 純資産価額に加算される暦年課税分の贈与財産価額及び特定贈与財産価額の明細

この表は、相続、遺贈や相続時精算課税に係る贈与によって財産を取得した人(注)が、その相続開始前3年以内に被相続人から暦年課税に係る贈与によって取得した財産がある場合に記入します。

(注) 被相続人から租税特別措置法第70条の2の3(直系尊属から結婚・子育て資金の一括贈与を受けた場合の贈与税の非課税)第10項第2号に規定する管理残額以外の財産を取得しなかった人は除きます(相続時精算課税に係る贈与によって財産を取得している人を除く。)。

番号	贈与を受けた人の氏名	贈与年月日	相続開始前3年以内に暦年課税に係る贈与を受けた財産の明細					② ①の価額のうち特定贈与財産の価額	③ 相続税の課税価格に加算される価額（①-②）
			種類	細目	所在場所等	数量	①価額		
1	田中次男	25.1.3	現金預貯金等	現金			1,100,000円	円	1,100,000円
2	田中次男	26.12.1	現金預貯金等	現金			1,100,000		1,100,000
3	田中透	24.12.1	現金預貯金等	現金			1,100,000		1,100,000
4	田中透	25.1.3	現金預貯金等	現金			1,100,000		1,100,000

贈与を受けた人ごとの③欄の合計額	氏名	(各人の合計)				
	④金額		円	円	円	円

上記「②」欄において、相続開始の年に被相続人から贈与によって取得した居住用不動産や金銭の全部又は一部を特定贈与財産としている場合には、次の事項について、「(受贈配偶者)」及び「(受贈財産の番号)」の欄に所定の記入をすることにより確認します。

(受贈配偶者)　　　　　　　　　　　　　　　　　　　(受贈財産の番号)

私□□□□は、相続開始の年に被相続人から贈与によって取得した上記□の特定贈与財産の価額については贈与税の課税価格に算入します。

なお、私は、相続開始の年の前年以前に被相続人からの贈与について相続税法第21条の6第1項の規定の適用を受けていません。

(注) ④欄の金額を第1表のその人の「純資産価額に加算される暦年課税分の贈与財産価額⑤」欄及び第15表の㊲欄にそれぞれ転記します。

2 出資持分の定めのない法人などに遺贈した財産の明細

この表は、被相続人が人格のない社団又は財団や学校法人、社会福祉法人、宗教法人などの出資持分の定めのない法人に遺贈した財産のうち、相続税がかからないものの明細を記入します。

遺贈した財産の明細					出資持分の定めのない法人などの所在地、名称
種類	細目	所在場所等	数量	価額	
				円	
		合　計			

3 特定の公益法人などに寄附した相続財産又は特定公益信託のために支出した相続財産の明細

私は、下記に掲げる相続財産を、相続税の申告期限までに、

(1) 国、地方公共団体又は租税特別措置法施行令第40条の3に規定する法人に対して寄附(租税特別措置法施行令の一部を改正する政令(平成20年政令第161号)附則第57条第1項の規定により、なおその効力を有することとされる旧租税特別措置法施行令第40条の3第1項第2号及び第3号に規定する法人に対する寄附を含みます。)をしましたので、租税特別措置法第70条第1項の規定の適用を受けます。

(2) 租税特別措置法施行令第40条の4第3項の要件に該当する特定公益信託の信託財産とするために支出しましたので、租税特別措置法第70条第3項の規定の適用を受けます。

(3) 特定非営利活動促進法第2条第3項に規定する認定特定非営利活動法人に対して寄附(特定非営利活動促進法の一部を改正する法律(平成23年6月22日法律第70号)附則第10条第4項に規定する旧認定特定非営利活動法人に対し、その法人が行う特定非営利活動促進法第2条第1項に規定する特定非営利活動に係る事業に関連する寄附を含みます。)をしましたので、租税特別措置法第70条第10項の規定の適用を受けます。

寄附(支出)年月日	寄附(支出)した財産の明細					公益法人等の所在地・名称(公益信託の受託者及び名称)	寄附(支出)をした相続人等の氏名
	種類	細目	所在場所等	数量	価額		
・・					円		
・・							
			合　計				

(注) この特例の適用を受ける場合には、期限内申告書に一定の受領書、証明書類等の添付が必要です。

純資産価額に加算される暦年課税分の贈与財産価額及び特定贈与財産価額 出資持分の定めのない法人などに遺贈した財産 特定の公益法人などに寄附した相続財産・特定公益信託のために支出した相続財産 の明細書

被相続人: 田中 一郎

第14表

1 純資産価額に加算される暦年課税分の贈与財産価額及び特定贈与財産価額の明細

この表は、相続、遺贈や相続時精算課税に係る贈与によって財産を取得した人(注)が、その相続開始前3年以内に被相続人から暦年課税に係る贈与によって取得した財産がある場合に記入します。

(注) 被相続人から租税特別措置法第70条の2の3(直系尊属から結婚・子育て資金の一括贈与を受けた場合の贈与税の非課税)第10項第2号に規定する管理残額以外の財産を取得しなかった人は除きます(相続時精算課税に係る贈与によって財産を取得している人を除く。)。

番号	贈与を受けた人の氏名	贈与年月日	相続開始前3年以内に暦年課税に係る贈与を受けた財産の明細				① 価額	② ①の価額のうち特定贈与財産の価額	③ 相続税の課税価格に加算される価額 (①-②)
			種類	細目	所在場所等	数量			
1	田中 透	26.12.1	現金預貯金等	現金			1,100,000 円	円	1,100,000 円
2		・ ・							
3		・ ・							
4		・ ・							

贈与を受けた人ごとの③欄の合計額	氏名	(各人の合計)				
	④ 金額	円	円	円	円	円

上記「②」欄において、相続開始の年に被相続人から贈与によって取得した居住用不動産や金銭の全部又は一部を特定贈与財産としている場合には、次の事項について、「(受贈配偶者)」及び「(受贈財産の番号)」の欄に所定の記入をすることにより確認します。

(受贈配偶者) (受贈財産の番号)
私 [   ] は、相続開始の年に被相続人から贈与によって取得した上記 [   ] の特定贈与財産の価額については贈与税の課税価格に算入します。
なお、私は、相続開始の年の前年以前に被相続人からの贈与について相続税法第21条の6第1項の規定の適用を受けていません。

(注) ④欄の金額を第1表のその人の「純資産価額に加算される暦年課税分の贈与財産価額⑤」欄及び第15表の㉗欄にそれぞれ転記します。

2 出資持分の定めのない法人などに遺贈した財産の明細

この表は、被相続人が人格のない社団又は財団や学校法人、社会福祉法人、宗教法人などの出資持分の定めのない法人に遺贈した財産のうち、相続税がかからないものの明細を記入します。

遺贈した財産の明細					出資持分の定めのない法人などの所在地、名称
種類	細目	所在場所等	数量	価額	
				円	
		合計			

3 特定の公益法人などに寄附した相続財産又は特定公益信託のために支出した相続財産の明細

私は、下記に掲げる相続財産を、相続税の申告期限までに、

(1) 国、地方公共団体又は租税特別措置法施行令第40条の3に規定する法人に対して寄附(租税特別措置法施行令の一部を改正する政令(平成20年政令第161号)附則第57条第1項の規定により、なおその効力を有することとされる旧租税特別措置法施行令第40条の3第1項第2号及び第3号に規定する法人に対する寄附を含みます。)をしましたので、租税特別措置法第70条第1項の規定の適用を受けます。

(2) 租税特別措置法施行令第40条の4第3項の要件に該当する特定公益信託の信託財産とするために支出しましたので、租税特別措置法第70条第3項の規定の適用を受けます。

(3) 特定非営利活動促進法第2条第3項に規定する認定特定非営利活動法人に対して寄附(特定非営利活動促進法の一部を改正する法律(平成23年6月22日法律第70号)附則第10条第4項に規定する旧認定特定非営利活動法人に対し、その法人が行う特定非営利活動促進法第2条第1項に規定する特定非営利活動に係る事業に関連する寄附を含みます。)をしましたので、租税特別措置法第70条第10項の規定の適用を受けます。

寄附(支出)年月日	寄附(支出)した財産の明細					公益法人等の所在地・名称(公益信託の受託者及び名称)	寄附(支出)をした相続人等の氏名
	種類	細目	所在場所等	数量	価額		
・ ・					円		
・ ・							
			合計				

(注) この特例の適用を受ける場合には、期限内申告書に一定の受領書、証明書類等の添付が必要です。

相続財産の種類別価額表

(この表は、第11表から第14表までの記載に基づいて記入します。)

FD3535

(単位は円)

被相続人：田中 一郎
氏名：田中 花子

第15表

種類	細目	番号	各人の合計（被相続人）	田中 花子
土地（土地の上に存する権利を含みます。）	田	①		
	畑	②		
	宅地	③	27,200,000	27,200,000
	山林	④		
	その他の土地	⑤		
	計	⑥	27,200,000	27,200,000
⑥のうち特例農地等	通常価額	⑦		
	農業投資価格による価額	⑧		
家屋、構築物		⑨	8,000,000	8,000,000
事業（農業）用財産	機械、器具、農耕具、その他の減価償却資産	⑩		
	商品、製品、半製品、原材料、農産物等	⑪		
	売掛金	⑫		
	その他の財産	⑬		
	計	⑭		
有価証券	特定同族会社の株式及び出資 配当還元方式によったもの	⑮		
	その他の方式によったもの	⑯		
	⑮及び⑯以外の株式及び出資	⑰	50,000,000	
	公債及び社債	⑱		
	証券投資信託、貸付信託の受益証券	⑲		
	計	⑳	50,000,000	
現金、預貯金等		㉑	54,500,000	
家庭用財産		㉒		
その他の財産	生命保険金等	㉓	0	0
	退職手当金等	㉔		
	立木	㉕		
	その他	㉖		
	計	㉗	0	0
合計（⑥+⑨+⑭+⑳+㉑+㉒+㉗）		㉘	139,700,000	
相続時精算課税適用財産の価額		㉙		
不動産等の価額（⑥+⑨+⑩+⑮+㉕）		㉚	35,200,000	35,200,000
㉘のうち株式等納税猶予対象の株式等の価額の80％の額		㉛		
㉗のうち株式等納税猶予対象の株式等の価額の80％の額		㉜		
債務等	債務	㉝	315,000	
	葬式費用	㉞	1,100,000	
	合計（㉝+㉞）	㉟	1,415,000	
差引純資産価額（㉘+㉙-㉟）（赤字のときは0）		㊱	138,285,000	35,200,000
純資産価額に加算される暦年課税分の贈与財産価額		㊲	9,900,000	
課税価格（㊱+㊲）（1,000円未満切捨て）		㊳	148,185,000	35,200,000

※の項目は記入する必要がありません。

※税務署整理欄　申告区分　年分　名簿番号　申告年月日　グループ番号

相続財産の種類別価額表（続）

(この表は、第11表から第14表までの記載に基づいて記入します。) FD3536

第15表（続）

(単位は円)

被相続人 田中 一郎

種類	細目	番号	氏名 田中 勝	氏名 田中 次男
※	整理番号			
土地（土地の上に存する権利を含みます。）	田	①		
	畑	②		
	宅地	③		
	山林	④		
	その他の土地	⑤		
	計	⑥		
⑥のうち特例農地等	通常価額	⑦		
	農業投資価格による価額	⑧		
家屋、構築物		⑨		
事業（農業）用財産	機械、器具、農耕具、その他の減価償却資産	⑩		
	商品、製品、半製品、原材料、農産物等	⑪		
	売掛金	⑫		
	その他の財産	⑬		
	計	⑭		
有価証券	特定同族会社の株式及び出資	配当還元方式によったもの	⑮		
		その他の方式によったもの	⑯		
	⑮及び⑯以外の株式及び出資	⑰		50,000,000
	公債及び社債	⑱		
	証券投資信託、貸付信託の受益証券	⑲		
	計	⑳		50,000,000
現金、預貯金等		㉑	34,500,000	
家庭用財産		㉒		
その他の財産	生命保険金等	㉓	0	
	退職手当金等	㉔		
	立木	㉕		
	その他	㉖		
	計	㉗	0	
合計（⑥+⑨+⑭+⑳+㉑+㉒+㉗）		㉘	34,500,000	50,000,000
相続時精算課税適用財産の価額		㉙		
不動産等の価額（⑥+⑨+⑭+⑮+⑯+㉕）		㉚		
⑥のうち株式等納税猶予対象の株式等の価額の80%の額		㉛		
⑰のうち株式等納税猶予対象の株式等の価額の80%の額		㉜		
債務等	債務	㉝	315,000	
	葬式費用	㉞	1,100,000	
	合計（㉝+㉞）	㉟	1,415,000	
差引純資産価額（㉘+㉙-㉟）（赤字のときは0）		㊱	33,085,000	50,000,000
純資産価額に加算される暦年課税分の贈与財産価額		㊲	3,300,000	3,300,000
課税価格（㊱+㊲）（1,000円未満切捨て）		㊳	36,385,000	53,300,000

※の項目は記入する必要がありません。

相続財産の種類別価額表（続）

(この表は、第11表から第14表までの記載に基づいて記入します。)

FD3536

第15表（続）

（単位は円）

被相続人　田中　一郎

種類	細目	番号	氏名 田中 透	氏名
※	整理番号			
土地（土地の上に存する権利を含みます。）	田	①		
	畑	②		
	宅地	③		
	山林	④		
	その他の土地	⑤		
	計	⑥		
	⑥のうち特例農地等 通常価額	⑦		
	農業投資価格による価額	⑧		
家屋、構築物		⑨		
事業（農業）用財産	機械、器具、農耕具、その他の減価償却資産	⑩		
	商品、製品、半製品、原材料、農産物等	⑪		
	売掛金	⑫		
	その他の財産	⑬		
	計	⑭		
有価証券	特定同族会社の株式及び出資 配当還元方式によったもの	⑮		
	その他の方式によったもの	⑯		
	⑮及び⑯以外の株式及び出資	⑰		
	公債及び社債	⑱		
	証券投資信託、貸付信託の受益証券	⑲		
	計	⑳		
現金、預貯金等		㉑	20000000	
家庭用財産		㉒		
その他の財産	生命保険金等	㉓		
	退職手当金等	㉔		
	立木	㉕		
	その他	㉖		
	計	㉗		
合計（⑥+⑨+⑭+⑳+㉑+㉒+㉗）		㉘	20000000	
相続時精算課税適用財産の価額		㉙		
不動産等の価額（⑥+⑨+⑩+⑮+⑯+㉕）		㉚		
㉘のうち株式等納税猶予対象の株式等の価額の80％の額		㉛		
⑯のうち株式等納税猶予対象の株式等の価額の80％の額		㉜		
債務等	債務	㉝		
	葬式費用	㉞		
	合計（㉝+㉞）	㉟		
差引純資産価額（㉘+㉙-㉟）（赤字のときは0）		㊱	20000000	
純資産価額に加算される暦年課税分の贈与財産価額		㊲	3300000	
課税価格（㊱+㊲）（1,000円未満切捨て）		㊳	23300000	000

※の項目は記入する必要がありません。

※税務署整理欄　申告区分　年分　名簿番号　申告年月日　グループ番号

II 相続税の要点と申告書作成

(2) 相続時精算課税の適用者がいる場合

〈前提〉
相続関係人　被相続人　夫　　　田中一郎（平成27年6月10日死亡）80歳
　　　　　　相続人　　妻　　　田中花子　79歳
　　　　　　　　　　　長男　　田中　勝　50歳
　　　　　　　　　　　二男　　田中次男　47歳
　　　　　　　　　　　孫養子　田中　透　10歳（長男の子）

遺産の内容及び分割の状況

内容	詳細	金額（特例適用前）	田中花子	田中　勝	田中次男	田中　透
自宅土地　400m²	単価200,000円	80,000,000	80,000,000			
自宅建物　300m²		8,000,000	8,000,000			
上場株式　10,000株	○×建設@5000	50,000,000			50,000,000	
現金		2,000,000		2,000,000		
普通預金	○○銀行○×支店	2,500,000		2,500,000		
定期預金	○○銀行○×支店	30,000,000		30,000,000		
定期預金	○△銀行○×支店	20,000,000				20,000,000
生命保険金	○○生命	20,000,000	10,000,000	10,000,000		
債務（公租公課）	27年度分固定資産税	65,000		65,000		
債務（未払医療費）	○○病院	250,000		250,000		
葬式費用	○×寺	500,000		500,000		
葬式費用	○×葬儀社	600,000		600,000		
精算課税適用（平成20年分）	土地	32,000,000		32,000,000		

（省略）
第4表　相続税額の加算金額の計算書
第5表　配偶者の税額軽減額の計算書
第6表　未成年者控除額の計算書
第9表　生命保険金などの明細書
第11表　相続税がかかる財産の明細書
第11・11の2表の付表1　小規模宅地等についての課税価格の計算明細書
第13表　債務及び葬式費用の明細書

相続税の申告書

FD3553

____税務署長　____年___月___日提出

相続開始年月日 27年6月10日　※申告期限延長日 　年　月　日

○フリガナは、必ず記入してください。

	各人の合計（被相続人）	財産を取得した人
フリガナ	タナカ イチロウ	タナカ ハナコ
氏名	田中一郎	田中花子 ㊞
生年月日	昭和10年4月10日（年齢80歳）	昭和10年10月10日（年齢79歳）
住所（電話番号）	大阪市谷町1-1-1	大阪市谷町1-1-1
被相続人との続柄　職業	無職	妻
取得原因	該当する取得原因を○で囲みます。	相続・遺贈・相続時精算課税に係る贈与
※整理番号		

第1表

課税価格の計算

	各人の合計	財産を取得した人
① 取得財産の価額（第11表③）	139,700,000 円	35,200,000 円
② 相続時精算課税適用財産の価額（第11の2表①）	32,000,000	
③ 債務及び葬式費用の金額（第13表3⑦）	1,415,000	
④ 純資産価額（①+②-③）（赤字のときは0）	170,285,000	35,200,000
⑤ 純資産価額に加算される暦年課税分の贈与財産価額（第14表1④）		
⑥ 課税価格（④+⑤）（1,000円未満切捨て）	170,285,000 Ⓐ	35,200,000

各人の算出税額の計算

法定相続人の数　遺産に係る基礎控除額	4人　54,000,000 Ⓑ	左の欄には、第2表の②欄の⑥の人数及び⑦の金額を記入します。
⑦ 相続税の総額	17,663,600	左の欄には、第2表の⑧欄の金額を記入します。
⑧ 一般の場合（⑩の場合を除く）　あん分割合	1.00	0.20671227764
⑨ 算出税額	17,663,597 円	3,651,282 円
⑩ 農地等納税猶予の適用を受ける場合　算出税額（第3表⑦）		
⑪ 相続税額の2割加算が行われる場合の加算金額（第4表⑤）	414,918	

各人の納付・還付税額の計算

	各人の合計	財産を取得した人
⑫ 暦年課税分の贈与税額控除額（第4表2⑤）		
⑬ 配偶者の税額軽減額（第5表⑤又は⑥）	3,651,282	3,651,282
⑭ 未成年者控除額（第6表1②、③又は⑥）	1,000,000	
⑮ 障害者控除額（第6表2②、③又は⑥）		
⑯ 相次相続控除額（第7表③又は⑱）		
⑰ 外国税額控除額（第8表1⑧）		
⑱ 計	4,651,282	3,651,282
⑲ 差引税額（⑨+⑪-⑱又は⑩+⑪-⑱）（赤字のときは0）	13,427,233	0
⑳ 相続時精算課税分の贈与税額控除額（第11の2表⑧）	1,400,000	00
㉑ 医療法人持分税額控除額（第8の4表2B）		
㉒ 小計（⑲-⑳-㉑）（黒字のときは100円未満切捨て）	12,027,200	00
㉓ 農地等納税猶予税額（第8表2⑦）	00	00
㉔ 株式等納税猶予税額（第8の2表2Ⓐ）	00	00
㉕ 山林納税猶予税額（第8の3表2⑧）		
㉖ 医療法人持分納税猶予税額（第8の4表2A）		
㉗ 申告納税額　申告期限までに納付すべき税額（㉒-㉓-㉔-㉕-㉖）	12,027,100	00
㉘ 還付される税額	△	△

（注）㉒欄の金額が赤字となる場合は、㉒欄の左端に△を付してください。なお、この場合で、㉒欄の金額のうちに贈与税の外国税額控除額（第11の2表⑨）があるときの㉒欄の金額については、「相続税の申告のしかた」を参照してください。

※の項目は記入する必要がありません。

※税務署整理欄　通信日付印　年月日　　（確認者印）

※税務署整理欄　申告区分　年分　名簿番号　申告年月日　グループ番号　検印

作成税理士の事務所所在地・署名押印・電話番号　㊞

□ 税理士法第30条の書面提出有　□ 税理士法第33条の2の書面提出有

相続税の申告書（続）

FD3554

	財産を取得した人	財産を取得した人
フリガナ	タナカ マサル	タナカ ツグオ
氏名	田中 勝 ㊞	田中 次男 ㊞
生年月日	昭和39年10月1日（年齢50歳）	昭和43年5月6日（年齢47歳）
住所（電話番号）	〒 大阪市谷町1-1-1	〒 奈良市1-2-3
被相続人との続柄／職業	長男／会社員	二男／会社員
取得原因	相続・遺贈・相続時精算課税に係る贈与	相続・遺贈・相続時精算課税に係る贈与
※整理番号		

課税価格の計算

		田中 勝	田中 次男
①	取得財産の価額（第11表③）	34,500,000 円	50,000,000 円
②	相続時精算課税適用財産の価額（第11の2表①）	32,000,000	
③	債務及び葬式費用の金額（第13表3⑦）	1,415,000	
④	純資産価額（①+②-③）（赤字のときは0）	65,085,000	50,000,000
⑤	純資産価額に加算される暦年課税分の贈与財産価額（第14表1④）		
⑥	課税価格（④+⑤）（1,000円未満切捨て）	65,085,000	50,000,000

各人の算出税額の計算

⑦	相続税の総額		
⑧	あん分割合	0.38221217 37	0.29362539 27
⑨	一般の場合（⑩の場合を除く） 算出税額	6,751,242 円	5,186,481 円
⑩	農地等納税猶予の適用を受ける場合 算出税額		
⑪	相続税額の2割加算が行われる場合の加算金額（第4表1⑤）	円	円

各人の納付税額控除

⑫	暦年課税分の贈与税額控除額（第4表2⑦）		
⑬	配偶者の税額軽減額（第5表②又は⑥）		
⑭	未成年者控除額（第6表1②、③又は⑥）		
⑮	障害者控除額（第6表2②、③又は⑥）		
⑯	相次相続控除額（第7表⑬又は⑱）		
⑰	外国税額控除額（第8表1⑧）		
⑱	計		

納付・還付税額の計算

⑲	差引税額（⑨+⑪-⑱又は⑩+⑪-⑱）（赤字のときは0）	6,751,242	5,186,481
⑳	相続時精算課税分の贈与税額控除額（第11の2表⑧）	1,400,000	00
㉑	医療法人持分税額控除額（第8の4表2B）		
㉒	小計（⑲-⑳-㉑）（黒字のときは100円未満切捨て）	5,351,200	5,186,400
㉓	農地等納税猶予税額（第8表2⑧）	00	00
㉔	株式等納税猶予税額（第8の2表2⑧）	00	00
㉕	山林納税猶予税額（第8の3表2⑧）	00	00
㉖	医療法人持分納税猶予税額（第8の4表2A）	00	00
㉗	申告納税額 申告期限までに納付すべき税額	5,351,200	5,186,400
㉘	還付される税額	△	△

（注）㉒欄の金額が赤字となる場合は、㉒欄の左端に△を付してください。なお、この場合で、㉒欄の金額のうちに贈与税の外国税額控除額（第11の2表⑤）があるときの各欄の金額については、「相続税の申告のしかた」を参照してください。

※の項目は記入する必要がありません。

相続税の申告書（続）

FD3554

第1表（続）

※申告期限延長日　年　月　日　　※申告期限延長日　年　月　日

	財産を取得した人	財産を取得した人
フリガナ	タナカ トオル	
氏名	田中 透 ㊞	㊞
生年月日	平成 17年 5月 4日（年齢 10歳）	年 月 日（年齢 歳）
住所（電話番号）	〒　大阪市谷町1-1-1　（　－　）	〒　（　－　）
被相続人との続柄　職業	養子	
取得原因	相続・遺贈・相続時精算課税に係る贈与	相続・遺贈・相続時精算課税に係る贈与
※整理番号		

課税価格の計算

		金額（円）	金額（円）
①	取得財産の価額（第11表③）	20,000,000	
②	相続時精算課税適用財産の価額（第11の2表1⑦）		
③	債務及び葬式費用の金額（第13表3⑦）		
④	純資産価額（①+②-③）（赤字のときは0）	20,000,000	
⑤	純資産価額に加算される暦年課税分の贈与財産価額（第14表1④）		
⑥	課税価格（④+⑤）（1,000円未満切捨て）	20,000,000	000

各人の算出税額の計算

法定相続人の数 遺産に係る基礎控除額			
⑦	相続税の総額		
一般の場合（⑩の場合を除く）	⑧ あん分割合 各人の⑥/⑥	0.11745011570	
	⑨ 算出税額（⑦×各人の⑧）	2,074,592 円	円
農地等納税猶予の適用を受ける場合	⑩ 算出税額（第3表⑨）		
⑪	相続税額の2割加算が行われる場合の加算金額（第4表1⑤）	414,918 円	円

各人の納付・還付税額の計算

		金額（円）	金額（円）
税額控除	⑫ 暦年課税分の贈与税額控除額（第4表2⑪）		
	⑬ 配偶者の税額軽減額（第5表⑦又は⑧）		
	⑭ 未成年者控除額（第6表1②、③又は⑥）	1,000,000	
	⑮ 障害者控除額（第6表2②、③又は⑥）		
	⑯ 相次相続控除額（第7表⑬又は⑱）		
	⑰ 外国税額控除額（第8表1⑧）		
	⑱ 計	1,000,000	
⑲	差引税額（⑨+⑪-⑱）又は（⑩+⑪-⑱）（赤字のときは0）	1,489,510	
⑳	相続時精算課税分の贈与税額控除額（第11の2表⑨）	00	00
㉑	医療法人持分税額控除額（第8の4表2B）		
㉒	小計（⑲-⑳-㉑）（黒字のときは100円未満切捨て）	1,489,500	
㉓	農地等納税猶予税額（第8の2表⑦）	00	00
㉔	株式等納税猶予税額（第8の2表2⑪）	00	00
㉕	山林納税猶予税額（第8の3表2⑧）	00	00
㉖	医療法人持分納税猶予税額（第8の4表2A）		
㉗	申告納税額　申告期限までに納付すべき税額（㉒-㉓-㉔-㉕-㉖）	1,489,500	00
㉘	還付される税額	△	△

（注）㉒欄の金額が赤字となる場合は、㉒欄の左端に△を付してください。なお、この場合で、㉒欄の金額のうちに贈与税の外国税額控除額（第11の2表⑨）があるときの㉗欄の金額については、「相続税の申告のしかた」を参照してください。

※の項目は記入する必要がありません。

税務署整理欄	申告区分		年分		名簿番号			
	申告年月日				グループ番号		検算印	

相続税の総額の計算書

被相続人　田中　一郎

第2表

この表は、第1表及び第3表の「相続税の総額」の計算のために使用します。
なお、被相続人から相続、遺贈や相続時精算課税に係る贈与によって財産を取得した人のうちに農業相続人がいない場合は、この表の㊅欄及び㊇欄並びに⑨欄から⑪欄までは記入する必要がありません。

○この表を修正申告書の第2表として使用するときは、④欄には修正申告書第1表の㊅欄の⑥Ⓐの金額を記入し、㊇欄には修正申告書第3表の1の㊅欄の⑥Ⓐの金額を記入します。

① 課税価格の合計額	② 遺産に係る基礎控除額	③ 課税遺産総額
㊅（第1表 ⑥Ⓐ）170,285,000 円	3,000万円 +（600万円 × Ⓐ法定相続人の数 4 人）= Ⓑ 5,400 万円	㊁（イ-Ⓑ）116,285,000 円
㊇（第3表 ⑥Ⓐ） ,000 円	Ⓐの人数及びⒷの金額を第1表Ⓑへ転記します。	㊂（ホ-Ⓑ） ,000 円

④ 法定相続人（（注）1参照）		⑤ 左の法定相続人に応じた法定相続分	第1表の「相続税の総額⑦」の計算		第3表の「相続税の総額⑦」の計算	
氏　名	被相続人との続柄		⑥ 法定相続分に応ずる取得金額（㊁×⑤）（1,000円未満切捨て）	⑦ 相続税の総額の基となる税額（下の「速算表」で計算します。）	⑨ 法定相続分に応ずる取得金額（㊂×⑤）（1,000円未満切捨て）	⑩ 相続税の総額の基となる税額（下の「速算表」で計算します。）
田中 花子	妻	1/2	58,142,000 円	10,442,600 円	,000 円	円
田中 勝	長男	1/6	19,380,000	2,407,000	,000	
田中 次男	二男	1/6	19,380,000	2,407,000	,000	
田中 透	養子	1/6	19,380,000	2,407,000	,000	
			,000		,000	
			,000		,000	
			,000		,000	
			,000		,000	
法定相続人の数	Ⓐ 4 人	合計 1	⑧ 相続税の総額（⑦の合計額）（100円未満切捨て） 17,663,600		⑪ 相続税の総額（⑩の合計額）（100円未満切捨て） 00	

（注）1　④欄の記入に当たっては、被相続人に養子がある場合や相続の放棄があった場合には、「相続税の申告のしかた」をご覧ください。
2　⑧欄の金額を第1表⑦欄へ転記します。財産を取得した人のうちに農業相続人がいる場合は、⑧欄の金額を第1表⑦欄へ転記するとともに、⑪欄の金額を第3表⑦欄へ転記します。

相続税の速算表

法定相続分に応ずる取得金額	10,000千円以下	30,000千円以下	50,000千円以下	100,000千円以下	200,000千円以下	300,000千円以下	600,000千円以下	600,000千円超
税　率	10%	15%	20%	30%	40%	45%	50%	55%
控除額	－ 千円	500千円	2,000千円	7,000千円	17,000千円	27,000千円	42,000千円	72,000千円

この速算表の使用方法は、次のとおりです。
⑥欄の金額×税率－控除額＝⑦欄の税額　　⑨欄の金額×税率－控除額＝⑩欄の税額
例えば、⑥欄の金額30,000千円に対する税額（⑦欄）は、30,000千円×15%－500千円＝4,000千円です。

○連帯納付義務について
　相続税の納税については、各相続人等が相続、遺贈や相続時精算課税に係る贈与により受けた利益の価額を限度として、お互いに連帯して納付しなければならない義務があります。

相続時精算課税適用財産の明細書
相続時精算課税分の贈与税額控除額の計算書

被相続人: 田中 一郎

第11の2表

この表は、被相続人から相続時精算課税に係る贈与によって取得した財産（相続時精算課税適用財産）がある場合に記入します。

1 相続税の課税価格に加算する相続時精算課税適用財産の課税価格及び納付すべき相続税額から控除すべき贈与税額の明細

番号	① 贈与を受けた人の氏名	② 贈与を受けた年分	③ 贈与税の申告書を提出した税務署の名称	④ ②の年分に被相続人から相続時精算課税に係る贈与を受けた財産の価額の合計額（課税価格）	⑤ ④の財産に係る贈与税額（贈与税の外国税額控除前の金額）	⑥ ⑤のうち贈与税額に係る外国税額控除額
1	田中 勝	平成20年分	大阪税務署	32,000,000 円	1,400,000 円	円
2						
3						
4						
5						
6						

贈与を受けた人ごとの相続時精算課税適用財産の課税価格及び贈与税額の合計額	氏名	（各人の合計）	田中 勝			
	⑦ 課税価格の合計額（④の合計額）		32,000,000 円	32,000,000 円	円	円	円
	⑧ 贈与税額の合計額（⑤の合計額）		1,400,000	1,400,000			
	⑨ ⑧のうち贈与税額に係る外国税額控除額の合計額（⑥の合計額）						

(注)
1. 相続時精算課税に係る贈与をした被相続人がその贈与をした年の中途に死亡した場合の③欄は「相続時精算課税選択届出書を提出した税務署の名称」を記入してください。
2. ④欄の金額は、下記2の③の「価額」欄の金額に基づき記入します。
3. 各人の⑦欄の金額を第1表のその人の「相続時精算課税適用財産の価額②」欄及び第15表のその人の㉙欄にそれぞれ転記します。
4. 各人の⑧欄の金額を第1表のその人の「相続時精算課税分の贈与税額控除額⑳」欄に転記します。

2 相続時精算課税適用財産（1の④）の明細

（上記1の「番号」欄の番号に合わせて記入します。）

番号	① 贈与を受けた人の氏名	② 贈与年月日	相続時精算課税適用財産の明細				
			種類	細目	利用区分、銘柄等	所在場所等	数量	価額
1	田中 勝	平20.12.20	土地等	宅地	自用地	大阪市○○町	320.00 m²	32,000,000 円

(注)
1. この明細は、被相続人である特定贈与者に係る贈与税の申告書第2表に基づき記入します。
2. ③の「価額」欄には、被相続人である特定贈与者に係る贈与税の申告書第2表の「財産の価額」欄の金額を記入します。ただし、特定事業用資産の特例の適用を受ける場合には、第11・11の2表の付表3の2の⑦欄の金額と⑦欄の金額に係る第11・11の2表の付表3の2の⑲欄の金額の合計額を、特定計画山林の特例の適用を受ける場合には、第11・11の2表の付表4の「2 特定受贈森林経営計画対象山林である選択特定計画山林の明細」の④欄の金額を記入します。

相続財産の種類別価額表

(この表は、第11表から第14表までの記載に基づいて記入します。)

FD3535

被相続人：田中 一郎
氏名：田中 花子

第15表

(単位は円)

種類	細目	番号	各人の合計 被相続人	田中 花子
土地(土地の上に存する権利を含みます。)	田	①		
	畑	②		
	宅地	③	27,200,000	27,200,000
	山林	④		
	その他の土地	⑤		
	計	⑥	27,200,000	27,200,000
⑥のうち特例農地等	通常価額	⑦		
	農業投資価格による価額	⑧		
家屋、構築物		⑨	8,000,000	8,000,000
事業(農業)用財産	機械、器具、農耕具、その他の減価償却資産	⑩		
	商品、製品、半製品、原材料、農産物等	⑪		
	売掛金	⑫		
	その他の財産	⑬		
	計	⑭		
有価証券	特定同族会社の株式及び出資 配当還元方式によったもの	⑮		
	その他の方式によったもの	⑯		
	⑮及び⑯以外の株式及び出資	⑰	50,000,000	
	公債及び社債	⑱		
	証券投資信託、貸付信託の受益証券	⑲		
	計	⑳	50,000,000	
現金、預貯金等		㉑	54,500,000	
家庭用財産		㉒		
その他の財産	生命保険金等	㉓	0	0
	退職手当金等	㉔		
	立木	㉕		
	その他	㉖		
	計	㉗	0	0
合計(⑥+⑨+⑭+⑳+㉑+㉒+㉗)		㉘	139,700,000	35,200,000
相続時精算課税適用財産の価額		㉙	32,000,000	
不動産等の価額(⑥+⑨+⑮+⑯+㉕)		㉚	35,200,000	35,200,000
⑯のうち株式等納税猶予対象の株式等の価額の80%の額		㉛		
⑰のうち株式等納税猶予対象の株式等の価額の80%の額		㉜		
債務等	債務	㉝	315,000	
	葬式費用	㉞	1,100,000	
	合計(㉝+㉞)	㉟	1,415,000	
差引純資産価額(㉘+㉙-㉟)(赤字のときは0)		㊱	170,285,000	35,200,000
純資産価額に加算される暦年課税分の贈与財産価額		㊲		
課税価格(㊱+㊲)(1,000円未満切捨て)		㊳	170,285,000	35,200,000

※の項目は記入する必要がありません。

相続財産の種類別価額表（続）

(この表は、第11表から第14表までの記載に基づいて記入します。)

FD3536

第15表（続）

（単位は円）

被相続人　田中 一郎

種類	細目	番号	氏名 田中 勝	氏名 田中 次男
※	整理番号			
土地（土地の上に存する権利を含みます。）	田	①		
	畑	②		
	宅地	③		
	山林	④		
	その他の土地	⑤		
	計	⑥		
	⑥のうち特例農地等 通常価額	⑦		
	農業投資価格による価額	⑧		
家屋、構築物		⑨		
事業（農業）用財産	機械、器具、農耕具、その他の減価償却資産	⑩		
	商品、製品、半製品、原材料、農産物等	⑪		
	売掛金	⑫		
	その他の財産	⑬		
	計	⑭		
有価証券	特定同族会社の株式及び出資 配当還元方式によったもの	⑮		
	その他の方式によったもの	⑯		
	⑮及び⑯以外の株式及び出資	⑰		50000000
	公債及び社債	⑱		
	証券投資信託、貸付信託の受益証券	⑲		
	計	⑳		50000000
現金、預貯金等		㉑	34500000	
家庭用財産		㉒		
その他の財産	生命保険金等	㉓	0	
	退職手当金等	㉔		
	立木	㉕		
	その他	㉖		
	計	㉗	0	
合計（⑥+⑨+⑭+⑳+㉑+㉒+㉗）		㉘	34500000	50000000
相続時精算課税適用財産の価額		㉙	32000000	
不動産等の価額（⑥+⑨+⑩+⑮+⑯+㉕）		㉚		
⑯のうち株式等納税猶予対象の株式等の価額の80％の額		㉛		
⑰のうち株式等納税猶予対象の株式等の価額の80％の額		㉜		
債務等	債務	㉝	315000	
	葬式費用	㉞	1100000	
	合計（㉝+㉞）	㉟	1415000	
差引純資産価額（㉘+㉙-㉟）（赤字のときは0）		㊱	65085000	50000000
純資産価額に加算される暦年課税分の贈与財産価額		㊲		
課税価格（㊱+㊲）（1,000円未満切捨て）		㊳	65085000	50000000

※の項目は記入する必要がありません。

※税務署整理欄　申告区分　年分　名簿番号　申告年月日　グループ番号

相続財産の種類別価額表（続）（この表は、第11表から第14表までの記載に基づいて記入します。） FD3536

（単位は円）

被相続人：田中 一郎

種類	細目	番号	（氏名）田中 透	（氏名）
※	整理番号			
土地（土地の上に存する権利を含みます。）	田	①		
	畑	②		
	宅地	③		
	山林	④		
	その他の土地	⑤		
	計	⑥		
⑥のうち特例農地等	通常価額	⑦		
	農業投資価格による価額	⑧		
家屋、構築物		⑨		
事業（農業）用財産	機械、器具、農耕具、その他の減価償却資産	⑩		
	商品、製品、半製品、原材料、農産物等	⑪		
	売掛金	⑫		
	その他の財産	⑬		
	計	⑭		
有価証券	特定同族会社の株式及び出資 配当還元方式によったもの	⑮		
	その他の方式によったもの	⑯		
	⑮及び⑯以外の株式及び出資	⑰		
	公債及び社債	⑱		
	証券投資信託、貸付信託の受益証券	⑲		
	計	⑳		
現金、預貯金等		㉑	20000000	
家庭用財産		㉒		
その他の財産	生命保険金等	㉓		
	退職手当金等	㉔		
	立木	㉕		
	その他	㉖		
	計	㉗		
合計（⑥+⑨+⑭+⑳+㉑+㉒+㉗）		㉘	20000000	
相続時精算課税適用財産の価額		㉙		
不動産等の価額（⑥+⑨+⑩+⑮+⑯+㉕）		㉚		
⑯のうち株式等納税猶予対象の株式等の価額の80％の額		㉛		
⑰のうち株式等納税猶予対象の株式等の価額の80％の額		㉜		
債務等	債務	㉝		
	葬式費用	㉞		
	合計（㉝+㉞）	㉟		
差引純資産価額（㉘+㉙-㉟）（赤字のときは0）		㊱	20000000	
純資産価額に加算される暦年課税分の贈与財産価額		㊲		
課税価格（㊱+㊲）（1,000円未満切捨て）		㊳	20000000	000

※の項目は記入する必要がありません。

※税務署整理欄　申告区分　年分　名簿番号　申告年月日　グループ番号

第15表（続）

(3) 農地の納税猶予を受ける場合

〈前提〉
相続関係人　被相続人　夫　　　田中一郎（平成27年6月10日死亡）80歳
　　　　　　相続人　　妻　　　田中花子　79歳
　　　　　　　　　　　長男　　田中　勝　50歳
　　　　　　　　　　　二男　　田中次男　47歳
　　　　　　　　　　　孫養子　田中　透　10歳（長男の子）

遺産の内容及び分割の状況

内容	詳細	金額（特例適用前）	田中花子	田中　勝	田中次男	田中　透
自宅土地　400m²	単価200,000円	80,000,000	80,000,000			
自宅建物　300m²		8,000,000	8,000,000			
田　2,000m²	都市営農（大阪市）	25,000,000			25,000,000	
田　3,000m²	都市営農（大阪市）	30,000,000			30,000,000	
畑　1,500m²	都市営農（奈良市）	12,000,000			12,000,000	
畑　500m²	都市営農（奈良市）	8,000,000			8,000,000	
上場株式　10,000株	○×建設@5000	50,000,000			50,000,000	
現金		2,000,000		2,000,000		
普通預金	○○銀行○×支店	2,500,000		2,500,000		
定期預金	○○銀行○×支店	30,000,000		30,000,000		
定期預金	○△銀行○×支店	20,000,000				20,000,000
生命保険金	○○生命	20,000,000	10,000,000	10,000,000		
債務（公租公課）	27年度分固定資産税	65,000		65,000		
債務（未払医療費）	○○病院	250,000		250,000		
葬式費用	○×寺	500,000		500,000		
葬式費用	○×葬儀社	600,000		600,000		
3年以内の暦年贈与	現金	9,900,000		3,300,000	3,300,000	3,300,000

（省略）
第4表　相続税額の加算金額の計算書
第6表　未成年者控除額の計算書
第9表　生命保険金などの明細書
第11・11の2表の付表1　小規模宅地等についての課税価格の計算明細書
第13表　債務及び葬式費用の明細書
第14表　純資産価額に加算される暦年課税分の贈与財産価額及び特定贈与財産価額の明細書

相続税の申告書　FD3553

_____ 税務署長
_____ 年 ___ 月 ___ 日提出
相続開始年月日　27 年 6 月 10 日
※申告期限延長日　　年　月　日

第1表

項目	各人の合計（被相続人）	財産を取得した人
フリガナ	タナカ イチロウ	タナカ ハナコ
氏名	田中一郎	田中花子 ㊞
生年月日	昭10年4月10日（年齢80歳）	昭10年10月10日（年齢79歳）
住所（電話番号）	大阪市谷町1-1-1	〒　大阪市谷町1-1-1
被相続人との続柄・職業	無職	妻
取得原因		（相続）・遺贈・相続時精算課税に係る贈与
※整理番号		

	項目	各人の合計	財産を取得した人
課税価格の計算	① 取得財産の価額（第11表③）	214,700,000	35,200,000
	② 相続時精算課税適用財産の価額（第11の2表1⑦）		
	③ 債務及び葬式費用の金額（第13表3⑦）	1,415,000	
	④ 純資産価額（①+②-③）（赤字のときは0）	213,285,000	35,200,000
	⑤ 純資産価額に加算される暦年課税分の贈与財産価額（第14表1④）	9,900,000	
	⑥ 課税価格（④+⑤）（1,000円未満切捨て）	223,185,000 Ⓐ	35,200,000
各人の算出税額の計算	法定相続人の数 遺産に係る基礎控除額	4人　54,000,000 Ⓑ	左の欄には、第2表の②欄の④の人数及び④の金額を記入します。
	⑦ 相続税の総額	29,566,200	左の欄には、第2表の⑧欄の金額を記入します。
	一般の場合（⑩の場合を除く）　あん分割合（各人の⑥／Ⓐ） ⑧	1.00	
	⑨ 算出税額（⑦×各人の⑧）		
	農地等納税猶予の適用を受ける場合 ⑩ 算出税額（第3表⑦）	29,566,197	3,184,599
	⑪ 相続税額の2割加算が行われる場合の加算金額（第4表1⑤）	421,597	
各人の納付・還付税額の計算	⑫ 暦年課税分の贈与税額控除額（第4表2⑥）		
	⑬ 配偶者の税額軽減額（第5表⑭又は⑯）	3,184,599	3,184,599
	⑭ 未成年者控除額（第6表1②、③又は⑥）	1,000,000	
	⑮ 障害者控除額（第6表2②、③又は⑥）		
	⑯ 相次相続控除額（第7表⑬又は⑱）		
	⑰ 外国税額控除額（第8表1⑧）		
	⑱ 計	4,184,599	3,184,599
	⑲ 差引税額（⑨+⑪-⑱）又は（⑩+⑪-⑱）（赤字のときは0）	25,803,195	0
	⑳ 相続時精算課税分の贈与税額控除額（第11の2表⑧）	00	00
	㉑ 医療法人持分税額控除額（第8の4表2B）		
	㉒ 小計（⑲-⑳-㉑）（黒字のときは100円未満切捨て）	25,803,100	
	㉓ 農地等納税猶予税額（第8表2⑦）	15,705,500	00
	㉔ 株式等納税猶予税額（第8の2表2⑧）	00	00
	㉕ 山林納税猶予税額（第8の3表2⑧）	00	00
	㉖ 医療法人持分納税猶予税額（第8の4表2A）	00	00
	㉗ 申告期限までに納付すべき税額（㉒-㉓-㉔-㉕-㉖）	10,097,600	00
	㉘ 還付される税額	△	△

相続税の申告書（続）

FD3554

第1表（続）

		財産を取得した人	財産を取得した人
	フリガナ	タナカ マサル	タナカ ツグオ
	氏名	田中 勝 ㊞	田中 次男 ㊞
	生年月日	昭和39年10月1日（年齢50歳）	昭和43年5月6日（年齢47歳）
	住所（電話番号）	大阪市谷町1-1-1	奈良市1-2-3
被相続人との続柄	職業	長男　会社員	二男　農業
	取得原因	相続・遺贈・相続時精算課税に係る贈与	相続・遺贈・相続時精算課税に係る贈与
	※整理番号		

課税価格の計算	項目	金額（円）	金額（円）
	① 取得財産の価額（第11表③）	34,500,000	125,000,000
	② 相続時精算課税適用財産の価額（第11の2表1⑦）		
	③ 債務及び葬式費用の金額（第13表3⑦）	1,415,000	
	④ 純資産価額（①+②−③）（赤字のときは0）	33,085,000	125,000,000
	⑤ 純資産価額に加算される暦年課税分の贈与財産価額（第14表1④）	3,300,000	3,300,000
	⑥ 課税価格（④+⑤）（1,000円未満切捨て）	36,385,000	128,300,000

各人の算出税額の計算	項目		
	法定相続人の数／遺産に係る基礎控除額		
	⑦ 相続税の総額		
一般の場合（⑩の場合を除く）	⑧ あん分割合（各人の⑥／⑥）		
	⑨ 算出税額（⑦×各人の⑧）		
農地等納税猶予の適用を受ける場合	⑩ 算出税額（第3表⑦）	3,291,808	20,981,803
	⑪ 相続税額の2割加算が行われる場合の加算金額（第4表⑤）		

各人の納付・還付税額の計算	⑫ 暦年課税分の贈与税額控除額（第4表2⑤）		
税額控除	⑬ 配偶者の税額軽減額（第5表④又は⑥）		
	⑭ 未成年者控除額（第6表1②,③又は⑥）		
	⑮ 障害者控除額（第6表2②,③又は⑥）		
	⑯ 相次相続控除額（第7表⑤又は⑧）		
	⑰ 外国税額控除額（第8表1③）		
	⑱ 計		
	⑲ 差引税額（⑨+⑪−⑱）又は（⑩+⑪−⑱）（赤字のときは0）	3,291,808	20,981,803
	⑳ 相続時精算課税分の贈与税額控除額（第11の2表⑧）	00	00
	㉑ 医療法人持分税額控除額（第8の4表2B）		
	㉒ 小計（⑲−⑳−㉑）（黒字のときは100円未満切捨て）	3,291,800	20,981,800
	㉓ 農地等納税猶予税額（第8表2⑦）	00	15,705,500
	㉔ 株式等納税猶予税額（第8の2表2⑩）	00	00
	㉕ 山林納税猶予税額（第8の3表2⑧）	00	00
	㉖ 医療法人持分納税猶予税額（第8の4表2A）	00	00
	㉗ 申告期限までに納付すべき税額	3,291,800	5,276,300
	㉘ 還付される税額		

（注）㉒欄の金額が赤字となる場合は、㉒欄の左端に△を付してください。なお、この場合で、㉔欄の金額のうちに贈与税の外国税額控除額（第11の2表⑨）があるときの㉗欄の金額については、「相続税の申告のしかた」を参照してください。

※の項目は記入する必要がありません。

税務署整理欄：申告区分・年分・名簿番号・グループ番号・検認印・申告年月日

II 相続税の要点と申告書作成

相続税の申告書（続）　FD3554

第1表（続）

※申告期限延長日　　年　月　日

	財産を取得した人	財産を取得した人
フリガナ	タナカ トオル	
氏名	田中 透 ㊞	㊞
生年月日	平成 17年 5月 4日（年齢 10歳）	年　月　日（年齢　歳）
住所（電話番号）	〒　大阪市谷町1-1-1　（　-　-　）	〒　（　-　-　）
被相続人との続柄　職業	養子	
取得原因	○相続・遺贈・相続時精算課税に係る贈与	相続・遺贈・相続時精算課税に係る贈与
※整理番号		

課税価格の計算

① 取得財産の価額（第11表③）	20,000,000 円	円
② 相続時精算課税適用財産の価額（第11の2表1⑦）		
③ 債務及び葬式費用の金額（第13表3⑦）		
④ 純資産価額（①+②-③）（赤字のときは0）	20,000,000	
⑤ 純資産価額に加算される暦年課税分の贈与財産価額（第14表1④）	3,300,000	
⑥ 課税価格（④+⑤）（1,000円未満切捨て）	23,300,000	000

各人の算出税額の計算

法定相続人の数　遺産に係る基礎控除額		
⑦ 相続税の総額		
⑧ 一般の場合（⑨の場合を除く）あん分割合（各人の⑥/Ⓐ）		
⑨ 算出税額（⑦×各人の⑧）	円	円
⑩ 農地等納税猶予の適用を受ける場合 算出税額（第3表⑨）	2,107,987	
⑪ 相続税額の2割加算が行われる場合の加算金額（第4表1⑤）	421,597 円	円

各人の納付・還付税額の計算

⑫ 暦年課税分の贈与税額控除額（第4表2⑨）		
⑬ 配偶者の税額軽減額（第5表⑤又は⑪）		
⑭ 未成年者控除額（第6表1②,③又は⑥）	1,000,000	
⑮ 障害者控除額（第6表2②,③又は⑥）		
⑯ 相次相続控除額（第7表⑬又は⑱）		
⑰ 外国税額控除額（第8表1⑧）		
⑱ 計	1,000,000	
⑲ 差引税額（⑩+⑪-⑱又は⑩+⑪-⑱）（赤字のときは0）	1,529,584	
⑳ 相続時精算課税分の贈与税額控除額（第11の2表⑧）	00	00
㉑ 医療法人持分税額控除額（第8の4表2B）		
㉒ 小計（⑲-⑳-㉑）（黒字のときは100円未満切捨て）	1,529,500	
㉓ 農地等納税猶予税額（第8表2⑦）	00	00
㉔ 株式等納税猶予税額（第8の2表2㊵）	00	00
㉕ 山林納税猶予税額（第8の3表2⑧）	00	00
㉖ 医療法人持分納税猶予税額（第8の4表2A）	00	00
㉗ 申告納税額　申告期限までに納付すべき税額（㉒-㉓-㉔-㉕-㉖）	1,529,500	00
㉘ 還付される税額	△	△

（注）㉒欄の金額が赤字となる場合は、㉒欄の左端に△を付してください。なお、この場合で、㉒欄の金額のうちに贈与税の外国税額控除額（第11の2表⑨）があるときの㉘欄の金額については、「相続税の申告のしかた」を参照してください。

※の項目は記入する必要がありません。

※税務署整理欄	申告区分		年分		名簿番号		
	申告年月日				グループ番号		検算印

相続税の総額の計算書

被相続人 田中 一郎

第2表

この表は、第1表及び第3表の「相続税の総額」の計算のために使用します。
なお、被相続人から相続、遺贈や相続時精算課税に係る贈与によって財産を取得した人のうちに農業相続人がいない場合は、この表の㋐欄及び㋭欄並びに⑨から⑪欄までは記入する必要がありません。

○この表を修正申告書の第2表として使用するときは、㋭欄には修正申告書第1表の㋺欄の⑥Ⓐの金額を記入し、㋥欄には修正申告書第3表の1の㋺欄の⑥Ⓐの金額を記入します。

① 課税価格の合計額	② 遺産に係る基礎控除額	③ 課税遺産総額
(第1表)⑥Ⓐ ㋑ 223,185,000 円 (第3表)⑥Ⓐ ㋭ 153,205,000 円	3,000万円+(600万円× Ⓐの法定相続人の数 4 人) = 5,400 万円 Ⓐの人数及び㋺の金額を第1表Ⓑへ転記します。	㋩ (㋑-㋺) 169,185,000 円 ㋥ (㋭-㋺) 99,205,000 円

④ 法定相続人 (注)1参照		⑤ 左の法定相続人に応じた法定相続分	第1表の「相続税の総額⑦」の計算		第3表の「相続税の総額⑦」の計算	
氏名	被相続人との続柄		⑥ 法定相続分に応ずる取得金額 (㋩×⑤) (1,000円未満切捨て)	⑦ 相続税の総額の基となる税額 下の「速算表」で計算します。	⑨ 法定相続分に応ずる取得金額 (㋥×⑤) (1,000円未満切捨て)	⑩ 相続税の総額の基となる税額 下の「速算表」で計算します。
田中 花子	妻	1/2	84,592,000 円	18,377,600 円	49,602,000 円	7,920,400 円
田中 勝	長男	1/6	28,197,000	3,729,550	16,534,000	1,980,100
田中 次男	二男	1/6	28,197,000	3,729,550	16,534,000	1,980,100
田中 透	養子	1/6	28,197,000	3,729,550	16,534,000	1,980,100
			,000		,000	
			,000		,000	
			,000		,000	
			,000		,000	
法定相続人の数 Ⓐ 4 人		合計 1	⑧ 相続税の総額 (⑦の合計額) (100円未満切捨て) 29,566,200		⑪ 相続税の総額 (⑩の合計額) (100円未満切捨て) 13,860,700	

(注) 1 ④欄の記入に当たっては、被相続人に養子がある場合や相続の放棄があった場合には、「相続税の申告のしかた」をご覧ください。
2 ⑧欄の金額を第1表⑦欄へ転記します。財産を取得した人のうちに農業相続人がいる場合は、⑧欄の金額を第1表⑦欄へ転記するとともに、⑪欄の金額を第3表⑦欄へ転記します。

相続税の速算表

法定相続分に応ずる取得金額	10,000千円以下	30,000千円以下	50,000千円以下	100,000千円以下	200,000千円以下	300,000千円以下	600,000千円以下	600,000千円超
税率	10%	15%	20%	30%	40%	45%	50%	55%
控除額	ー 千円	500千円	2,000千円	7,000千円	17,000千円	27,000千円	42,000千円	72,000千円

この速算表の使用方法は、次のとおりです。
⑥欄の金額×税率−控除額=⑦欄の税額　　⑨欄の金額×税率−控除額=⑩欄の税額
例えば、⑥欄の金額30,000千円に対する税額(⑦欄)は、30,000千円×15%−500千円=4,000千円です。

○連帯納付義務について
相続税の納税については、各相続人等が相続、遺贈や相続時精算課税に係る贈与により受けた利益の価額を限度として、お互いに連帯して納付しなければならない義務があります。

II 相続税の要点と申告書作成

第3表 財産を取得した人のうちに農業相続人がいる場合の各人の算出税額の計算書

被相続人：田中一郎

私は、租税特別措置法第70条の6第1項の規定による農地等についての相続税の納税猶予の適用を受けます。

相続税の納税猶予の適用を受ける農業相続人の氏名：田中次男（47歳）／（　歳）／（　歳）

被相続人から相続、遺贈や相続時精算課税に係る贈与によって財産を取得した人のうちに農業相続人がいる場合には、特例農地等については農業投資価格によって課税財産の価額を計算することになりますので、その被相続人から財産を取得した全ての人は、この表によって各人の算出税額を計算します。

	財産を取得した人の氏名	（各人の合計）	田中花子	田中勝	田中次男
課税価格の計算	① 取得財産の価額 農業相続人（第12表⑤）	55,020,000			55,020,000
	② その他の人（第1表①+第1表②）	89,700,000	35,200,000	34,500,000	
	③ 債務及び葬式費用の金額（第1表③）	1,415,000		1,415,000	
	④ 純資産価額（①-③）又は（②-③）（赤字のときは0）	143,305,000	35,200,000	33,085,000	55,020,000
	⑤ 純資産価額に加算される暦年課税分の贈与財産価額（第1表⑤）	9,900,000		3,300,000	3,300,000
	⑥ 課税価格（④+⑤）（1,000円未満切捨て） Ⓐ	153,205,000	35,200,000	36,385,000	58,320,000
各人の算出税額の計算	⑦ 相続税の総額（第2表⑪）	13,860,700			
	⑧ あん分割合（各人の⑥/Ⓐ）	1.00	0.22975751	0.23749224	0.38066642
	⑨ 算出税額（⑦×各人の⑧）	13,860,697	3,184,599	3,291,808	5,276,303
	⑩ 農業相続人の納税猶予の基となる税額 相続税の総額の差額	15,705,500	（第1表の⑦の金額） 29,566,200 円 － （この表の⑦の金額） 13,860,700 円		
	⑪ 農業投資価格超過額（第12表③） Ⓑ	69,980,000			69,980,000
	⑫ 各人へのあん分額（⑩×各人の⑪÷Ⓑ）	15,705,500			15,705,500
	⑬ 各人の算出税額（⑨+⑫）	29,566,197	3,184,599	3,291,808	20,981,803

	財産を取得した人の氏名	田中透			
課税価格の計算	① 取得財産の価額 農業相続人（第12表⑤）				
	② その他の人（第1表①+第1表②）	20,000,000			
	③ 債務及び葬式費用の金額（第1表③）				
	④ 純資産価額（①-③）又は（②-③）（赤字のときは0）	20,000,000			
	⑤ 純資産価額に加算される暦年課税分の贈与財産価額（第1表⑤）	3,300,000			
	⑥ 課税価格（④+⑤）（1,000円未満切捨て）	23,300,000	,000	,000	,000
各人の算出税額の計算	⑦ 相続税の総額（第2表⑪）				
	⑧ あん分割合（各人の⑥/Ⓐ）	0.15208380			
	⑨ 算出税額（⑦×各人の⑧）	2,107,987			
	⑩ 相続税の総額の差額				
	⑪ 農業投資価格超過額（第12表③）				
	⑫ 各人へのあん分額				
	⑬ 各人の算出税額（⑨+⑫）	2,107,987			

（注）1 「各人の算出税額の計算」の「農業相続人の納税猶予の基となる税額」欄は、農業相続人だけが記入します。
2 各人の⑬欄の金額を第1表のその人の「算出税額⑩」欄に転記します。
この場合、第1表の「一般の場合」の「あん分割合⑧」欄及び「算出税額⑨」欄の記入を行う必要はありません。

配偶者の税額軽減額の計算書

被相続人　田中　一郎　第5表

私は、相続税法第19条の2第1項の規定による配偶者の税額軽減の適用を受けます。

1 一般の場合
（この表は、①被相続人から相続、遺贈や相続時精算課税に係る贈与によって財産を取得した人のうちに農業相続人がいない場合又は②配偶者が農業相続人である場合に記入します。）

| 課税価格の合計額のうち配偶者の法定相続分相当額 | （第1表のⒶの金額）〔配偶者の法定相続分〕　　,000円 × ＿＿＿ ＝ ＿＿＿＿＿＿円　上記の金額が16,000万円に満たない場合には、16,000万円 | ㋑※ 円 |

配偶者の税額軽減額を計算する場合の課税価格	① 分割財産の価額（第11表の配偶者の①の金額）	分割財産の価額から控除する債務及び葬式費用の金額 ② 債務及び葬式費用の金額（第1表の配偶者の③の金額）	③ 未分割財産の価額（第11表の配偶者の②の金額）	④ （②-③）の金額（③の金額が②の金額より大きいときは0）	⑤ 純資産価額に加算される暦年課税分の贈与財産価額（第1表の配偶者の⑤の金額）	⑥ （①-④+⑤）の金額（⑤の金額より小さいときは⑤の金額）（1,000円未満切捨て）
	円	円	円	円	※　円	,000 円

	⑦ 相続税の総額（第1表の⑦の金額）	⑧ ㋑の金額と⑥の金額のうちいずれか少ない方の金額	⑨ 課税価格の合計額（第1表のⒶの金額）	⑩ 配偶者の税額軽減の基となる金額（⑦×⑧÷⑨）
	円 00	円	,000 円	円

| 配偶者の税額軽減の限度額 | （第1表の配偶者の⑨又は⑩の金額）　（第1表の配偶者の⑫の金額）（　　　円　－　　　円） | ㋺ 円 |
| 配偶者の税額軽減額 | （⑩の金額と㋺の金額のうちいずれか少ない方の金額） | ㋩ 円 |

（注）㋩の金額を第1表の配偶者の「配偶者の税額軽減額⑬」欄に転記します。

2 配偶者以外の人が農業相続人である場合
（この表は、被相続人から相続、遺贈や相続時精算課税に係る贈与によって財産を取得した人のうちに農業相続人がいる場合で、かつ、その農業相続人が配偶者以外の場合に記入します。）

| 課税価格の合計額のうち配偶者の法定相続分相当額 | （第3表のⒶの金額）〔配偶者の法定相続分〕　153,205,000円 × 1/2 ＝ 76,602,500円　上記の金額が16,000万円に満たない場合には、16,000万円 | ㋥※ 160,000,000 円 |

配偶者の税額軽減額を計算する場合の課税価格	⑪ 分割財産の価額（第11表の配偶者の①の金額）	分割財産の価額から控除する債務及び葬式費用の金額 ⑫ 債務及び葬式費用の金額（第1表の配偶者の③の金額）	⑬ 未分割財産の価額（第11表の配偶者の②の金額）	⑭ （⑫-⑬）の金額（⑬の金額が⑫の金額より大きいときは0）	⑮ 純資産価額に加算される暦年課税分の贈与財産価額（第1表の配偶者の⑤の金額）	⑯ （⑪-⑭+⑮）の金額（⑮の金額より小さいときは⑮の金額）（1,000円未満切捨て）
	35,200,000 円	円	円	円	※　円	35,200,000 円

	⑰ 相続税の総額（第3表の⑦の金額）	⑱ ㋥の金額と⑯の金額のうちいずれか少ない方の金額	⑲ 課税価格の合計額（第3表のⒶの金額）	⑳ 配偶者の税額軽減の基となる金額（⑰×⑱÷⑲）
	13,860,700 円	35,200,000 円	153,205,000 円	3,184,599 円

| 配偶者の税額軽減の限度額 | （第1表の配偶者の⑩の金額）　（第1表の配偶者の⑫の金額）（3,184,599 円　－　　　円） | ㋭ 3,184,599 円 |
| 配偶者の税額軽減額 | （⑳の金額と㋭の金額のうちいずれか少ない方の金額） | ㋬ 3,184,599 円 |

（注）㋬の金額を第1表の配偶者の「配偶者の税額軽減額⑬」欄に転記します。

※ 相続税法第19条の2第5項（(隠蔽又は仮装があった場合の配偶者の相続税額の軽減の不適用)）の規定の適用があるときには、「課税価格の合計額のうち配偶者の法定相続分相当額」の（第1表のⒶの金額）、⑥、⑦、⑨、「課税価格の合計額のうち配偶者の法定相続分相当額」の（第3表のⒶの金額）、⑯、⑰及び⑲の各欄は、第5表の付表で計算した金額を転記します。

外国税額控除額 農地等納税猶予税額 の計算書

被相続人：田中 一郎

第8表

1 外国税額控除

(この表は、課税される財産のうちに外国にあるものがあり、その財産について外国において日本の相続税に相当する税が課税されている場合に記入します。)

外国で相続税に相当する税を課せられた人の氏名	外国の法令により課せられた税		③ ①の日現在における邦貨換算率	④ 邦貨換算税額（②×③）	⑤ 邦貨換算在外純財産の価額	⑥ ⑤の金額取得財産の価額の割合	⑦ 相次相続控除後の税額×⑥	⑧ 控除額（④と⑦のうちいずれか少ない方の金額）
	国名及び税の名称	① 納期限（年月日） ② 税額						
		・・		円	円		円	円
		・・						
		・・						
		・・						
		・・						
		・・						

(注) 1 ⑤欄は、在外財産の価額（被相続人から相続開始の年に暦年課税に係る贈与によって取得した財産及び相続時精算課税適用財産の価額を含みます。）からその財産についての債務の金額を控除した価額を記入します。
2 ⑥欄の「取得財産の価額」は、第1表の④欄の金額と被相続人から相続開始の年に暦年課税に係る贈与によって取得した財産の価額の合計額によります。
3 各人の⑧欄の金額を第1表のその人の「外国税額控除額⑰」欄に転記します。

2 農地等納税猶予税額

(この表は、農業相続人について該当する金額を記入します。)

農業相続人の氏名		田中次男		
納税猶予の基となる税額（第3表の各農業相続人の⑫の金額）	①	15,705,500 円	円	円
相続税額の2割加算が行われる場合の加算金額（第4表1⑩×①/第3表の各農業相続人の⑬の金額）	②			
納税猶予税額の計算 税額控除額の計（第1表の各農業相続人の（⑱+⑳）の金額）	③			
第3表⑨の各農業相続人の算出税額	④	5,276,303		
相続税額の2割加算が行われる場合の加算金額（第4表1⑩×④/第3表の各農業相続人の⑬の金額）	⑤			
（③−（④+⑤））の金額（赤字のときは0）	⑥	0		
農地等納税猶予税額（①+②−⑥）（100円未満切捨て、赤字のときは0）	⑦	15,705,5 00	00	00

(注) 各人の⑦欄の金額を第1表のその人の「農地等納税猶予税額㉓」欄に転記します。なお、その人が、非上場株式等についての納税猶予及び免除の特例、山林についての納税猶予及び免除の特例又は医療法人の持分についての納税猶予及び免除の特例若しくは医療法人の持分についての税額控除の特例の適用を受ける場合は、第8の5表の⑪欄の金額を第1表のその人の「農地等納税猶予税額㉓」欄に転記します。

相続税がかかる財産の明細書
（相続時精算課税適用財産を除きます。）

被相続人　田中　一郎

第11表

この表は、相続や遺贈によって取得した財産及び相続や遺贈によって取得したものとみなされる財産のうち、相続税のかかるものについての明細を記入します。

遺産の分割状況	区　分	① 全部分割	2 一部分割	3 全部未分割
	分割の日	・　・	・　・	

○ 相続時精算課税適用財産の明細については、この表によらず第11の2表に記載します。

財産の明細							分割が確定した財産	
種類	細目	利用区分、銘柄等	所在場所等	数量 固定資産税評価額	単価 倍数	価額	取得した人の氏名	取得財産の価額
土地等	田	自用地	大阪市○○町	2,000.00㎡	12,500円	25,000,000円	田中次男	25,000,000円
土地等	田	自用地	大阪市××町	3,000.00㎡	10,000	30,000,000	田中次男	30,000,000
	小計					55,000,000		
土地等	畑	自用地	奈良市○○町	1,500.00㎡	8,000	12,000,000	田中次男	12,000,000
土地等	畑	自用地	奈良市××町	500.00㎡	16,000	8,000,000	田中次男	8,000,000
	小計					20,000,000		
土地等	宅地	自用地	大阪市谷町1-1-1	400.00㎡	200,000	27,200,000	田中花子	27,200,000
	小計					27,200,000		
計						102,200,000		
家屋		自用家屋	大阪市谷町1-1-1	300.00㎡ 8,000,000	1.0	8,000,000	田中花子	8,000,000
	小計					8,000,000		
計						8,000,000		
有価証券	その他の株式	○×建設	○×証券 ○×支店	10,000株	5,000	50,000,000	田中次男	50,000,000
	小計					50,000,000		
計						50,000,000		
現金預貯金等	現金	現金				2,000,000	田中勝	2,000,000
	小計					2,000,000		
現金預貯金等	預貯金	普通預金	○○銀行○×支店			2,500,000	田中勝	2,500,000
	小計					2,500,000		
現金預貯金等	預貯金	定期預金	○○銀行○×支店			30,000,000	田中勝	30,000,000

合計表	財産を取得した人の氏名	(各人の合計)	田中花子	田中勝	田中次男	田中透	
	分割財産の価額 ①	214,700,000円	35,200,000円	34,500,000円	125,000,000円	20,000,000円	円
	未分割財産の価額 ②						
	各人の取得財産の価額 (①+②) ③	214,700,000	35,200,000	34,500,000	125,000,000	20,000,000	

(注) 1　「合計表」の各人の③欄の金額を第1表のその人の「取得財産の価額①」欄に転記します。
　　 2　「財産の明細」の「価額」欄は、財産の細目、種類ごとに小計及び計を付し、最後に合計を付して、それらの金額を第15表の①から㉘までの該当欄に転記します。

相続税がかかる財産の明細書
（相続時精算課税適用財産を除きます。）

被相続人　田中 一郎

第11表

この表は、相続や遺贈によって取得した財産及び相続や遺贈によって取得したものとみなされる財産のうち、相続税のかかるものについての明細を記入します。

遺産の分割状況	区　分	① 全部分割	2 一部分割	3 全部未分割
	分割の日	・ ・		

○相続時精算課税適用財産の明細については、この表によらず第11の2表に記載します。

財産の明細							分割が確定した財産	
種類	細目	利用区分、銘柄等	所在場所等	数量 固定資産税評価額	単価 倍数	価額	取得した人の氏名	取得財産の価額
現金預貯金等	預貯金	定期預金	○△銀行○×支店	円	円	20,000,000円	田中 透	20,000,000円
	小計					50,000,000		
計						54,500,000		
合計						214,700,000		

合計表	財産を取得した人の氏名		（各人の合計）					
	分割財産の価額	①	円	円	円	円	円	円
	未分割財産の価額	②						
	各人の取得財産の価額（①＋②）	③						

（注）1　「合計表」の各人の③欄の金額を第1表のその人の「取得財産の価額①」欄に転記します。
　　　2　「財産の明細」の「価額」欄は、財産の細目、種類ごとに小計及び計を付し、最後に合計を付して、それらの金額を第15表の①から㉘までの該当欄に転記します。

農地等についての納税猶予の適用を受ける特例農地等の明細書

第12表

被相続人：田中 一郎
農業相続人：田中 次男

特例農地等の明細（この表は、農業相続人に該当する人が各人ごとに特例農地等の明細を作成します。）

都市営農農地等、市街化区域内農地等、都市営農農地等及び市街化区域内農地等以外の別	田、畑、採草放牧地、準農地、一時的道路用地等、営農困難時貸付農地等、特定貸付農地等の別	地上権、永小作権、使用貸借による権利、賃借権（耕作権）の別	所在場所	面積	農業投資価格 単価(1,000㎡当たり)	農業投資価格 価額	通常価額（第11表の価額）
都市営農農地等	田	自用地	大阪市○○町	2,000.00㎡	820,000円	1,640,000円	25,000,000円
都市営農農地等	田	自用地	大阪市××町	3,000.00	820,000	2,460,000	30,000,000
	小計					〈4,100,000〉	〈55,000,000〉
都市営農農地等	畑	自用地	奈良市○○町	1,500.00	460,000	690,000	12,000,000
都市営農農地等	畑	自用地	奈良市××町	500.00	460,000	230,000	8,000,000
	小計					〈920,000〉	〈20,000,000〉
計						《5,020,000》	《75,000,000》
			合計	7,000.00		ⓑ 5,020,000	Ⓐ 75,000,000

農業投資価格により計算した取得財産の価額

①特例農地等の通常価額（上記Ⓐの金額）	②特例農地等の農業投資価格による価額（上記ⓑの金額）	③農業投資価格超過額（①－②）	④通常価額により計算した取得財産の価額（その農業相続人の第11表③＋第11の2表⑦）	⑤農業投資価格により計算した取得財産の価額（④－③）
75,000,000円	5,020,000円	69,980,000円	125,000,000円	55,020,000円

（注）
1. 「市街化区域内農地等」とは、都市計画法第7条第1項に規定する市街化区域内に所在する農地又は採草放牧地で都市営農農地等に該当しない農地又は採草放牧地をいいます。
2. 「特例農地等の明細」欄の「農業投資価格」の「価額」欄及び「通常価額」欄には、田、畑、採草放牧地、準農地、一時的道路用地等、営農困難時貸付農地等、特定貸付農地等の別に、計を付して、その合計の金額（Ⓐ及びⓑ）を第15表のその農業相続人の⑦及び⑧欄に転記します。
3. ⑤欄の金額を第3表のその農業相続人の①欄に転記します。
4. ③欄の金額を第3表のその農業相続人の⑪欄に転記します。

相続財産の種類別価額表

(この表は、第11表から第14表までの記載に基づいて記入します。) FD3535

第15表

被相続人: 田中 一郎 / 田中 花子

(単位は円)

種類	細目	番号	各人の合計 被相続人		
土地（土地の上に存する権利を含みます。）	田	①	55,000,000		
	畑	②	20,000,000		
	宅地	③	27,200,000	27,200,000	
	山林	④			
	その他の土地	⑤			
	計	⑥	102,200,000	27,200,000	
(⑥のうち特例農地等)	通常価額	⑦	75,000,000		
	農業投資価格による価額	⑧	50,200,000		
家屋、構築物		⑨	8,000,000	8,000,000	
事業（農業）用財産	機械、器具、農耕具、その他の減価償却資産	⑩			
	商品、製品、半製品、原材料、農産物等	⑪			
	売掛金	⑫			
	その他の財産	⑬			
	計	⑭			
有価証券	特定同族会社の株式及び出資 配当還元方式によったもの	⑮			
	その他の方式によったもの	⑯			
	⑮及び⑯以外の株式及び出資	⑰	5,000,000		
	公債及び社債	⑱			
	証券投資信託、貸付信託の受益証券	⑲			
	計	⑳	5,000,000		
現金、預貯金等		㉑	54,500,000		
家庭用財産		㉒			
その他の財産	生命保険金等	㉓	0	0	
	退職手当金等	㉔			
	立木	㉕			
	その他	㉖			
	計	㉗	0	0	
合計 (⑥+⑨+⑭+⑳+㉑+㉒+㉗)		㉘	214,700,000	35,200,000	
相続時精算課税適用財産の価額		㉙			
不動産等の価額 (⑥+⑨+⑩+⑮+⑯+㉕)		㉚	110,200,000	35,200,000	
⑯のうち株式等納税猶予対象の株式等の価額の80%の額		㉛			
⑰のうち株式等納税猶予対象の株式等の価額の80%の額		㉜			
債務等	債務	㉝	315,000		
	葬式費用	㉞	1,100,000		
	合計 (㉝+㉞)	㉟	1,415,000		
差引純資産価額 (㉘+㉙-㉟)（赤字のときは0）		㊱	213,285,000	35,200,000	
純資産価額に加算される暦年課税分の贈与財産価額		㊲	9,900,000		
課税価格 (㊱+㊲)（1,000円未満切捨て）		㊳	223,185,000	35,200,000	

※の項目は記入する必要がありません。

相続財産の種類別価額表（続）

(この表は、第11表から第14表までの記載に基づいて記入します。) FD3536

被相続人: 田中 一郎

第15表（続）

(単位は円)

種類	細目	番号	氏名: 田中 勝	氏名: 田中 次男
	※整理番号			
土地（土地の上に存する権利を含みます。）	田	①		55,000,000
	畑	②		20,000,000
	宅地	③		
	山林	④		
	その他の土地	⑤		
	計	⑥		75,000,000
	⑥のうち特例農地等　通常価額	⑦		75,000,000
	農業投資価格による価額	⑧		5,020,000
家屋、構築物		⑨		
事業（農業）用財産	機械、器具、農耕具、その他の減価償却資産	⑩		
	商品、製品、半製品、原材料、農産物等	⑪		
	売掛金	⑫		
	その他の財産	⑬		
	計	⑭		
有価証券	特定同族会社の株式及び出資　配当還元方式によったもの	⑮		
	その他の方式によったもの	⑯		
	⑮及び⑯以外の株式及び出資	⑰		50,000,000
	公債及び社債	⑱		
	証券投資信託、貸付信託の受益証券	⑲		
	計	⑳		50,000,000
現金、預貯金等		㉑	34,500,000	
家庭用財産		㉒		
その他の財産	生命保険金等	㉓	0	
	退職手当金等	㉔		
	立木	㉕		
	その他	㉖		
	計	㉗	0	
合計（⑥+⑨+⑭+⑳+㉑+㉒+㉗）		㉘	34,500,000	125,000,000
相続時精算課税適用財産の価額		㉙		
不動産等の価額（⑥+⑨+⑩+⑮+⑯+㉕）		㉚		75,000,000
⑯のうち株式等納税猶予対象の株式等の価額の80％の額		㉛		
⑰のうち株式等納税猶予対象の株式等の価額の80％の額		㉜		
債務等	債務	㉝	315,000	
	葬式費用	㉞	1,100,000	
	合計（㉝+㉞）	㉟	1,415,000	
差引純資産価額（㉘+㉙-㉟）（赤字のときは0）		㊱	33,085,000	125,000,000
純資産価額に加算される暦年課税分の贈与財産価額		㊲	3,300,000	3,300,000
課税価格（㊱+㊲）（1,000円未満切捨て）		㊳	36,385,000	128,300,000

※の項目は記入する必要がありません。

相続財産の種類別価額表（続）

（この表は、第11表から第14表までの記載に基づいて記入します。）

FD3536

被相続人：田中 一郎

氏名：田中 透

第15表（続）

（単位は円）

種類	細目	番号	各人の合計	田中 透
土地（土地の上に存する権利を含みます。）	田	①		
	畑	②		
	宅地	③		
	山林	④		
	その他の土地	⑤		
	計	⑥		
	⑥のうち特例農地等 通常価額	⑦		
	農業投資価格による価額	⑧		
家屋、構築物		⑨		
事業（農業）用財産	機械、器具、農耕具、その他の減価償却資産	⑩		
	商品、製品、半製品、原材料、農産物等	⑪		
	売掛金	⑫		
	その他の財産	⑬		
	計	⑭		
有価証券	特定同族会社の株式及び出資 配当還元方式によったもの	⑮		
	その他の方式によったもの	⑯		
	⑮及び⑯以外の株式及び出資	⑰		
	公債及び社債	⑱		
	証券投資信託、貸付信託の受益証券	⑲		
	計	⑳		
現金、預貯金等		㉑	20,000,000	
家庭用財産		㉒		
その他の財産	生命保険金等	㉓		
	退職手当金等	㉔		
	立木	㉕		
	その他	㉖		
	計	㉗		
合計（⑥+⑨+⑭+⑳+㉑+㉒+㉗）		㉘	20,000,000	
相続時精算課税適用財産の価額		㉙		
不動産等の価額（⑥+⑨+⑭+⑮+⑯+㉕）		㉚		
⑯のうち株式等納税猶予対象の株式等の価額の80％の額		㉛		
㊵のうち株式等納税猶予対象の株式等の価額の80％の額		㉜		
債務等	債務	㉝		
	葬式費用	㉞		
	合計（㉝+㉞）	㉟		
差引純資産価額（㉘+㉙-㉟）（赤字のときは0）		㊱	20,000,000	
純資産価額に加算される暦年課税分の贈与財産価額		㊲	3,300,000	
課税価格（㊱+㊲）（1,000円未満切捨て）		㊳	23,300,000	,000

※の項目は記入する必要がありません。

※税務署整理欄　申告区分　年分　名簿番号　申告年月日　グループ番号

(4) 非上場株式等に係る納税猶予を受ける場合

〈前提〉
相続関係人　被相続人　夫　　　田中一郎（平成27年6月10日死亡）80歳
　　　　　　相続人　　妻　　　田中花子　79歳
　　　　　　　　　　　長男　　田中　勝　50歳
　　　　　　　　　　　二男　　田中次男　47歳
　　　　　　　　　　　孫養子　田中　透　10歳（長男の子）

遺産の内容及び分割の状況

内容	詳細	金額（特例適用前）	田中花子	田中　勝	田中次男	田中　透
自宅土地　400㎡	単価200,000円	80,000,000	80,000,000			
自宅建物　300㎡		8,000,000	8,000,000			
上場株式　10,000株	○×建設@5000	50,000,000			50,000,000	
非上場株式　50,000株	田中建設㈱@6,500	325,000,000		325,000,000		
現金		2,000,000		2,000,000		
普通預金	○○銀行○×支店	2,500,000		2,500,000		
定期預金	○○銀行○×支店	30,000,000		30,000,000		
定期預金	○△銀行○×支店	20,000,000				20,000,000
生命保険金	○○生命	20,000,000	10,000,000	10,000,000		
債務（公租公課）	27年度分固定資産税	65,000		65,000		
債務（未払医療費）	○○病院	250,000		250,000		
葬式費用	○×寺	500,000		500,000		
葬式費用	○×葬儀社	600,000		600,000		
3年以内の暦年贈与	現金	9,900,000		3,300,000	3,300,000	3,300,000

※　田中建設㈱の株主構成　　被相続人　50,000株　田中勝　5,000株　田中花子4,000株　その他非同族株主1,000株
　　　　　　　　　　　　　　発行済株式総数　60,000株　　資本金3,000万円

（省略）
第4表　相続税額の加算金額の計算書
第5表　配偶者の税額軽減額の計算書
第6表　未成年者控除額の計算書
第9表　生命保険金などの明細書
第11・11の2表の付表1　小規模宅地等についての課税価格の計算明細書
第13表　債務及び葬式費用の明細書
第14表　純資産価額に加算される暦年課税分の贈与財産価額及び特定贈与財産価額の明細書

相続税の申告書　FD3553

税務署長　　年　月　日提出
相続開始年月日 27年6月10日
※申告期限延長日　年　月　日

第1表

項目		各人の合計（被相続人）	財産を取得した人
フリガナ		タナカ イチロウ	タナカ ハナコ
氏名		田中 一郎	田中 花子 ㊞
生年月日		昭10年 4月 10日（年齢 80歳）	昭10年 10月 10日（年齢 79歳）
住所（電話番号）		大阪市谷町1-1-1	〒 大阪市谷町1-1-1
被相続人との続柄　職業		田中建設㈱代表取締役	妻
取得原因		該当する取得原因を○で囲みます。	㊀相続・遺贈・相続時精算課税に係る贈与
※整理番号			
課税価格の計算	取得財産の価額（第11表③）①	464,700,000 円	35,200,000 円
	相続時精算課税適用財産の価額（第11の2表1⑦）②		
	債務及び葬式費用の金額（第13表3⑦）③	1,415,000	
	純資産価額（①+②-③）（赤字のときは0）④	463,285,000	35,200,000
	純資産価額に加算される暦年課税分の贈与財産価額（第14表1④）⑤	9,900,000	
	課税価格（④+⑤）（1,000円未満切捨て）⑥	473,185,000 Ⓐ	35,200,000
各人の算出税額の計算	法定相続人の数／遺産に係る基礎控除額	4人 / 54,000,000 円 Ⓑ	左の欄には、第2表の②欄の⑥の人数及び⑦の金額を記入します。
	相続税の総額 ⑦	109,194,000	左の欄には、第2表の⑧欄の金額を記入します。
	一般の場合（⑩の場合を除く）あん分割合（各人の⑥/Ⓐ）⑧	1.00	0.0743895093
	算出税額（⑦×各人の⑧）⑨	109,193,999 円	8,122,888 円
	農地等納税猶予の適用を受ける場合 算出税額（第3表⑦）⑩		
	相続税額の2割加算が行われる場合の加算金額（第4表1⑦）⑪	1,075,359 円	
各人の納付・還付税額の計算	暦年課税分の贈与税額控除額（第4表2⑦）⑫		
税額控除	配偶者の税額軽減額（第5表○又は○）⑬	81,222,888	81,222,888
	未成年者控除額（第6表1 2.③又は⑥）⑭	1,000,000	
	障害者控除額（第6表2 ③又は⑥）⑮		
	相次相続控除額（第7表⑬又は⑱）⑯		
	外国税額控除額（第8表1⑧）⑰		
	計 ⑱	81,222,888	81,222,888
	差引税額（⑨+⑪-⑱）又は（⑩+⑪-⑱）（赤字のときは0）⑲	101,146,470	0
	相続時精算課税分の贈与税額控除額（第11の2表）⑳		
	医療法人持分税額控除額（第8の4表2B）㉑		
	小計（⑲-⑳-㉑）（黒字のときは100円未満切捨て）㉒	101,146,400	
	農地等納税猶予税額（第8表2⑦）㉓	0 0	0 0
	株式等納税猶予税額（第8の2表2⑧）㉔	37,702,200	0 0
	山林納税猶予税額（第8の3表2⑧）㉕	0 0	0 0
	医療法人持分納税猶予税額（第8の4表2A）㉖	0 0	0 0
	申告納税額 申告期限までに納付すべき税額㉗	63,444,100	0 0
	還付される税額㉘	△	△

相続税の申告書（続）

FD3554

第1表（続）

		財産を取得した人	財産を取得した人
フリガナ		タナカ マサル	タナカ ツグオ
氏名		田中 勝 ㊞	田中 次男 ㊞
生年月日		昭和39年10月1日（年齢50歳）	昭和43年5月6日（年齢47歳）
住所（電話番号）		〒 大阪市谷町1-1-1 （ - - ）	〒 奈良市1-2-3 （ - - ）
被相続人との続柄	職業	長男　田中建設㈱取締役	二男　会社員
取得原因		○相続・遺贈・相続時精算課税に係る贈与	○相続・遺贈・相続時精算課税に係る贈与
※ 整理番号			

課税価格の計算

取得財産の価額（第11表③）①		359,500,000 円	50,000,000 円
相続時精算課税適用財産の価額（第11の2表1⑦）②			
債務及び葬式費用の金額（第13表3⑦）③		1,415,000	
純資産価額（①+②-③）（赤字のときは0）④		358,085,000	50,000,000
純資産価額に加算される暦年課税分の贈与財産価額（第14表1④）⑤		3,300,000	3,300,000
課税価格（④+⑤）（1,000円未満切捨て）⑥		361,385,000	53,300,000

各人の算出税額の計算

法定相続人の数 遺産に係る基礎控除額			
相続税の総額 ⑦			
一般の場合（⑩の場合を除く）	あん分割合（各人の⑥/Ⓐ）⑧	0.7637287741	0.1126409332
	算出税額（⑦×各人の⑧）⑨	83,394,599 円	12,299,714 円
農地等納税猶予の適用を受ける場合	算出税額（第3表）⑩		
相続税額の2割加算が行われる場合の加算金額（第4表1⑥）⑪		円	

各人の納付・還付税額の計算

税額控除	暦年課税分の贈与税額控除額（第4表2⑤）⑫		
	配偶者の税額軽減額（第5表⑤又は⑥）⑬		
	未成年者控除額（第6表1②、③又は⑥）⑭		
	障害者控除額（第6表2②、③又は⑥）⑮		
	相次相続控除額（第7表⑬又は⑱）⑯		
	外国税額控除額（第8表1⑧）⑰		
	計 ⑱		
差引税額（⑨+⑪-⑱又は⑩+⑪-⑱）（赤字のときは0）⑲		83,394,599	12,299,714
相続時精算課税分の贈与税額控除額（第11の2表⑧）⑳		00	00
医療法人持分税額控除額（第8の4表2B）㉑			
小計（⑲-⑳-㉑）（黒字のときは100円未満切捨て）㉒		83,394,500	12,299,700
農地等納税猶予税額（第8表2⑦）㉓		00	00
株式等納税猶予税額（第8の2表2⑩）㉔		37,702,200	
山林納税猶予税額（第8の3表2⑧）㉕		00	00
医療法人持分納税猶予税額（第8の4表2A）㉖			
申告納税額	申告期限までに納付すべき税額（㉒-㉓-㉔-㉕-㉖）㉗	45,692,300	12,299,700
	還付される税額 ㉘	△	△

(注) ㉒欄の金額が赤字となる場合は、㉒欄の左端に△を付してください。なお、この場合で、㉖欄の金額のうちに贈与税の外国税額控除額（第11の2表⑨）があるときの㉘欄の金額については、「相続税の申告のしかた」を参照してください。

※の項目は記入する必要がありません。

相続税の申告書（続）

FD3554

第1表（続）

	財産を取得した人	財産を取得した人
フリガナ	タナカ トオル	
氏名	田中 透 ㊞	㊞
生年月日	平成17年5月4日（年齢10歳）	年 月 日（年齢 歳）
住所（電話番号）	〒 大阪市谷町1-1-1	〒
被相続人との続柄／職業	養子	
取得原因	相続・遺贈・相続時精算課税に係る贈与	相続・遺贈・相続時精算課税に係る贈与
※整理番号		

課税価格の計算

① 取得財産の価額（第11表③）	20,000,000 円	円
② 相続時精算課税適用財産の価額（第11の2表1⑦）		
③ 債務及び葬式費用の金額（第13表3⑦）		
④ 純資産価額（①+②-③）（赤字のときは0）	20,000,000	
⑤ 純資産価額に加算される暦年課税分の贈与財産価額（第14表1④）	3,300,000	
⑥ 課税価格（④+⑤）（1,000円未満切捨て）	23,300,000	000

各人の算出税額の計算

法定相続人の数／遺産に係る基礎控除額		
⑦ 相続税の総額		
⑧ 一般の場合（⑩の場合を除く）あん分割合（各人の⑥/Ⓐ）	0.04924 07832	
⑨ 算出税額（⑦×各人の⑧）	5,376,798 円	円
⑩ 農地等納税猶予の適用を受ける場合 算出税額（第3表）		
⑪ 相続税額の2割加算が行われる場合の加算金額（第4表⑤）	1,075,359 円	円

各人の納付・還付税額の計算

税額控除			
⑫ 暦年課税分の贈与税額控除額（第4表2⑤）			
⑬ 配偶者の税額軽減額（第5表⑤又は⑥）			
⑭ 未成年者控除額（第6表1②、③又は⑥）	1,000,000		
⑮ 障害者控除額（第6表2②、③又は⑥）			
⑯ 相次相続控除額（第7表⑬又は⑱）			
⑰ 外国税額控除額（第8表1⑧）			
⑱ 計	1,000,000		

⑲ 差引税額（⑨+⑪-⑱）又は（⑩+⑪-⑱）（赤字のときは0）	5,452,157	
⑳ 相続時精算課税分の贈与税額控除額（第11の2表⑧）	00	00
㉑ 医療法人持分税額控除額（第8の4表2B）		
㉒ 小計（⑲-⑳-㉑）（黒字のときは100円未満切捨て）	5,452,100	
㉓ 農地等納税猶予税額（第8表2⑦）	00	00
㉔ 株式等納税猶予税額（第8の2表2⑩）	00	00
㉕ 山林納税猶予税額（第8の3表⑧）	00	00
㉖ 医療法人持分納税猶予税額（第8の4表2A）		
㉗ 申告納税額 申告期限までに納付すべき税額（㉒-㉓-㉔-㉕-㉖）	5,452,100	00
㉘ 還付される税額	△	△

（注）㉒欄の金額が赤字となる場合は、㉘欄の左端に△を付してください。なお、この場合で、㉒欄の金額のうちに贈与税の外国税額控除額（第11の2表⑤）があるときの㉘欄の金額については、「相続税の申告のしかた」を参照してください。

※の項目は記入する必要がありません。

税務署整理欄	申告区分	年分	名簿番号			
	申告年月日			グループ番号	検算印	

相続税の総額の計算書

被相続人 田中一郎

第2表

この表は、第1表及び第3表の「相続税の総額」の計算のために使用します。
なお、被相続人から相続、遺贈や相続時精算課税に係る贈与によって財産を取得した人のうちに農業相続人がいない場合は、この表の㋺欄及び㋩欄並びに⑨欄から⑪欄までは記入する必要がありません。

① 課税価格の合計額	② 遺産に係る基礎控除額	③ 課税遺産総額
㋑ (第1表⑥Ⓐ) 473,185,000 円	3,000万円 +（600万円 × ㋺(Ⓐの法定相続人の数) 4 人）= ㋩ 5,400 万円	㊁ (㋑−㋩) 419,185,000 円
㋥ (第3表⑥Ⓐ) ,000 円	㋺の人数及び㋩の金額を第1表Ⓑへ転記します。	㋭ (㋥−㋩) ,000 円

④ 法定相続人 (（注）1参照)		⑤ 左の法定相続人に応じた法定相続分	第1表の「相続税の総額⑦」の計算		第3表の「相続税の総額⑦」の計算	
氏 名	被相続人との続柄		⑥ 法定相続分に応ずる取得金額 (㊁×⑤) (1,000円未満切捨て)	⑦ 相続税の総額の基となる税額 下の「速算表」で計算します。	⑨ 法定相続分に応ずる取得金額 (㋭×⑤) (1,000円未満切捨て)	⑩ 相続税の総額の基となる税額 下の「速算表」で計算します。
田中 花子	妻	1/2	209,592,000 円	67,316,400 円	,000 円	円
田中 勝	長男	1/6	69,864,000	13,959,200	,000	
田中 次男	二男	1/6	69,864,000	13,959,200	,000	
田中 透	養子	1/6	69,864,000	13,959,200	,000	
			,000		,000	
			,000		,000	
			,000		,000	
			,000		,000	
			,000		,000	
法定相続人の数 Ⓐ 4 人		合計 1	⑧ 相続税の総額 (⑦の合計額) (100円未満切捨て) 109,194,000		⑪ 相続税の総額 (⑩の合計額) (100円未満切捨て) 00	

(注) 1 ④欄の記入に当たっては、被相続人に養子がある場合や相続の放棄があった場合には、「相続税の申告のしかた」をご覧ください。
2 ⑧欄の金額を第1表⑦欄へ転記します。財産を取得した人のうちに農業相続人がいる場合は、⑧欄の金額を第1表⑦欄へ転記するとともに、⑪欄の金額を第3表⑦欄へ転記します。

この表を修正申告書の第2表として使用するときは、㋑欄には修正申告書第1表の㋺欄の⑥Ⓐの金額を記入し、㋥欄には修正申告書第3表の1の㋺欄の⑥Ⓐの金額を記入します。

相続税の速算表

法定相続分に応ずる取得金額	10,000千円以下	30,000千円以下	50,000千円以下	100,000千円以下	200,000千円以下	300,000千円以下	600,000千円以下	600,000千円超
税率	10%	15%	20%	30%	40%	45%	50%	55%
控除額	― 千円	500千円	2,000千円	7,000千円	17,000千円	27,000千円	42,000千円	72,000千円

この速算表の使用方法は、次のとおりです。
⑥欄の金額×税率−控除額＝⑦欄の税額　　⑨欄の金額×税率−控除額＝⑩欄の税額
例えば、⑥欄の金額30,000千円に対する税額（⑦欄）は、30,000千円×15%−500千円＝4,000千円です。

○連帯納付義務について
相続税の納税については、各相続人等が相続、遺贈や相続時精算課税に係る贈与により受けた利益の価額を限度として、お互いに連帯して納付しなければならない義務があります。

Ⅱ　相続税の要点と申告書作成

株式等納税猶予税額の計算書

被相続人	田中一郎
経営承継人（経営承継相続人等・経営相続承継受贈者）	田中　勝

第8の2表

(注) この計算書は、経営承継相続人等又は経営相続承継受贈者に該当する人が非上場株式等についての納税猶予税額（株式等納税猶予税額）を算出するために使用します。
経営承継相続人等及び経営相続承継受贈者に該当する人を、以下この計算書（第8の2表）において「経営承継人」と表記しています。

私は、第8の2表の付表1・付表2の「2　特例非上場株式等の明細」又は第8の2表の付表3の「2　特例相続非上場株式等の明細」に記載した会社の株式（出資）のうち各明細の③欄の株式等の数等について非上場株式等についての納税猶予の特例（租税特別措置法第70条の7の2第1項、同法第70条の7の4第1項、所得税法等の一部を改正する法律（平成21年法律第13号）附則第64条第2項又は第7項）の適用を受けます。

1　株式等納税猶予税額の基となる相続税の総額の計算

(1)　「特定価額に基づく課税遺産総額」等の計算

①	この計算書の経営承継人の第8の2表の付表1・付表2・付表3のA欄の合計額	227,500,000 円
②	この計算書の経営承継人に係る債務及び葬式費用の金額（第1表のその人の③欄の金額）	1,415,000
③	この計算書の経営承継人が相続又は遺贈により取得した財産の価額（この計算書の経営承継人の第1表の（①+②）（又は第3表の①欄）の金額）	359,500,000
④	控除未済債務額（①+②-③）の金額（赤字の場合は0）	0
⑤	特定価額（①-④）（1,000円未満切捨て）（赤字の場合は0）	227,500 ,000
⑥	特定価額の20%に相当する金額（⑤×20%）（1,000円未満切捨て）	45,500 ,000
⑦	この計算書の経営承継人以外の相続人等の課税価格の合計額（この計算書の経営承継人以外の者の第1表の⑥欄（又は第3表の⑥欄）の金額の合計）	111,800 ,000
⑧	基礎控除額（第2表の④欄の金額）	54,000,000
⑨	特定価額に基づく課税遺産総額（⑤+⑦-⑧）	285,300 ,000
⑩	特定価額の20%に相当する金額に基づく課税遺産総額（⑥+⑦-⑧）	103,300 ,000

(2)　「特定価額に基づく相続税の総額」等の計算

⑪法定相続人の氏名	⑫法定相続分	特定価額に基づく相続税の総額の計算		特定価額の20%に相当する金額に基づく相続税の総額の計算	
		⑬法定相続分に応ずる取得金額（⑨×⑫）	⑭相続税の総額の基礎となる税額（第2表の「速算表」で計算します。）	⑮法定相続分に応ずる取得金額（⑩×⑫）	⑯相続税の総額の基礎となる税額（第2表の「速算表」で計算します。）
田中花子	1/2	142,650 ,000	40,060,000 円	51,650 ,000	8,495,000 円
田中　勝	1/6	47,550 ,000	7,510,000	17,216 ,000	2,082,400
田中次男	1/6	47,550 ,000	7,510,000	17,216 ,000	2,082,400
田中　造	1/6	47,550 ,000	7,510,000	17,216 ,000	2,082,400
		,000		,000	
		,000		,000	
		,000		,000	
法定相続分の合計	1	⑰相続税の総額（⑭の合計額）	62,590,0 00	⑱相続税の総額（⑯の合計額）	14,742,2 00

(注) 1　③欄の「第1表の（①+②）」の金額及び⑦欄の「第1表の⑥欄の金額」は、相続又は遺贈により財産を取得した人のうちに租税特別措置法第70条の6第1項の規定による農地等についての納税猶予の特例の適用を受ける人がいる場合は、「第3表の①の金額」及び「第3表の⑥の金額」とします。
2　⑪及び⑫欄は第2表の「④法定相続人」の「氏名」欄及び「⑤左の法定相続人に応じた法定相続分」欄からそれぞれ転記します。

2　株式等納税猶予税額の計算

		円
①	（経営承継人の第1表の（⑱+⑳-⑫））の金額	
②	特定価額に基づく経営承継人の算出税額（1の⑰×1の⑤／1の（⑤+⑦））	41,966,475
③	特定価額に基づく相続税額の2割加算が行われる場合の加算金額（②×20%）	
a	（②+③-経営承継人の第1表の⑫）の金額（赤字の場合は0）	41,966,475
④	特定価額の20%に相当する金額に基づく経営承継人の算出税額（1の⑱×1の⑥／1の（⑥+⑦））	4,264,272
⑤	特定価額の20%に相当する金額に基づく相続税額の2割加算が行われる場合の加算金額（④×20%）	
b	（④+⑤-経営承継人の第1表の⑫）の金額（赤字の場合は0）	4,264,272
⑥	経営承継人の第1表の⑥欄に基づく算出税額（その人の第1表の（⑨（又は⑩）+⑪-⑫）（赤字の場合は0）	83,394,599
⑦	（①+a-b-⑥）の金額（赤字の場合は0）	0
⑧	(a-b-⑦)の金額（赤字の場合は0）	37,702,203
⑨	特例非上場株式等又は特例相続非上場株式等に係る会社が2社以上ある場合の会社ごとの株式等納税猶予税額 (注2参照)	
イ　（会社名）　　　　　　　　　　　に係る株式等納税猶予税額（⑧×イの株式等に係る価額／1の①）（100円未満切捨て）		00
ロ　（会社名）　　　　　　　　　　　に係る株式等納税猶予税額（⑧×ロの株式等に係る価額／1の①）（100円未満切捨て）		00
ハ　（会社名）　　　　　　　　　　　に係る株式等納税猶予税額（⑧×ハの株式等に係る価額／1の①）（100円未満切捨て）		00
⑩	株式等納税猶予額（イ+ロ+ハ）（注3参照）	37,702,2 00

※の項目は記入する必要がありません。

(注) 1　⑥欄の算式中の「第1表の⑨」の金額について、相続又は遺贈により財産を取得した人のうちに租税特別措置法第70条の6第1項の規定による農地等についての納税猶予の特例の適用を受ける人がいる場合は、「第1表の⑩」の金額とします。
2　⑨欄について、特例非上場株式等又は特例相続非上場株式等に係る会社が1社のみの場合は、⑨欄の記入は行わず、⑧欄の金額を⑩欄に記入します（100円未満切捨て）。なお、イからハまでの各算式中の「株式等に係る価額」とは第8の2表の付表1及び付表2の「2　特例非上場株式等の明細」の⑤欄並びに第8の2表の付表3の「2　特例相続非上場株式等の明細」の⑤欄の金額をいいます。また、会社が4社以上ある場合は、適宜の用紙に会社ごとの株式等納税猶予税額を記載し添付してください。
3　⑩欄の金額を経営承継人の第1表の「株式等納税猶予税額㉔」欄に転記します。なお、経営承継人が農地等についての納税猶予の特例、山林についての納税猶予の特例又は医療法人の持分についての納税猶予及び免除の特例若しくは医療法人の持分についての税額控除の特例の適用を受ける場合は、⑩欄の金額によらず、第8の5表の⑫欄の金額を経営承継人の第1表の「株式等納税猶予税額㉔」欄に転記します。

※税務署整理欄	入力		確認	

非上場株式等についての納税猶予の特例の適用を受ける特例非上場株式等の明細書

第8の2表の付表1

被相続人	田中一郎
経営承継相続人等	田中 勝

この明細書は、非上場株式等についての納税猶予の特例の適用を受ける特例非上場株式等について、その明細を記入します。なお、経営承継相続人等が被相続人から贈与により特例非上場株式等に係る会社の株式等を取得している場合で、その株式等の贈与に係る贈与税の申告において所得税法等の一部を改正する法律（平成21年法律第13号）による改正前の租税特別措置法第69条の5、同法第70条の3の3又は第70条の3の4の規定の適用を受けているときはこの明細書によらず第8の2表の付表2を使用してください。

この明細書の記入に際しては、裏面にご注意ください。

1 特例非上場株式等に係る会社

① 会社名	田中建設(株)	⑦ 相続開始の日から5か月後における経営承継相続人等の役職名	社長
② 会社の整理番号（会社の所轄税務署名）	123456（大阪署）	⑧ 経済産業大臣の認定の状況	認定年月日：平成27年2月3日 認定番号：1111111
③ 事業種目	建設業		
④ 相続開始の時における資本金の額	30,000,000 円		
⑤ 相続開始の時における資本準備金の額	0 円	⑨ 会社又はその会社の特別関係会社であってその会社との間に支配関係がある法人が保有する外国会社等の株式等の有無	有 ・ ㊗無
⑥ 相続開始の時における従業員数	25 人		

2 特例非上場株式等の明細

① 相続開始の時における発行済株式等の総数等	② 被相続人から相続又は遺贈により取得した株式等の数等	③ ②のうち特例の適用を受ける株式等の数等	④ 1株(口・円)当たりの価額（裏面の「2(3)」参照）	⑤ 価額 （③×④）
㊟60,000	㊟50,000	㊟35,000	6,500 円	A 227,500,000 円

3 納税猶予の特例の適用を受ける株式等の数等の限度数（限度額）の計算

この欄は、「2 特例非上場株式等の明細」の③欄に記載することができる株式等の数等の限度数（限度額）の計算をします。

① 発行済株式等の総数等の3分の2に相当する数等 （2の①×2/3）（1株・口・円未満の端数切上げ）	② 経営承継相続人等が相続開始前から保有する数等	③ （①－②）の数等（赤字の場合は0）	④ 2の③欄の限度となる数等 （③欄の数等と2の②欄の数等のうちいずれか少ない方の数等）
㊟40,000	㊟5,000	㊟35,000	㊟35,000

4 会社が現物出資又は贈与により取得した資産の明細書

この明細書は、租税特別措置法施行規則第23条の10第20項第8号の規定に基づき、会社が相続開始前3年以内に経営承継相続人等及び経営承継相続人等と特別の関係がある者（裏面の「3(1)」参照）から現物出資又は贈与により取得した資産の価額（裏面の「3(2)」参照）等について記入します。なお、この明細書によらず会社が別途作成しその内容を証明した書類を添付しても差し支えありません。

取得年月日	種類	細目	利用区分	所在場所等	数量	① 価額	出資者・贈与者の氏名・名称
． ．						円	
． ．							
． ．							
② 現物出資又は贈与により取得した資産の価額の合計額（①の合計額）							
③ 会社の全ての資産の価額の合計額（②の金額を含みます。）					500,000,000		
④ 現物出資等資産の保有割合（②/③）					％		

上記の明細の内容に相違ありません。　　平成　年　月　日

所在地　大阪市○○町
会社名　田中建設株式会社
代表者氏名　田中 勝　　印

※の項目は記入する必要がありません。

※税務署整理欄	法人管轄署番号	－	入力	確認

相続税がかかる財産の明細書
（相続時精算課税適用財産を除きます。）

被相続人　田中　一郎　　第11表

○相続時精算課税適用財産の明細については、この表によらず第11の2表に記載します。

この表は、相続や遺贈によって取得した財産及び相続や遺贈によって取得したものとみなされる財産のうち、相続税のかかるものについての明細を記入します。

遺産の分割状況	区　分	① 全 部 分 割	2 一 部 分 割	3 全 部 未 分 割
	分割の日	・　・	・　・	

財　産　の　明　細							分割が確定した財産	
種類	細目	利用区分、銘柄等	所在場所等	数量 固定資産税評価額	単価 倍数	価額	取得した人の氏名	取得財産の価額
土地等	宅地	自用地	大阪市谷町1-1-1	400.00㎡	200,000円	27,200,000円	田中花子	27,200,000円
	小計					27,200,000		
計						27,200,000		
家屋		自用家屋	大阪市谷町1-1-1	300.00㎡ 8,000,000	1.0	8,000,000	田中花子	8,000,000
	小計					8,000,000		
計						8,000,000		
有価証券	その他の株式	○×建設	○○証券○×支店	10,000株	5,000	50,000,000	田中次男	50,000,000
有価証券	その他の株式	田中建設㈱		50,000株	6,500	325,000,000	田中勝	325,000,000
	小計					375,000,000		
計						375,000,000		
現金預貯金等	現金	現金				2,000,000	田中勝	2,000,000
	小計					2,000,000		
現金預貯金等	預貯金	普通預金	○○銀行○×支店			2,500,000	田中勝	2,500,000
	小計					2,500,000		
現金預貯金等	預貯金	定期預金	○○銀行○×支店			30,000,000	田中勝	30,000,000
現金預貯金等	預貯金	定期預金	○△銀行○×支店			20,000,000	田中透	20,000,000
	小計					50,000,000		
計						54,500,000		
合計						464,700,000		

合計表	財産を取得した人の氏名	(各人の合計)	田中花子	田中勝	田中次男	田中透	
	分割財産の価額 ①	464,700,000円	35,200,000円	359,500,000円	50,000,000円	20,000,000円	円
	未分割財産の価額 ②						
	各人の取得財産の価額（①+②）③	464,700,000	35,200,000	359,500,000	50,000,000	20,000,000	

(注) 1　「合計表」の各人の③欄の金額を第1表のその人の「取得財産の価額①」欄に転記します。
　　 2　「財産の明細」の「価額」欄は、財産の細目、種類ごとに小計及び計を付し、最後に合計を付して、それらの金額を第15表の①から㉘までの該当欄に転記します。

相続財産の種類別価額表

(この表は、第11表から第14表までの記載に基づいて記入します。) FD3535

第15表

(単位は円)

被相続人: 田中一郎
(氏名): 田中花子

種類	細目	番号	各人の合計(被相続人)	田中花子
※	整理番号			
土地(土地の上に存する権利を含みます。)	田	①		
	畑	②		
	宅地	③	27,200,000	27,200,000
	山林	④		
	その他の土地	⑤		
	計	⑥	27,200,000	27,200,000
	⑥のうち特例農地等 通常価額	⑦		
	農業投資価格による価額	⑧		
家屋、構築物		⑨	8,000,000	8,000,000
事業(農業)用財産	機械、器具、農耕具、その他の減価償却資産	⑩		
	商品、製品、半製品、原材料、農産物等	⑪		
	売掛金	⑫		
	その他の財産	⑬		
	計	⑭		
有価証券	特定同族会社の株式及び出資 配当還元方式によったもの	⑮		
	その他の方式によったもの	⑯	325,000,000	
	⑮及び⑯以外の株式及び出資	⑰	50,000,000	
	公債及び社債	⑱		
	証券投資信託、貸付信託の受益証券	⑲		
	計	⑳	375,000,000	
現金、預貯金等		㉑	54,500,000	
家庭用財産		㉒		
その他の財産	生命保険金等	㉓	0	0
	退職手当金等	㉔		
	立木	㉕		
	その他	㉖		
	計	㉗	0	0
合計 (⑥+⑨+⑭+⑳+㉑+㉒+㉗)		㉘	464,700,000	35,200,000
相続時精算課税適用財産の価額		㉙		
不動産等の価額 (⑥+⑨+⑭+⑮+⑯+㉕)		㉚	360,200,000	35,200,000
⑯のうち株式等納税猶予対象の株式等の価額の80%の額		㉛		
⑰のうち株式等納税猶予対象の株式等の価額の80%の額		㉜		
債務等	債務	㉝	315,000	
	葬式費用	㉞	1,100,000	
	合計 (㉝+㉞)	㉟	1,415,000	
差引純資産価額 (㉘+㉙-㉟) (赤字のときは0)		㊱	463,285,000	35,200,000
純資産価額に加算される暦年課税分の贈与財産価額		㊲	9,900,000	
課税価格 (㊱+㊲) (1,000円未満切捨て)		㊳	473,185,000	35,200,000

※の項目は記入する必要がありません。

※税務署整理欄 申告区分 年分 名簿番号 申告年月日 グループ番号

相続財産の種類別価額表（続）

(この表は、第11表から第14表までの記載に基づいて記入します。)

FD3536

被相続人　田中一郎

第15表（続）

（単位は円）

種類	細目	番号	氏名　田中　勝	氏名　田中　次男
	※ 整理番号			
土地（土地の上に存する権利を含みます。）	田	①		
	畑	②		
	宅地	③		
	山林	④		
	その他の土地	⑤		
	計	⑥		
	⑥のうち特例農地等　通常価額	⑦		
	農業投資価格による価額	⑧		
家屋、構築物		⑨		
事業（農業）用財産	機械、器具、農耕具、その他の減価償却資産	⑩		
	商品、製品、半製品、原材料、農産物等	⑪		
	売掛金	⑫		
	その他の財産	⑬		
	計	⑭		
有価証券	特定同族会社の株式及び出資　配当還元方式によったもの	⑮		
	その他の方式によったもの	⑯	325000000	
	⑮及び⑯以外の株式及び出資	⑰		50000000
	公債及び社債	⑱		
	証券投資信託、貸付信託の受益証券	⑲		
	計	⑳	325000000	50000000
現金、預貯金等		㉑	34500000	
家庭用財産		㉒		
その他の財産	生命保険金等	㉓	0	
	退職手当金等	㉔		
	立木	㉕		
	その他	㉖		
	計	㉗	0	
合計（⑥+⑨+⑭+⑳+㉑+㉒+㉗）		㉘	359500000	50000000
相続時精算課税適用財産の価額		㉙		
不動産等の価額（⑥+⑨+⑩+⑮+⑯+㉕）		㉚	325000000	
㉚のうち株式等納税猶予対象の株式等の価額の80％の額		㉛		
㉚のうち株式等納税猶予対象の株式等の価額の80％の額		㉜		
債務等	債務	㉝	315000	
	葬式費用	㉞	1100000	
	合計（㉝+㉞）	㉟	1415000	
差引純資産価額（㉘+㉙-㉟）（赤字のときは0）		㊱	358085000	50000000
純資産価額に加算される暦年課税分の贈与財産価額		㊲	3300000	3300000
課税価格（㊱+㊲）（1,000円未満切捨て）		㊳	361385000	53300000

※の項目は記入する必要がありません。

※税務署整理欄　申告区分　年分　名簿番号　申告年月日　グループ番号

相続財産の種類別価額表（続）

(この表は、第11表から第14表までの記載に基づいて記入します。)

FD3536

第15表（続）

(単位は円)

被相続人　田中　一郎

種類	細目	番号	(氏名) 田中 遼	(氏名)
※	整理番号			
土地（土地の上に存する権利を含みます。）	田	①		
	畑	②		
	宅地	③		
	山林	④		
	その他の土地	⑤		
	計	⑥		
	⑥のうち特例農地等 通常価額	⑦		
	農業投資価格による価額	⑧		
家屋、構築物		⑨		
事業（農業）用財産	機械、器具、農耕具、その他の減価償却資産	⑩		
	商品、製品、半製品、原材料、農産物等	⑪		
	売掛金	⑫		
	その他の財産	⑬		
	計	⑭		
有価証券	特定同族会社の株式及び出資 配当還元方式によったもの	⑮		
	その他の方式によったもの	⑯		
	⑮及び⑯以外の株式及び出資	⑰		
	公債及び社債	⑱		
	証券投資信託、貸付信託の受益証券	⑲		
	計	⑳		
現金、預貯金等		㉑	20000000	
家庭用財産		㉒		
その他の財産	生命保険金等	㉓		
	退職手当金等	㉔		
	立木	㉕		
	その他	㉖		
	計	㉗		
合計（⑥+⑨+⑭+⑳+㉑+㉒+㉗）		㉘	20000000	
相続時精算課税適用財産の価額		㉙		
不動産等の価額（⑥+⑨+⑮+⑯+⑱+㉕）		㉚		
⑯のうち株式等納税猶予対象の株式等の価額の80％の額		㉛		
⑰のうち株式等納税猶予対象の株式等の価額の80％の額		㉜		
債務等	債務	㉝		
	葬式費用	㉞		
	合計（㉝+㉞）	㉟		
差引純資産額（㉘+㉙-㉟）（赤字のときは0）		㊱	20000000	
純資産価額に加算される暦年課税分の贈与財産価額		㊲	3300000	
課税価格（㊱+㊲）（1,000円未満切捨て）		㊳	23300000	000

※の項目は記入する必要がありません。

※税務署整理欄	申告区分	年分	名簿番号	申告年月日	グループ番号

(5) 財産が未分割の場合

〈前提〉
相続関係人　被相続人　夫　　　田中一郎（平成27年6月10日死亡）80歳
　　　　　　相続人　　妻　　　田中花子　79歳
　　　　　　　　　　　長男　　田中　勝　50歳
　　　　　　　　　　　二男　　田中次男　47歳
　　　　　　　　　　　孫養子　田中　透　10歳（長男の子）

遺産の内容及び分割の状況

内容	詳細	金額（特例適用前）	田中花子	田中　勝	田中次男	田中　透
自宅土地　400m²	単価200,000円	80,000,000	未分割			
自宅建物　300m²		8,000,000				
上場株式　10,000株	○×建設@5000	50,000,000				
現金		2,000,000				
普通預金	○○銀行○×支店	2,500,000				
定期預金	○○銀行○×支店	30,000,000				
定期預金	○△銀行○×支店	20,000,000				
生命保険金	○○生命	20,000,000	10,000,000	10,000,000		
債務（公租公課）	27年度分固定資産税	65,000	未分割			
債務（未払医療費）	○○病院	250,000				
葬式費用	○×寺	500,000				
葬式費用	○×葬儀社	600,000				
3年以内の暦年贈与	現金	9,900,000		3,300,000	3,300,000	3,300,000

（省略）
第2表　相続税の総額の計算書
第4表　相続税額の加算金額の計算書
第5表　配偶者の税額軽減額の計算書
第6表　未成年者控除額の計算書
第9表　生命保険金などの明細書
第14表　純資産価額に加算される暦年課税分の贈与財産価額及び特定贈与財産価額の明細書
※　未分割のため、法定相続分で分割したものとして税額計算をする。配偶者に対する相続税額の軽減、小規模宅地等についての相続税の課税価格の計算の特例は適用できない。

相続税の申告書

FD3553

___税務署長
___年___月___日提出

相続開始年月日 27年6月10日
※申告期限延長日 ___年___月___日

		各 人 の 合 計 (被相続人)	財産を取得した人
フリガナ		タナカ イチロウ	タナカ ハナコ
氏 名		田中 一郎	田中 花子 ㊞
生年月日		昭和10年4月10日(年齢80歳)	昭和10年10月10日(年齢79歳)
住 所 (電話番号)		大阪市谷町1-1-1	大阪市谷町1-1-1 ( )
被相続人 との続柄	職業	無職	妻
取得原因		該当する取得原因を○で囲みます。	相続・遺贈・相続時精算課税に係る贈与
※整理番号			

			各人の合計	財産を取得した人
課税価格の計算	取得財産の価額(第11表③)	①	192,500,000 円	101,200,000 円
	相続時精算課税適用財産の価額(第11の2表1⑦)	②		
	債務及び葬式費用の金額(第13表3⑦)	③	1,415,000	707,500
	純資産価額(①+②-③)(赤字のときは0)	④	191,085,000	100,492,500
	純資産価額に加算される暦年課税分の贈与財産価額(第14表1④)	⑤	9,900,000	
	課税価格(④+⑤)(1,000円未満切捨て)	⑥	200,983,000	Ⓐ 100,492,000
各人の算出税額の計算	法定相続人の数 遺産に係る基礎控除額		4 人 54,000,000 円	Ⓑ 左の欄には、第2表の②欄の⑨の人数及び④の金額を記入します。
	相続税の総額	⑦	24,570,900	左の欄には、第2表の⑧欄の金額を記入します。
	一般の場合 (⑩の場合を除く)	あん分割合 各人の⑥ Ⓐ	1.00	0.500024877
		算出税額 ⑦×各 人の⑧ ⑨	24,570,898 円	12,285,511 円
	農地等納税猶予の適用を受ける場合	算出税額 (第3表 ⑦) ⑩		
	相続税額の2割加算が行われる場合の加算金額(第4表1⑦)	⑪	8,190,25	
各人の納付税額の控除	暦年課税分の贈与税額控除額(第4表2⑨)	⑫		
	配偶者の税額軽減額(第5表⑰又は㉕)	⑬	0	0
	未成年者控除額(第6表1②、③又は⑥)	⑭	1,000,000	
	障害者控除額(第6表2②、③又は⑥)	⑮		
	相次相続控除額(第7表⑬又は⑱)	⑯		
	外国税額控除額(第8表1⑧)	⑰		
	計	⑱	1,000,000	0
	差引税額 (⑨+⑪-⑱又は⑩+⑪-⑱) (赤字のときは0)	⑲	24,389,23	12,285,511
	相続時精算課税分の贈与税額控除額(第11の2表⑧)	⑳	00	00
	医療法人持分税額控除額(第8の4表2B)	㉑		
	小計(⑲-⑳-㉑)(黒字のときは100円未満切捨て)	㉒	24,389,00	12,285,500
	農地等納税猶予税額(第8表2⑦)	㉓	00	00
	株式等納税猶予税額(第8の2表2⑩)	㉔	00	00
	山林納税猶予税額(第8の3表2⑧)	㉕	00	00
	医療法人持分納税猶予税額(第8の4表2A)	㉖	00	00
	申告納税額 申告期限までに納付すべき税額	㉗	24,389,00	12,285,500
	還付される税額	㉘	△	△

(注) ㉒欄の金額が赤字となる場合は、㉒欄の左端に△を付してください。なお、この場合で、㉒欄の金額のうちに贈与税の外国税額控除額(第11の2表⑨)があるときの㉗欄の金額については、「相続税の申告のしかた」を参照してください。

第1表

※の項目は記入する必要がありません。

作成税理士の事務所所在地・署名押印・電話番号

㊞

□ 税理士法第30条の書面提出有　□ 税理士法第33条の2の書面提出有

相続税の申告書(続)　FD3554

第1表(続)

		財産を取得した人	財産を取得した人
フリガナ		タナカ マサル	タナカ ツグオ
氏　名		田中 勝 ㊞	田中 次男 ㊞
生年月日		昭和39年10月1日 (年齢50歳)	昭和43年5月6日 (年齢47歳)
住所(電話番号)		〒 大阪市谷町1-1-1	〒 奈良市1-2-3
被相続人との続柄	職業	長男 / 会社員	二男 / 会社員
取得原因		○相続・遺贈・相続時精算課税に係る贈与	○相続・遺贈・相続時精算課税に係る贈与
※整理番号			

課税価格の計算

項目		田中 勝 (円)	田中 次男 (円)
取得財産の価額 (第11表③)	①	30,433,334	30,433,333
相続時精算課税適用財産の価額 (第11の2表1⑦)	②		
債務及び葬式費用の金額 (第13表3⑦)	③	235,834	235,833
純資産価額 (①+②-③) (赤字のときは0)	④	30,197,500	30,197,500
純資産価額に加算される暦年課税分の贈与財産価額 (第14表1④)	⑤	3,300,000	3,300,000
課税価格 (④+⑤) (1,000円未満切捨て)	⑥	33,497,000	33,497,000

各人の算出税額の計算

法定相続人の数 / 遺産に係る基礎控除額			
相続税の総額	⑦		
一般の場合 (⑩の場合を除く)	あん分割合 ⑧	0.16666 58374	0.16666 58374
	算出税額 ⑨	4,095,129	4,095,129
農地等納税猶予の適用を受ける場合	算出税額 ⑩		
相続税額の2割加算が行われる場合の加算金額 (第4表1⑤)	⑪		

各人の納付・還付税額の計算

項目		田中 勝	田中 次男
暦年課税分の贈与税額控除額 (第4表2⑭)	⑫		
配偶者の税額軽減額 (第5表○又は○)	⑬		
未成年者控除額 (第6表1②、③又は⑥)	⑭		
障害者控除額 (第6表2②、③又は⑥)	⑮		
相次相続控除額 (第7表⑬又は⑱)	⑯		
外国税額控除額 (第8表1⑧)	⑰		
計	⑱		
差引税額 (⑨+⑪-⑱)又は(⑩+⑪-⑱) (赤字のときは0)	⑲	4,095,129	4,095,129
相続時精算課税分の贈与税額控除額 (第11の2表⑧)	⑳	00	00
医療法人持分税額控除額 (第8の4表2B)	㉑		
小計 (⑲-⑳-㉑) (黒字のときは100円未満切捨て)	㉒	4,095,100	4,095,100
農地等納税猶予税額 (第8表2⑦)	㉓	00	00
株式等納税猶予税額 (第8の2表2⑩)	㉔	00	00
山林納税猶予税額 (第8の3表2⑧)	㉕	00	00
医療法人持分納税猶予税額 (第8の4表2A)	㉖	00	00
申告納税額 申告期限までに納付すべき税額	㉗	4,095,100	4,095,100
還付される税額	㉘		

(注) ㉒欄の金額が赤字となる場合は、㉘欄の左端に△を付してください。なお、この場合で、㉘欄の金額のうちに贈与税の外国税額控除額(第11の2表⑨)があるときの㉘欄の金額については、「相続税の申告のしかた」を参照してください。

※の項目は記入する必要がありません。

相続税の申告書（続）

FD3554

第1表（続）

※申告期限延長日　年　月　日

項目	財産を取得した人	財産を取得した人
フリガナ	タナカ トオル	
氏名	田中 透 ㊞	㊞
生年月日	平成17年5月4日（年齢10歳）	年月日（年齢　歳）
住所（電話番号）	〒 大阪市谷町1-1-1	〒
被相続人との続柄　職業	養子	
取得原因	(相続)・遺贈・相続時精算課税に係る贈与	相続・遺贈・相続時精算課税に係る贈与
※整理番号		

課税価格の計算

		円	円
取得財産の価額（第11表③）	①	30433333	
相続時精算課税適用財産の価額（第11の2表1⑦）	②		
債務及び葬式費用の金額（第13表3⑦）	③	235833	
純資産価額（①+②-③）（赤字のときは0）	④	30197500	
純資産価額に加算される暦年課税分の贈与財産価額（第14表1④）	⑤	3300000	
課税価格（④+⑤）（1,000円未満切捨て）	⑥	33497000	000

各人の算出税額の計算

法定相続人の数 / 遺産に係る基礎控除額			
相続税の総額	⑦		
一般の場合（⑩の場合を除く）	あん分割合（各人の⑥/Ⓐ）	⑧	0.16666583741
	算出税額（⑦×⑧）（各人の⑨）	⑨	4095129 円
農地等納税猶予の適用を受ける場合	算出税額（第3表⑨）	⑩	
相続税額の2割加算が行われる場合の加算金額（第4表1⑤）	⑪	819025 円	円

各人の納付・還付税額の計算

税額控除	暦年課税分の贈与税額控除額（第4表2⑭）	⑫	
	配偶者の税額軽減額（第5表⑤又は⑩）	⑬	
	未成年者控除額（第6表1②、③又は⑥）	⑭	1000000
	障害者控除額（第6表2②、③又は⑥）	⑮	
	相次相続控除額（第7表⑬又は⑱）	⑯	
	外国税額控除額（第8表1⑧）	⑰	
	計	⑱	1000000
差引税額（⑨+⑪-⑱）又は（⑩+⑪-⑱）（赤字のときは0）	⑲	3914154	
相続時精算課税分の贈与税額控除額（第11の2表⑨）	⑳	00	00
医療法人持分税額控除額（第8の4表2B）	㉑		
小計（⑲-⑳-㉑）（黒字のときは100円未満切捨て）	㉒	3914100	
農地等納税猶予税額（第8表2⑦）	㉓	00	00
株式等納税猶予税額（第8の2表2⑩）	㉔	00	00
山林納税猶予税額（第8の3表2⑧）	㉕	00	
医療法人持分納税猶予税額（第8の4表2A）	㉖		
申告納税額 申告期限までに納付すべき税額（㉒-㉓-㉔-㉕-㉖）	㉗	3914100	00
還付される税額	㉘	△	△

※の項目は記入する必要がありません。

（注）㉘欄の金額が赤字となる場合は、㉘欄の左端に△を付してください。なお、この場合で、㉘欄の金額のうちに贈与税の外国税額控除額（第11の2表⑨）があるときの㉘欄の金額については、「相続税の申告のしかた」を参照してください。

相続税がかかる財産の明細書
（相続時精算課税適用財産を除きます。）

被相続人：田中一郎

第11表

この表は、相続や遺贈によって取得した財産及び相続や遺贈によって取得したものとみなされる財産のうち、相続税のかかるものについての明細を記入します。

遺産の分割状況	区分	1 全部分割	2 一部分割	③ 全部未分割
	分割の日	・ ・	・ ・	

○相続時精算課税適用財産の明細については、この表によらず第11の2表に記載します。

財産の明細							分割が確定した財産	
種類	細目	利用区分、銘柄等	所在場所等	数量 固定資産税評価額	単価 倍数	価額	取得した人の氏名	取得財産の価額
土地等	宅地	自用地	大阪市谷町1-1-1	400.00㎡	200,000円	80,000,000円		円
	小計					80,000,000		
計						80,000,000		
家屋		自用家屋	大阪市谷町1-1-1	300.00㎡ 8,000,000	1.0	8,000,000		
	小計					8,000,000		
計						8,000,000		
有価証券	その他の株式	○×建設	○○証券○×支店	10,000株	5,000	50,000,000		
	小計					50,000,000		
計						50,000,000		
現金預貯金等	現金	現金				2,000,000		
	小計					2,000,000		
現金預貯金等	預貯金	普通預金	○○銀行○×支店			2,500,000		
	小計					2,500,000		
現金預貯金等	預貯金	定期預金	○○銀行○×支店			30,000,000		
現金預貯金等	預貯金	定期預金	○△銀行○×支店			20,000,000		
	小計					50,000,000		
計						54,500,000		
合計						192,500,000		

合計表	財産を取得した人の氏名	（各人の合計）	田中花子	田中勝	田中次男	田中透
	分割財産の価額 ①	0円	0円	0円	0円	0円
	未分割財産の価額 ②	192,500,000	101,200,000	30,433,334	30,433,333	30,433,333
	各人の取得財産の価額（①+②）③	192,500,000	101,200,000	30,433,334	30,433,333	30,433,333

（注）1 「合計表」の各人の③欄の金額を第1表のその人の「取得財産の価額①」欄に転記します。
2 「財産の明細」の「価額」欄は、財産の細目、種類ごとに小計及び計を付し、最後に合計を付して、それらの金額を第15表の①から㉘までの該当欄に転記します。

債務及び葬式費用の明細書

被相続人 田中 一郎

第13表

1 債務の明細
(この表は、被相続人の債務について、その明細と負担する人の氏名及び金額を記入します。)

債務の明細					負担することが確定した債務	
種類	細目	債権者		発生年月日 弁済期限	金額	負担する人の氏名	負担する金額
		氏名又は名称	住所又は所在地				
公租公課	未払固定資産税	大阪市		27・1・1	65,000円		円
未払金	未払医療費	○○病院	大阪市○○		250,000		
合計					315,000		

2 葬式費用の明細
(この表は、被相続人の葬式に要した費用について、その明細と負担する人の氏名及び金額を記入します。)

葬式費用の明細				負担することが確定した葬式費用	
支払先		支払年月日	金額	負担する人の氏名	負担する金額
氏名又は名称	住所又は所在地				
○×葬儀社	大阪市○×	27・6・20	600,000円		円
○×寺	大阪市○×	27・6・20	500,000		
合計			1,100,000		

3 債務及び葬式費用の合計額

債務などを承継した人の氏名			(各人の合計)	田中花子	田中勝	田中次男	田中透
債務	負担することが確定した債務	①	円	円	円	円	円
	負担することが確定していない債務	②	315,000	157,500	52,500	52,500	52,500
	計(①+②)	③	315,000	157,500	52,500	52,500	52,500
葬式費用	負担することが確定した葬式費用	④					
	負担することが確定していない葬式費用	⑤	1,100,000	550,000	183,334	183,333	183,333
	計(④+⑤)	⑥	1,100,000	550,000	183,334	183,333	183,333
合計(③+⑥)		⑦	1,415,000	707,500	235,834	235,833	235,833

(注) 1 各人の⑦欄の金額を第1表のその人の「債務及び葬式費用の金額③」欄に転記します。
    2 ③、⑥及び⑦欄の金額を第15表の㉝、㉞及び㉟欄にそれぞれ転記します。

Ⅱ 相続税の要点と申告書作成

相続財産の種類別価額表 (この表は、第11表から第14表までの記載に基づいて記入します。) FD3535

第15表

(単位は円)

被相続人 田中一郎
(氏名) 田中花子

種類	細目	番号	各人の合計 被相続人	田中花子
※	整理番号			
土地（土地の上に存する権利を含みます）	田	①		
	畑	②		
	宅地	③	80,000,000	42,057,143
	山林	④		
	その他の土地	⑤		
	計	⑥	80,000,000	42,057,143
⑥のうち特例農地等	通常価額	⑦		
	農業投資価格による価額	⑧		
家屋、構築物		⑨	8,000,000	4,205,714
事業（農業）用財産	機械、器具、農耕具、その他の減価償却資産	⑩		
	商品、製品、半製品、原材料、農産物等	⑪		
	売掛金	⑫		
	その他の財産	⑬		
	計	⑭		
有価証券	特定同族会社の株式及び出資 配当還元方式によったもの	⑮		
	その他の方式によったもの	⑯		
	⑮及び⑯以外の株式及び出資	⑰	50,000,000	26,285,714
	公債及び社債	⑱		
	証券投資信託、貸付信託の受益証券	⑲		
	計	⑳	50,000,000	26,285,714
現金、預貯金等		㉑	54,500,000	28,651,429
家庭用財産		㉒		
その他の財産	生命保険金等	㉓	0	0
	退職手当金等	㉔		
	立木	㉕		
	その他	㉖		
	計	㉗	0	0
合計 (⑥+⑨+⑭+⑳+㉑+㉒+㉗)		㉘	192,500,000	101,200,000
相続時精算課税適用財産の価額		㉙		
不動産等の価額 (⑥+⑨+⑩+⑮+⑯+㉕)		㉚	88,000,000	46,262,857
㉗のうち株式等納税猶予対象の株式等の価額の80％の額		㉛		
㉙のうち株式等納税猶予対象の株式等の価額の80％の額		㉜		
債務等	債務	㉝	315,000	157,500
	葬式費用	㉞	1,100,000	550,000
	合計 (㉝+㉞)	㉟	1,415,000	707,500
差引純資産価額 (㉘+㉙-㉟) (赤字のときは0)		㊱	191,085,000	100,492,500
純資産価額に加算される暦年課税分の贈与財産価額		㊲	9,900,000	
課税価格 (㊱+㊲) (1,000円未満切捨て)		㊳	200,983,000	100,492,000

※の項目は記入する必要がありません。

※税務署整理欄 申告区分 □ 年分 □ 名簿番号 □ 申告年月日 □ グループ番号 □

相続財産の種類別価額表（続）

(この表は、第11表から第14表までの記載に基づいて記入します。) FD3536

第15表（続）

被相続人：田中一郎

(単位は円)

種類	細目	番号	田中 勝	田中 次男
※	整理番号			
土地（土地の上に存する権利を含みます。）	田	①		
	畑	②		
	宅地	③	12647619	12647619
	山林	④		
	その他の土地	⑤		
	計	⑥	12647619	12647619
	⑥のうち特例農地等 通常価額	⑦		
	農業投資価格による価額	⑧		
家屋、構築物		⑨	1264762	1264762
事業（農業）用財産	機械、器具、農耕具、その他の減価償却資産	⑩		
	商品、製品、半製品、原材料、農産物等	⑪		
	売掛金	⑫		
	その他の財産	⑬		
	計	⑭		
有価証券	特定同族会社の株式及び出資 配当還元方式によったもの	⑮		
	その他の方式によったもの	⑯		
	⑮及び⑯以外の株式及び出資	⑰	7904762	7904762
	公債及び社債	⑱		
	証券投資信託、貸付信託の受益証券	⑲		
	計	⑳	7904762	7904762
現金、預貯金等		㉑	8616191	8616190
家庭用財産		㉒		
その他の財産	生命保険金等	㉓	0	
	退職手当金等	㉔		
	立木	㉕		
	その他	㉖		
	計	㉗	0	
合計 (⑥+⑨+⑭+⑳+㉑+㉒+㉗)		㉘	30433334	30433333
相続時精算課税適用財産の価額		㉙		
不動産等の価額 (⑥+⑨+⑩+⑮+⑯+㉕)		㉚	13912381	13912381
㉘のうち株式等納税猶予対象の株式等の価額の80％の額		㉛		
⑪のうち株式等納税猶予対象の株式等の価額の80％の額		㉜		
債務等	債務	㉝	52500	52500
	葬式費用	㉞	183334	183333
	合計 (㉝+㉞)	㉟	235834	235833
差引純資産価額 (㉘+㉙−㉟) （赤字のときは0）		㊱	30197500	30197500
純資産額に加算される暦年課税分の贈与財産価額		㊲	3300000	3300000
課税価格 (㊱+㊲) (1,000円未満切捨て)		㊳	33497000	33497000

※の項目は記入する必要がありません。

相続財産の種類別価額表（続）

(この表は、第11表から第14表までの記載に基づいて記入します。)

FD3536

被相続人　田中　一郎

第15表（続）

（単位は円）

種類	細目	番号	（氏名）田中 遙	（氏名）
※	整理番号			
土地（土地の上に存する権利を含みます。）	田	①		
	畑	②		
	宅地	③	12,647,619	
	山林	④		
	その他の土地	⑤		
	計	⑥	12,647,619	
⑥のうち特例農地等	通常価額	⑦		
	農業投資価格による価額	⑧		
家屋、構築物		⑨	1,264,762	
事業（農業）用財産	機械、器具、農耕具、その他の減価償却資産	⑩		
	商品、製品、半製品、原材料、農産物等	⑪		
	売掛金	⑫		
	その他の財産	⑬		
	計	⑭		
有価証券	特定同族会社の株式及び出資	配当還元方式によったもの	⑮	
		その他の方式によったもの	⑯	
	⑮及び⑯以外の株式及び出資	⑰	7,904,762	
	公債及び社債	⑱		
	証券投資信託、貸付信託の受益証券	⑲		
	計	⑳	7,904,762	
現金、預貯金等		㉑	8,616,190	
家庭用財産		㉒		
その他の財産	生命保険金等	㉓		
	退職手当金等	㉔		
	立木	㉕		
	その他	㉖		
	計	㉗		
合計（⑥+⑨+⑭+⑳+㉑+㉒+㉗）		㉘	30,433,333	
相続時精算課税適用財産の価額		㉙		
不動産等の価額（⑥+⑨+⑩+⑮+⑯+㉕）		㉚	13,912,381	
㉚のうち株式等納税猶予対象の株式等の価額の80％の額		㉛		
㉗のうち株式等納税猶予対象の株式等の価額の80％の額		㉜		
債務等	債務	㉝	52,500	
	葬式費用	㉞	183,333	
	合計（㉝+㉞）	㉟	235,833	
差引純資産価額（㉘+㉙－㉟）（赤字のときは0）		㊱	30,197,500	
純資産価額に加算される暦年課税分の贈与財産価額		㊲	3,300,000	
課税価格（㊱+㊲）（1,000円未満切捨て）		㊳	33,497,000	000

※の項目は記入する必要がありません。

通信日付印の年月日	確認印	番　号
年　　月　　日		

被相続人の氏名　田中一郎

申告期限後3年以内の分割見込書

　相続税の申告書「第11表（相続税がかかる財産の明細書）」に記載されている財産のうち、まだ分割されていない財産については、申告書の提出期限後3年以内に分割する見込みです。
　なお、分割されていない理由及び分割の見込みの詳細は、次のとおりです。

1　分割されていない理由

　　話し合いがまとまらない

2　分割の見込みの詳細

3　適用を受けようとする特例等

　(①)　配偶者に対する相続税額の軽減（相続税法第19条の2第1項）
　(②)　小規模宅地等についての相続税の課税価格の計算の特例
　　　（租税特別措置法第69条の4第1項）
　(3)　特定計画山林についての相続税の課税価格の計算の特例
　　　（租税特別措置法第69条の5第1項）
　(4)　特定事業用資産についての相続税の課税価格の計算の特例
　　　（所得税法等の一部を改正する法律（平成21年法律第13号）による
　　　改正前の租税特別措置法第69条の5第1項）

III 贈与税の要点と申告書作成

一 はじめに

　平成25年度税制改正により、相続税法及び租税特別措置法の改正が行われました。この改正により、贈与税は、①相続時精算課税における適用対象者の拡大、②贈与税（暦年課税）の税率構造の見直しが行われました。

　贈与税は相続税の補完税といわれるように、相続税とは切っても切れない関係にあります。これまでも、相続税対策として、親から子や孫に贈与を行っているケースは少なくありません。贈与をすることによって、生前に財産を移動させ、相続税の負担を減少させる効果があるわけです。今回の改正（相続税の基礎控除の引下げ等）によって、相続税がもっと身近なものになりましたので、改正前には相続税と無縁であった方でも、贈与を活用した相続税の対策をしておくにこしたことはありません。

　相続税は、人の死亡を原因として死亡した人の財産に対して課税される一方、贈与税は、生前に個人が贈与により、現金、不動産、株式などの財産を取得した場合に、取得した財産に対して課税されるものですので、いつ、誰に、何を、どの程度（いくらの金額）を贈与するのか、若しくは贈与を受けるのか、その目的に沿って、贈与をする人（以下「贈与者」といいます。）と贈与を受ける人（以下「受贈者」といいます。）との間において、計画的に行うことができます。そして、贈与を行ったことにより、一定の金額を超える場合には贈与税が課税されることになります。注意すべきは、贈与税は、贈与者が贈与税の申告、納税の義務を負うのではなく、受贈者がその義務を負うこととなっている点です。贈与者は、受贈者の税負担も十分念頭において贈与を行うことが肝要となってきます。

　特に、不動産（居住している家やその敷地など）や同族会社の株式など換金性の低い財産を贈与する場合には、贈与はしたけれども、贈与税が高額で受贈者が贈与税を納付できないなどといった事態に陥ることのないよう、事前に贈与税がどの程度かかるのかを計算し、計画的に贈与を行うようアドバイスしなければなりません。

1 贈与とは

　まず、贈与とはどのような行為をいうのでしょうか。

　民法では、「当事者の一方が自己の財産を<u>無償で</u>相手方に与える意思を表示し、<u>相手方がこれを受諾することによって、その効力を生ずる</u>」ものと規定されています。

　この意思表示は、書面でも口頭でも行うことができることとなっています。

　口頭で意思表示を行った場合には、いつでもその意思表示を撤回することは可能ですが、贈与行為が行われた（履行された）以後の撤回は認めないことになっていますので注意が必要です。

> **留意点** 贈与税の役割
>
> 　相続、遺贈で財産を取得した場合には、相続税が課税されますが、生前に相続人その他の親族に財産を贈与し、その贈与に対して何の税負担を強いられることなく贈与できれば、相続等と同じように相続人等が財産を取得できるにも関わらず、相続税を回避することができることとなってしまいます。このような場合に贈与税を課すことにより、税負担の公平を図ることとされ、贈与税は相続税の補完税といわれています。そのため、贈与税に関する規定は相続税法の中で定められています。
>
> 　相続税は人の死亡に起因しますので、年齢的なものや病気などで死期が近いということは薄々わかってはいても、すぐに相続が発生するとは限りませんし、逆に健康であった者が不慮の事故等により相続が発生することもあります。相続が開始してからでは相続対策を行うことは不可能ですので、生前に贈与を活用して、計画的に上手な相続対策を行うようアドバイスをすることが必要となってきます。

2　贈与の種類

　贈与は、一般的に親が子に対して、「現金200万円を1月30日に贈与する」、又は「土地○○m²を贈与する」などといった形態が多いのですが、毎年○月△日に現金150万円を贈与するとして定期的に贈与を行う形態（定期贈与）、土地を子に贈与する代わりにその土地の購入資金も子に負担させるといった形態（負担付贈与）などもあります。

> **留意点** 死因贈与は相続税の対象
>
> 　親が子に対して、「私が死亡したらこの土地をあげるよ」というように、親の死亡によって効力が生じる死因贈与がありますが、死因贈与は、遺贈に関する規定が準用され、相続税が課税されることになっています。

3　贈与があったとみなされる場合

　さて、贈与は、先にも記載したとおり、基本的には、「AさんがBさんに現金100万円をあげます」、「BさんはAさんから現金を100万円もらいます」といったようにお互いの意思表示で成立するものですが、そのような意思表示がなかったとしても、一方が実質的に経済的利益を受けたことになる場合には、贈与によって取得した財産とみなされる場合があります。

(1) 保険料を負担した者以外の人が保険金を受け取った場合

例	保険契約者	被保険者	保険料負担者	受取人
例1	父A	父A	父A	Aの妻B
例2	Aの長男C	Aの長男C	父A	Cの妻D

　例1は、生命保険契約で多いパターンです。Aさんが保険契約者、被保険者として、実質的に保険料も負担しています。受取人は妻Bを指定している場合、Aさんが死亡した場合には、Aさんの

相続財産としてみなされ、Bさんに相続税が課税されることになりますが、Aさんが死亡することなく満期になり、Bさんが保険金を受け取った場合には、Bさんに贈与税が課税されることになります。

また、例2は、長男Aが死亡した場合であっても、満期の場合であっても、Cの妻Dさんに贈与税が課税されることになります。

これは、例1の場合は、実質的にAさんが保険を掛け続け、満期時にはAの妻Bは何ら負担することなく、満期保険金を受け取ることになり、例2の場合は、Cの妻Dは、Aの長男Cに保険金支払事由が生じた場合には、何の負担もなく死亡保険金を取得することになるため、Bさん、Dさんは実質保険料負担者であるAさんから贈与で取得したことになり、贈与税の対象となってくるのです。

> **留意点**
>
> 生命保険契約で、契約者の変更（例えば、父から息子への変更）や受取人の変更（例えば、結婚を機に、母から自分の妻）をした場合には、課税関係は生じません。
>
> また、契約者と実質保険料負担者が異なる場合であっても、保険料支払の時に贈与税等は発生しません。
>
> それぞれ、保険金支払事由が発生した時に、実際の保険料負担との関係により課税関係が生じてきます。
>
> 保険料を負担する金員を親から現金等として贈与を受け、贈与を受けた金員を保険料として支払う（保険契約者＝保険料負担者として）生命保険契約を締結し、満期時には満期保険金を受け取れば、保険契約者の一時所得として課税されることになります。

(2) 委託者以外の者を受益者とする信託契約を設定した場合の信託受益権

信託契約を設定した場合、適正な対価を負担することなく信託の受益者等となれば、信託の効力が生じた時に、その信託の受益者等となる者は、その信託に関する権利を委託者から贈与によって取得したものとみなして贈与税が課税されることになっています。

また、受益者を変更した場合にも贈与税が課税されることになっています。

下記の例は一部にすぎませんが、契約方法等によって、ほかにも課税関係が生じる場合がありますので、信託契約を設定する場合は、十分な注意が必要です。

A　委託者と受益者が異なる契約の場合

Bに対して贈与税が課税される。

B　受益者を変更した場合

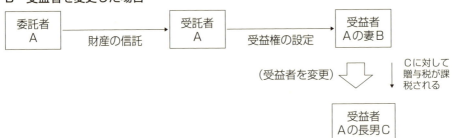

> **留意点**
> 上記(1)(2)のほか、みなし贈与財産とされるものには次のようなものがあります。
> ①　掛金や保険料を負担した者以外の者が受け取る定期金受給権
> ②　時価よりも低額に譲り受けたもの
> ③　債務免除益
> ④　その他利益享受があった場合　など

二　贈与税の要点

1　贈与税の概要

　贈与税は、贈与により取得した財産及び贈与によって取得したものとみなされる財産に対し課税されるものです。
　したがって、①いつ、②誰が、③何を（財産の種類）、④誰に対して、⑤どの程度の金額のものを贈与したのかをあらかじめ知っておかないと申告できないこととなります。
　また、財産を移動した（させる）ことによって、贈与があったものとされ、贈与税が課税される場合がありますので、事前に確認しておくことが必要になります。

(1)　いつ贈与したことになるのか？（贈与によって財産を取得した時期）

　いつ贈与によって財産を取得したのかは、贈与税の申告をする場合、大きな問題となります。取得した時期によって贈与税の申告期限が変わるばかりでなく、財産の評価にも影響が出ることもありますので注意が必要です。

①	書面による贈与（契約書等作成）	贈与契約の効力の発生した日
②	書面によらない贈与（口頭による贈与）	贈与の履行の時
③	停止条件付贈与	条件が成就した日
④	①～③の贈与で贈与の時期が明らかでないもの	所有権等の移転登記又は登録の目的となる財産については登録があった時
⑤	農地等の贈与	農地法の規定による許可又は届出の効力が生じた日

(2) 誰が（贈与者）

贈与税の対象となるのは、原則として、個人が個人に対して贈与を行った場合です。

したがって贈与者が法人の場合は、贈与税の課税の対象とはならず、一時所得として所得税の対象となってきます。

(3) 誰に（受贈者＝納税義務者）

贈与者 \ 受贈者	国内に住所あり	国内に住所なし 日本国籍あり 国外居住5年以下	国内に住所なし 日本国籍あり 国外居住5年超	国内に住所なし 日本国籍なし
国内に住所あり	居住無制限納税義務者	非居住無制限納税義務者		
国内に住所なし 国外居住5年以下	居住無制限納税義務者	非居住無制限納税義務者		
国内に住所なし 国外居住5年超	居住無制限納税義務者	非居住無制限納税義務者		制限納税義務者

（平成25年4月1日以後に贈与により取得する財産にかかる贈与税）

上記表は贈与者及び受贈者の住所地が国内にあるか、国外にあるか、もしくは日本国籍の有無等により、贈与財産のうち、国内財産のみが課税対象になるのか、全世界の財産が課税対象になるのかを一覧にしたものです。

アミかけ部分が無制限納税義務者となり、全世界の財産に課税されるパターンです。アミのない部分の制限納税義務者は、国内財産のみに課税されます。

> **留意点**
>
> 日本国籍を有しない制限納税義務者の課税財産の範囲については、平成25年度改正前は、制限納税義務者となっていました。ところが、子や孫などが海外で居住していた場合、その者の日本国籍を意図的になくした後、国外財産を相続又は贈与させ、課税回避を図るといった事例が生じていたことから、平成25年度税制改正において、日本国内に住所を有しない個人で日本国籍を有しないものであっても、日本国内に住所を有する者から相続若しくは遺贈又は贈与により取得した場合は、全世界課税とされました。以後、外国籍を利用した贈与税の課税スキームは困難となりました。

> **留意点**
> 　人格なき社団や財団又は公益法人であっても、個人とみなして納税義務者となりうる場合もあります。（相法66①、②、④、相法9の4①、②、③）

(4) 何を贈与するのか（贈与税の課税財産）

　贈与税の課税の対象となる財産は、現金、預貯金、土地、家屋、立木、事業用財産、有価証券、貴金属、宝石、金地金、書画・骨董など<u>金銭に見積もることができる経済的価値のある一切の財産</u>が対象となります。

　課税財産には、「本来の贈与財産」のほか、「みなし贈与財産」、「利益の享受」、「信託契約をした場合の権利」など実際に財産が贈与されたか否かにかかわらず、実質的に個人が経済的利益を受けている場合、利益を受けた者の財産が増加している場合、信託契約の受益者が委託者から実質的に贈与を受けたとみなされる場合などは、贈与税の課税の対象となってきますので注意が必要です。

> **実務の注意点**
>
> 　建物だけを贈与する場合には、借地権等の有無なども確認する必要があります。よくあるケースでは、父親の土地に息子が家を建てて住むような場合、息子が固定資産税相当の地代を父親に渡していても、使用貸借関係にあれば、息子の土地に関する権利は生じません。
> 　したがって、父親に相続が発生した場合には、父親の土地は自用地として評価することになります。

(5) 取得した財産の価額

　贈与税の課税価格は、その年の1月1日から12月31日までの間に贈与によって取得した財産及び贈与により取得したものとみなされる財産の価額の合計額とされています。そして、贈与によって取得する財産及び贈与による取得とみなされる財産の価額は、その財産を取得した時における時価とされています（相法22）。

　財産の価額を算定することが贈与税の計算をする上で一番のポイントであり、一番難しい部分でもあります。この時価が算定できれば、贈与税の申告手続を行うだけとなります。

> **実務の注意点**　　　　　　　　**時価の意義**
>
> 　財産の価額は、時価によるものとし、時価とは、課税時期において、それぞれの財産の現況に応じ、不特定多数の当事者間で自由な取引が行われる場合に通常成立すると認められる価額をいい、その価額は、財産評価基本通達の定めによって評価した価額によります。
> 　土地・建物の負担付贈与の場合には、贈与された財産の価額から負担額を差し引いた価額に相当する財産の贈与があったとして計算するのですが、贈与された財産の価額は、相続税評価額で

はなく、通常の取引価額となりますので注意が必要です。
　また、負担をしてもらった者は、その額について譲渡所得の課税対象となります。

2　贈与税の非課税財産

　上記1の(4)で課税の対象となる財産を示しましたが、財産の性質上又は贈与の目的、さらには政策的な観点から贈与税を非課税としているものもあります。非課税財産となるものは主に次のとおりです。

① 　法人からの贈与により取得した財産
　　* 　法人から財産を無償で取得した個人には、贈与税ではなく一時所得として所得税が課税されることになります。
② 　扶養義務者から生活費や教育費として財産の贈与を受けたもののうち、通常必要と認められるもの

実務の注意点

　親が子（大学生）に対して生活費や教育費として4年間分をまとめて入学時に渡した場合、一年間を平均すれば100万円であるとして、非課税となるかどうか。→非課税となるのは、必要な都度渡すものであり、一時にまとめて渡すと400万円となり贈与税の対象となります。
　また、毎年100万円を親から子供に贈与をしているのであれば、贈与税の申告は必要ありませんが、その証拠（預金通帳への振込など）を確実に保管しておくことがポイントです。

③ 　心身障害者共済制度に基づき支給される給付金の受給権
④ 　特別障害者を受益者とする特別障害者扶養信託契約に基づく信託受給権
⑤ 　香典等で社会通念上相当と認められるもの
⑥ 　相続又は遺贈により財産を取得した者が、相続開始の年に被相続人から贈与を受けた財産で、相続税の課税価格に加算されるもの
　　* 　相続又は遺贈により財産を取得した者が、相続開始前3年以内に被相続人から贈与により取得した財産は、相続税の課税価格に加算して相続税を課税されることになっていますが、相続開始の年に取得した財産の価格については、相続税の課税価格に加算するだけで、贈与税の課税価格にはなりません。
　　* 　ただし、相続又は遺贈により財産を取得していない者は、相続税の課税価格に加算されませんので、贈与税が課税されることになるのでご留意ください。
⑦ 　直系尊属から贈与を受けた住宅取得等資金のうち非課税限度額までのもの
　　　→詳細は7ページ、124ページ参照
⑧ 　直系尊属から一括贈与を受けた教育資金のうち1,500万円までの金額に相当するもの
　　　→詳細は8ページ、144ページ参照
⑨ 　結婚・子育て資金の一括贈与に係る贈与税の非課税特例適用分（平成27年度改正・新設）
　　　→詳細は8ページ、144ページ参照

3　贈与税の申告

　贈与税は、その年の1月1日から12月31日までの1年間に財産の贈与を受けた人は、その贈与を受

けた財産について、翌年の2月1日から3月15日までの間に贈与税の申告をしなければならないことになっています。

贈与税には、暦年課税と相続時精算課税制度の2つの方法がありますが、
① 暦年課税を適用する場合は、その贈与を受けた財産の価額の合計額が基礎控除額（110万円）を超えるとき
② 相続時精算課税制度の適用を受けるとき
には必ず申告しなければなりません。

なお、相続時精算課税制度を選択する場合には、贈与者や受贈者の年齢に制限が設けられていますので、注意が必要です。

留意点 　　　　　　　　　相続時精算課税が選択できる場合
贈与者：60歳以上の父母、祖父母。（平成26年12月31日までの贈与は65歳以上の父母）
受贈者：20歳以上の子である推定相続人及び孫（平成26年12月31日までの贈与は孫は選択できません）

---

4 暦年課税と相続時精算課税

(1) 暦年課税

① 贈与財産の価額から控除する金額　　　110万円

② 税率

特例税率は、直系尊属からの贈与により財産を取得した受贈者が贈与を受けた年の1月1日において20歳以上の場合に適用されます。一般税率は、特例税率が適用されない場合に適用されます。

基礎控除後の課税価格	一般税率	特例税率
～200万円以下	10%	10%
200万円超～　300万円以下	15%	15%
300万円超～　400万円以下	20%	
400万円超～　600万円以下	30%	20%
600万円超～1,000万円以下	40%	30%
1,000万円超～1,500万円以下	45%	40%
1,500万円超～3,000万円以下	50%	45%
3,000万円超～4,500万円以下	55%	50%
4,500万円超～	55%	55%

（参考）平成26年12月31日までの贈与

基礎控除後の課税価格	税率
～200万円以下	10%
200万円超～　300万円以下	15%
300万円超～　400万円以下	20%
400万円超～　600万円以下	30%
600万円超～1,000万円以下	40%
1,000万円超～	50%

(2) 相続時精算課税

① 贈与財産の価額から控除する金額　　　2,500万円

（前年までに控除を使用した場合は、残りの額が控除となります。）

② 税率

2,500万円を超えると20%（一律）

◎相続時精算課税とは

　特定の贈与者から取得した贈与財産に対して贈与税が課税されるのですが、その後贈与者が死亡し相続が開始した場合の相続税の計算をするにあたっては、その贈与者（被相続人）から相続又は遺贈により取得した財産の価額に相続時精算課税の適用を受けた贈与財産の価額を加えた価額を相続税の課税価格として、算出した相続税額から相続時精算課税によって支払った贈与税相当額を控除するものです。

> **留意点**
> 　相続時精算課税制度を適用して贈与税の申告を行った場合は、贈与者が死亡した際、相続した財産の課税価額に、相続時精算課税を適用して申告した贈与財産を加算して相続税の計算をすることになりますが、加算する財産の価額は、贈与した時の価額をそのまま加算することになりますので、贈与時より価額が減少する可能性の高い財産を贈与すれば、相続税の計算上不利になることもあります。逆に、価額が上昇するものを贈与すると、相続税対策につながります。

5　贈与する前に確認しておきたい事項

(1)　贈与財産の時価

　まず、贈与行為を行う前には、贈与財産の時価を確認するべきです。贈与財産の時価については、それぞれの財産の種類によって、評価していきます。「Ⅳ　評価の要点」（147ページ）を参考にして贈与財産の時価を算出してください。

　評価通達の適用によっては、適切な評価額が得られないような場合には、不動産鑑定士等の専門家に依頼して適切な評価額を算出してもらうことも検討します。贈与財産の評価額が異なっていれば、後日、修正申告が必要となり、加算税や延滞税がかかってくることになります。

　また、贈与財産の評価額が高額であれば、贈与税の負担について必ず検討しておく必要があります。受贈者に担税力がない場合には、贈与税額も考慮した贈与をしておく必要があります。

　例えば、親が子に対して評価額1,000万円の土地を贈与したとしましょう。暦年課税を選択して、贈与税を計算すると231万円の贈与税が課税されることになります。しかしながら、子が贈与税を負担できないのでその分として追加で231万円の贈与をすれば、また贈与を受けたとしてその分にも贈与税が課されることにもなりかねませんので、十分注意しなければなりません。

(2)　贈与者と受贈者の意思確認

　贈与者と受贈者は贈与行為についてきちんと認識しているかどうかということは、確認しておくべきです。

　先にも示したとおり、贈与は、「子に現金200万円をあげます。」「親から現金200万円をもらいます。」といった意思表示が必要です。親が勝手に子の名義で200万円の預金通帳を作成していただけでは贈与にはなりません。

　贈与証書を作成する、預金通帳に振り込む、通帳及び印鑑は子が保管し、子が自由に使えるようにしておくなど、贈与である証拠をしっかりと残して置くようアドバイスすることが重要です。

> **実務の注意点** 　　　　贈与にあたり、注意すべき点
>
> 　現金、預金等については、前述したとおり、確実に証拠を残すとともに、贈与財産が受贈者の管理下にあることが重要です。贈与者が贈与したはずの財産について通帳や印鑑を保管し、資産運用なども行っていれば、贈与者が死亡し、相続が開始すれば、相続税の課税財産（相続財産）としてみなされます。
>
> 　このことは、有価証券（株式）でも同じで、贈与したにも関わらず、贈与者が配当金を受け取っている、株の運用も贈与者が行っているといった場合などは相続財産とされることがあります。
>
> 　また、土地等の財産（不動産）を贈与する場合には、暦年課税を選択するか、相続時精算課税を選択するかを熟慮し、特に暦年課税を選択する場合には、贈与税の負担を考え、持分登記を行うか全部登記をすべきかを検討しましょう。
>
> 　相続時精算課税を選択する場合には、贈与者が死亡した際の相続税の課税財産に加算されるため、土地だけにするなどの検討も必要です。
>
> 　相続時精算課税を選択すると、同じ特定贈与者からの贈与はすべて相続時精算課税を適用して申告することになっていますので、建物は将来評価が減少するからといって建物だけを暦年課税を選択して申告することはできません。
>
> 　贈与の際には、十分検討しておくべきです。

6 親子間の金銭の貸借

　親子間など特殊関係者間での金銭の貸借については、実質的な判断がされますので十分注意が必要です。契約書も作成せず、返済期限も明確になっていないような場合には一般的には贈与税の対象となってきます。

　贈与税の対象とならないようにするためには、①返済期限の明示、②通常の利息の支払、③返済していることが明らかな証拠保存などが必要です。

7 贈与税の計算方法

　贈与税額を計算するに当たっては、贈与税の課税価格を把握しておかなければなりません。

　課税価格の計算は、次のとおりとなります。

(1) **贈与税の課税価格**

(2) **同じ年に暦年課税分と相続時精算課税分がある場合の贈与税の課税価格**

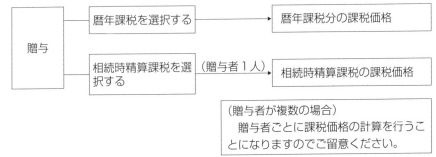

なお、相続時精算課税制度は、贈与者ごとに選択できることになっていますので、例えば、父からの贈与は暦年課税を選択し、母からの贈与は相続時選択課税を適用することもできます。

(3) 暦年課税の場合

①一般贈与財産又は特例贈与財産のみを取得した場合

②贈与により一般贈与財産と特例贈与財産を取得した場合

（一般贈与財産の価額をA、特例贈与財産の価額をBとします。）

納付すべき贈与税額は、次のア＋イとなります

ア	全ての財産を「一般税率」で計算した税額に占める「一般贈与財産」の割合に応じた税額 （A＋B）を一般税率で計算した税額×$\frac{A}{(A+B)}$

＋

イ	全ての財産を「特例税率」で計算した税額に占める「特例贈与財産」の割合に応じた税額 （A＋B）を特例税率で計算した税額×$\frac{B}{(A+B)}$

【平成27年1月1日以後の贈与における贈与税額の速算表】

基礎控除後の課税価格	一般税率と控除額		特例税率と控除額	
	税率	控除額	税率	控除額
～200万円以下	10%	—	10%	—
200万円超～ 300万円以下	15%	10万円	15%	10万円
300万円超～ 400万円以下	20%	25万円	15%	10万円
400万円超～ 600万円以下	30%	65万円	20%	30万円
600万円超～1,000万円以下	40%	125万円	30%	90万円
1,000万円超～1,500万円以下	45%	175万円	40%	190万円
1,500万円超～3,000万円以下	50%	250万円	45%	265万円
3,000万円超～4,500万円以下	55%	400万円	50%	415万円
4,500万円超～	55%	400万円	55%	640万円

※ 特例税率は、直系尊属からの贈与により財産を取得した受贈者（財産の贈与を受けた年の1月1日において20歳以上の者に限る）について適用します。

(参考) 平成26年12月31日までの贈与における贈与税額の速算表

基礎控除後の課税価格	税率	控除額
〜200万円以下	10%	—
200万円超 〜 300万円以下	15%	10万円
300万円超 〜 400万円以下	20%	25万円
400万円超 〜 600万円以下	30%	65万円
600万円超〜1,000万円以下	40%	125万円
1,000万円超〜	50%	225万円

(4) 相続時精算課税の場合

[その年中に贈与された財産の課税価格] − [特別控除額（最大2,500万円）] × [一律20%] = [納付すべき税額]

1　2,500万円以下の場合は税額は発生しません。
2　贈与された財産は、贈与者がなくなった際の相続財産として加算されます。
3　納付すべき税額が生じた場合、将来贈与者が亡くなった場合に、受贈者が相続税を支払った場合には贈与税相当額を相続税額から控除されます。

三　贈与税の申告書等の記載事例

それでは、いくつかのパターンに分けて申告要件や記載方法についてみていきます。
　贈与財産等によっては、適用を受けるための要件が定められていますので、しっかりと確認しておきましょう。

(1) 現預金等の贈与（暦年課税を選択）
(2) 土地及び現預金等の贈与（相続時精算課税を選択）
(3) 現預金等の贈与（暦年課税と相続時精算課税の両方を活用する場合）（贈与者は父と母）
(4) 配偶者に対する居住用不動産又は居住用不動産の取得資金の贈与（配偶者控除の特例を適用）
(5) 住宅取得等資金の贈与（非課税特例＋暦年課税）
(6) 住宅取得等資金の贈与（相続時精算課税特例を適用）
(7) 農地等についての納税猶予の特例
(8) 非上場株式等についての納税猶予の特例
(9) 直系尊属から教育資金の一括贈与を受けた場合の非課税特例
(10) 結婚・子育て資金の一括贈与に係る贈与税の非課税特例（新設）

(1) 現預金等の贈与（暦年課税を選択）

①申告書記載方法

> （設例）　私（田中通）が、父（田中一郎）から現金300万円、祖父（田中太郎）から上場株式1,000株（1株単価320円）の贈与を受けた場合

現金…………300万円
上場株式………1,000株×320円＝32万円
1年間に贈与を受けた財産の価額……332万円（課税価格）
税額の計算……332万円－110万円（基礎控除）＝222万円（控除後の課税価格）
　　　　　　　222万円×15％（税率）－10万円（控除額）＝23万3,000円（税額）

平成27年分贈与税の申告書（第一表）

FD4724

平成 年 月 日提出　税務署長

提出用

住所: 大阪市中央区中央通1-1-201
フリガナ: タナカ トオル
氏名: 田中 通 ㊞
生年月日: 昭 55年 01月 03日
職業: 会社員

	贈与者の住所・氏名（フリガナ） 申告者との続柄・生年月日	種類 所在場所等	細目	利用区分・銘柄等 固定資産評価額	数量 倍数	単価	財産を取得した年月日 財産の価額
I 暦年課税分	住所: ○○市△△町3-1 フリガナ: タナカ イチロウ 氏名: 田中 一郎　続柄: 父 生年月日: 昭25年2月28日	現金預貯金等	現金	現金			平成27年07月01日 3,000,000円
	住所: ○○市△△町3-1 フリガナ: タナカ タロウ 氏名: 田中 太郎　続柄: 祖父 生年月日: 昭5年1月28日	有価証券 ○○証券中央支店	その他の株式	○○電気	1,000	320	平成27年07月01日 320,000円

財産の価額の合計額（課税価格）	①	3,320,000
配偶者控除額	②	
基礎控除額	③	1,100,000
②及び③の控除後の課税価格（①－②－③）【1,000円未満切捨て】	④	2,220,000
④に対する税額	⑤	233,000
外国税額の控除額	⑥	
医療法人持分税額控除額	⑦	
差引税額（⑤－⑥－⑦）	⑧	233,000

II 相続時精算課税分

特定贈与者ごとの課税価格の合計額	⑨	
特定贈与者ごとの差引税額の合計額	⑩	

III 合計

課税価格の合計額（①＋⑨）	⑪	3,320,000
差引税額の合計額（納付すべき税額）（⑧＋⑩）【100円未満切捨て】	⑫	233,000
農地等納税猶予税額	⑬	
株式等納税猶予税額	⑭	
医療法人持分納税猶予税額	⑮	
申告期限までに納付すべき税額（⑫－⑬－⑭－⑮）	⑯	233,000
差引税額の合計額（納付すべき税額）の増加額	⑰	
申告期限までに納付すべき税額の増加額	⑱	

Ⅲ　贈与税の要点と申告書作成

> **実務の注意点**
>
> **現金等の贈与**
>
> 　贈与者も受贈者も現金の贈与があったことを認識しているか否か、贈与を受けた現金はもらった者の支配下にあるか否か（支配下にあるかどうかは、もらった者が自由に使用できる状況にあるかどうか。）、確認します。
>
> 　なお、非課税の範囲（110万円以下）の現金の贈与の場合、通帳等に必ず入金し、証拠を残しておく、もしくは贈与税の申告書を提出しておきます。
>
> **有価証券の贈与**
>
> 　名義の変更を行っているか、配当の受取人は受贈者となっているか、同族会社の株式の評価は適正に行われているか、確認します。

（注1）　贈与を受けた年に、贈与者が死亡した場合には、贈与税の申告は不要です（相続税の課税財産として相続税の対象となります。）。なお、贈与者が、相続又は遺贈により財産を取得しない者の場合においては、贈与税の申告は必要となります。

（注2）　贈与者の相続開始前3年以内に、相続人又は受贈者がその相続に係る被相続人から贈与により財産を取得した場合、贈与によって取得した財産の価額を当該被相続人の相続税の課税価格に加算することになります。

　なお、贈与財産にかかった贈与税は、その相続人又は受遺者の相続税額から、加算された贈与財産に係る贈与税額が控除されます。

（注3）　「一般贈与財産」に該当するか「特例贈与財産」に該当するかの確認を行うようにします。

(2)　土地及び現預金等の贈与（相続時精算課税を選択して申告）

①　適用要件

贈与者（特定贈与者）	受贈者
贈与をした年1月1日現在において60歳以上である者（平成26年12月31日までの贈与については、65歳以上の者）	その贈与をした者の直系卑属である者のうち、贈与を受けた年の1月1日において20歳以上である贈与者の推定相続人及び孫（平成26年12月31日までの贈与については、孫は含みません）

②　適用を受けるための手続

　相続時精算課税の適用を受けるためには、贈与を受けた財産に係る贈与税の申告期間（贈与を受けた年の翌年の2月1日から3月15日までの間）に、「相続時精算課税選択届出書」を贈与税の申告書に添付して提出する必要があります。

（添付書類）

・受贈者の戸籍謄（抄）本及び戸籍の附表の写しなどで、受贈者の氏名、生年月日、受贈者が20歳に達した時以後の住所及び贈与者の推定相続人になることを証する書類

・特定贈与者の住民票の写し又は戸籍の附表の写しなどで、贈与者の氏名、生年月日、贈与者が60歳に達した時以後の住所等を証する書類

> **実務の注意点**
>
> 1　「相続時精算課税選択届出書」を申告期限までに提出しなかった場合には、この特例の適用

を受けることはできませんので、受ける場合には必ず提出してください。
2　受贈者は、贈与者ごとに相続時精算課税の適用を選択することができます（例えば、祖父からの贈与については、相続時精算課税を選択し、祖母からの贈与については暦年課税を適用する。）。
3　特定贈与者からの贈与については、適用した年分以降贈与により取得した財産は全て相続時精算課税が適用されますので、金額の多寡にかかわらず、全て贈与税の申告が必要となります（暦年課税の110万円の基礎控除はありません。）。
4　相続時精算課税の適用を選択すれば、以後、暦年課税には変更できませんので選択の際には十分検討が必要です。
5　年度の途中で推定相続人となった場合には、その前に受けた財産については相続時精算課税の適用は受けることはできません。

③　申告書記載方法

（設例）　田中通が父（田中一郎）から土地（評価額2,000万円）と現金1,000万円の贈与を受け、相続時精算課税を選択して申告する場合

土地（評価額）……2,000万円
現金……1,000万円
1年間に贈与を受けた財産の価額……2,000万円＋1,000万円＝3,000万円
相続時精算課税を選択適用（「相続時精算課税選択届出書」を必ず提出）
税額の計算………3,000万円－2,500万円（特別控除）＝500万円（控除後の課税価格）
　　　　　　　　　500万円×20％（税率）＝100万円
　　　　　　　　＊税率は一律20％

留意点
贈与を受けた財産の価格が1,000万円の場合、贈与を受けた年分の特別控除は1,000万円で税額が生じません。特別控除の額の残り（2,500万円－1,000万円＝1,500万円）は、翌年以降、贈与により取得した財産があれば1,500万円を限度に控除することができます。
なお、税額が生じない場合であっても、贈与税の確定申告はしなければなりませんので、ご留意ください。

Ⅲ 贈与税の要点と申告書作成

平成 27 年分贈与税の申告書   FD4724

第一表

提出用

税務署長　平成　年　月　日提出

住所: 大阪市中央区中央通1-1-201
フリガナ: タナカ トオル
氏名: 田中 通 ㊞
生年月日: 3（昭和）55年01月03日　職業: 会社員

税務署整理欄（記入しないでください。）

（単位は円）

	贈与者の住所・氏名（フリガナ）申告者との続柄・生年月日	取得した財産の明細（種類・細目・利用区分・銘柄・所在場所等・固定資産税評価額・数量・単価・倍数）		財産を取得した年月日　財産の価額
Ⅰ 暦年課税分	住所／フリガナ／氏名／続柄／生年月日		円／倍	平成　年　月　日／円
	住所／フリガナ／氏名／続柄／生年月日		円／倍	平成　年　月　日／円
	住所／フリガナ／氏名／続柄／生年月日		円／倍	平成　年　月　日／円

財産の価額の合計額（課税価格）	①	
配偶者控除額	②	
基礎控除額	③	1100000
②及び③の控除後の課税価格（①-②-③）【1,000円未満切捨て】	④	000
④に対する税額（申告書第一表（控用）の裏面の「贈与税の速算表」を使って計算します。）	⑤	
外国税額の控除額	⑥	
医療法人持分税額控除額	⑦	
差引税額（⑤-⑥-⑦）	⑧	

Ⅱ 相続時精算課税分

特定贈与者ごとの課税価格の合計額	⑨	30000000
特定贈与者ごとの差引税額の合計額	⑩	1000000

Ⅲ 合計

課税価格の合計額（①+⑨）	⑪	30000000
差引税額の合計額（納付すべき税額）（⑧+⑩）【100円未満切捨て】	⑫	1000000
農地等納税猶予税額	⑬	00
株式等納税猶予税額	⑭	
医療法人持分納税猶予税額	⑮	00
申告期限までに納付すべき税額（⑫-⑬-⑭-⑮）	⑯	1000000
この申告書が修正申告書である場合　差引税額の合計額（納付すべき税額）の増加額	⑰	
申告期限までに納付すべき税額の増加額	⑱	00

115

平成27年分贈与税の申告書（相続時精算課税の計算明細書）

FD4733

受贈者の氏名　田中 通

第二表

提出用

次の特例の適用を受ける場合には、□の中にレ印を記入してください。
□ 私は、租税特別措置法第70条の3第1項の規定による**相続時精算課税選択の特例**の適用を受けます。

（単位は円）

相続時精算課税分

特定贈与者の住所・氏名（フリガナ）申告者との続柄・生年月日	左の特定贈与者から取得した財産の明細					財産を取得した年月日 財産の価額
	種類	細目	利用区分・銘柄等	数量	単価	
	所在場所等			固定資産税評価額	倍数	
住所 ○○市△△町3-1	土地等	宅地	自用宅地	200㎡	100,000	平成27年10月01日
	▽▽市××町1-1					20,000,000
フリガナ タナカ イチロウ 氏名 田中一郎	現金預貯金等	現金	現金			平成27年10月01日
						10,000,000
続柄 父 生年月日 3 25年02月28日 明治1 大正2 昭和3 平成4						平成　年　月　日

特別控除額の計算

財産の価額の合計額（課税価格）	⑲	30,000,000
過去の年分の申告において控除した特別控除額の合計額（最高2,500万円）	⑳	0
特別控除額の残額（2,500万円－⑳）	㉑	25,000,000
特別控除額（⑲の金額と㉑の金額のいずれか低い金額）	㉒	25,000,000
翌年以降に繰り越される特別控除額（2,500万円－⑳－㉒）	㉓	0

税額の計算

㉒の控除後の課税価格（⑲－㉒）【1,000円未満切捨て】	㉔	5,000,000
㉔に対する税額（㉔×20％）	㉕	1,000,000
外国税額の控除額（外国にある財産の贈与を受けた場合で、外国の贈与税を課せられたときに記入します。）	㉖	
差引税額（㉕－㉖）	㉗	1,000,000

上記の特定贈与者からの贈与により取得した財産に係る過去の相続時精算課税分の贈与税の申告状況	申告した税務署名	控除を受けた年分	受贈者の住所及び氏名（「相続時精算課税選択届出書」に記載した住所・氏名と異なる場合にのみ記入します。）
	署	平成　年分	
	署	平成　年分	
	署	平成　年分	
	署	平成　年分	

（注）上記の欄に記入しきれないときは、適宜の用紙に記載し提出してください。

◎ 上記に記載された特定贈与者からの贈与について初めて相続時精算課税の適用を受ける場合には、申告書第一表及び第二表と一緒に「相続時精算課税選択届出書」を必ず提出してください。なお、同じ特定贈与者から翌年以降財産の贈与を受けた場合には、「相続時精算課税選択届出書」を改めて提出する必要はありません。

※ 税務署整理欄　整理番号□□□□□　名簿□□□□　届出番号□□□□□－□□□□□
財産細目コード□□□□　確認□

※印欄には記入しないでください。

（第二表は、必要な添付書類とともに申告書第一表と一緒に提出してください。）

相続時精算課税選択届出書

税務署受付印

平成___年___月___日

___税務署長

受贈者	住所又は居所	〒　　　電話(　-　-　) 大阪市中央区中央通1-1-201
	フリガナ	タナカ トオル
	氏名（生年月日）	田中 通 ㊞ （大・昭・平　55年 1月 3日）
	特定贈与者との続柄	長男

私は、下記の特定贈与者から平成 **27** 年中に贈与を受けた財産については、相続税法第21条の9第1項の規定の適用を受けることとしましたので、下記の書類を添えて届け出ます。

記

1　特定贈与者に関する事項

住所又は居所	○○市△△町3-1
フリガナ	タナカ イチロウ
氏名	田中 一郎
生年月日	明・大・㊊・平　25年 2月 28日

2　年の途中で特定贈与者の推定相続人となった場合

推定相続人となった理由	
推定相続人となった年月日	平成　　年　　月　　日

3　添付書類

次の（1）～（4）の全ての書類が必要となります。
なお、いずれの添付書類も、贈与を受けた日以後に作成されたものを提出してください。
（書類の添付がなされているか確認の上、□に✓印を記入してください。）

(1) ☑ **受贈者の戸籍の謄本又は抄本**その他の書類で、次の内容を証する書類
　① 受贈者の氏名、生年月日
　② 受贈者が特定贈与者の推定相続人であること

(2) ☑ **受贈者の戸籍の附票の写し**その他の書類で、受贈者が20歳に達した時以後の住所又は居所を証する書類（受贈者の平成15年1月1日以後の住所又は居所を証する書類でも差し支えありません。）

(3) ☑ **特定贈与者の住民票の写し**その他の書類で、特定贈与者の氏名、生年月日を証する書類

(4) ☑ **特定贈与者の戸籍の附票の写し**その他の書類で、特定贈与者が65歳に達した時以後の住所又は居所を証する書類（特定贈与者の平成15年1月1日以後の住所又は居所を証する書類でも差し支えありません。）
　（注）1　租税特別措置法第70条の3（（特定の贈与者から住宅取得等資金の贈与を受けた場合の相続時精算課税の特例））の適用を受ける場合には「平成15年1月1日以後の住所又は居所を証する書類」となります。
　　　2　(3)の書類として特定贈与者の住民票の写しを添付する場合で、特定贈与者が65歳に達した時以後（租税特別措置法第70条の3の適用を受ける場合を除きます。）又は平成15年1月1日以後、特定贈与者の住所に変更がないときは、(4)の書類の添付を要しません。

（注）この届出書の提出により、特定贈与者からの贈与については、特定贈与者に相続が開始するまで相続時精算課税の適用が継続されるとともに、その贈与を受ける財産の価額は、相続税の課税価格に加算されます（この届出書による相続時精算課税の選択は撤回することができません。）。

○「相続時精算課税選択届出書」は、必要な添付書類とともに申告書第一表及び第二表と一緒に提出してください

作成税理士		㊞	電話番号	

※	税務署整理欄	届出番号	-	名簿				確認	

※印欄には記入しないでください。

④ 相続時精算課税届出書を提出する前に受贈者及び特定贈与者の一方が死亡した場合等の手続

Ⅰ 相続時精算課税適用者である受贈者が特定贈与者よりも先に死亡した場合	Ⅰ 受贈者の相続人が、特定贈与者に相続の開始があった場合に精算すべき納税に係る権利又は義務を継承
Ⅱ 受贈者が「相続時精算課税選択届出書」を提出する前に死亡した場合	Ⅱ 受贈者の相続人が、受贈者に係る相続の開始を知った日の翌日から10か月以内に受贈者の贈与税の申告すべき税務署長に相続人が共同して「相続時精算課税選択届出書」を提出（権利義務は上記Ⅰ同様相続人が継承）
Ⅲ 受贈者が「相続時精算課税選択届出書」を提出する前に特定贈与者が死亡した場合	Ⅲ-1 贈与税の申告期限までに特定贈与者の相続税の提出期限が到来する場合には、受贈者が特定贈与者の相続税の提出期限までに相続税の納税地の所轄税務署長に「相続時精算課税選択届出書」を提出 Ⅲ-2 特定贈与者の相続税の提出期限までに贈与税の提出期限が到来する場合には、受贈者が贈与税の提出期限までに相続税の納税地の所轄税務署長に「相続時精算課税選択届出書」を提出

(3) 現預金等の贈与（暦年課税と相続時精算課税の両方を活用する場合）

暦年課税を選択するか、相続時精算課税を選択するかについては、受贈者が贈与者ごとに選択することができますので、例えば父からの贈与については、暦年課税を選択し、母からの贈与については相続時精算課税を選択することが可能です。

① 申告書記載方法

> （設例）　田中通が父（田中一郎）から預貯金（定期預金）300万円、母（田中夕子）から預貯金（定期預金）2,300万円の贈与を受け、父からの贈与については、暦年課税を選択し、母からの贈与については相続時精算課税を選択して申告する場合

父からの贈与（定期預金）……………300万円
母からの贈与（定期預金）……………2,300万円
1年間に贈与を受けた財産の価額………2,600万円
税額の計算
　父からの贈与……300万円－110万円（基礎控除）＝190万円
　　　　　　　　　190万円×10%（税率）＝19万円
母からの贈与については、相続時精算課税を選択適用（「相続時精算課税選択届出書」を必ず提出）
　母からの贈与……2,300万円－2,300万円（特別控除）＝0円（控除後の課税価格）
非課税限度額は2,500万円ですので、2,500万円－2,300万円の残り200万円は、翌年以降母からの贈与があれば200万円を限度に非課税となります。

Ⅲ 贈与税の要点と申告書作成

平成 27 年分贈与税の申告書 FD4724

第一表

提出用

住所: 大阪市中央区中央通1-1-201
フリガナ: タナカ トオル
氏名: 田中 通
生年月日: 昭和 55 年 01 月 03 日
職業: 会社員

Ⅰ 暦年課税分

贈与者:
- 住所: ○○市△△町3-1
- フリガナ: タナカ イチロウ
- 氏名: 田中 一郎
- 続柄: 父
- 生年月日: 昭和 25 年 2 月 28 日

取得した財産の明細:
- 種類: 現金預貯金等
- 細目: 預貯金
- 利用区分・銘柄等: 定期預金
- 所在場所等: ○○銀行○○支店
- 財産を取得した年月日: 平成 27 年 04 月 30 日
- 財産の価額: 3,000,000 円

① 財産の価額の合計額（課税価格）	3,000,000
② 配偶者控除額	
③ 基礎控除額	1,100,000
④ ②及び③の控除後の課税価格（①-②-③）【1,000円未満切捨て】	1,900,000
⑤ ④に対する税額	190,000
⑥ 外国税額の控除額	
⑦ 医療法人持分税額控除額	
⑧ 差引税額（⑤-⑥-⑦）	190,000

Ⅱ 相続時精算課税分

⑨ 特定贈与者ごとの課税価格の合計額	23,000,000
⑩ 特定贈与者ごとの差引税額の合計額	0

Ⅲ 合計

⑪ 課税価格の合計額（①+⑨）	26,000,000
⑫ 差引税額の合計額（納付すべき税額（⑧+⑩））【100円未満切捨て】	190,000
⑬ 農地等納税猶予税額	00
⑭ 株式等納税猶予税額	00
⑮ 医療法人持分納税猶予税額	00
⑯ 申告期限までに納付すべき税額（⑫-⑬-⑭-⑮）	190,000
⑰ 差引税額の合計額（納付すべき税額）の増加額	00
⑱ 申告期限までに納付すべき税額の増加額	00

（住宅取得等資金の非課税の申告は申告書第一表の二又は第一表の三と、相続時精算課税の申告は申告書第二表と、一緒に提出してください。）

平成27年分贈与税の申告書 (相続時精算課税の計算明細書)

FD4733

受贈者の氏名: 田中 通

第二表

提出用

次の特例の適用を受ける場合には、□の中にレ印を記入してください。
□ 私は、租税特別措置法第70条の3第1項の規定による**相続時精算課税選択の特例**の適用を受けます。

(単位は円)

相続時精算課税分

特定贈与者

- 住所: ○○市△△町3-1
- フリガナ: タナカ ユウコ
- 氏名: 田中 夕子
- 続柄: 母
- 生年月日: 昭和 27年 04月 01日

左の特定贈与者から取得した財産の明細

- 種類: 現金預貯金等
- 細目: 預貯金 定期預金
- 利用区分・銘柄等: ○○中央信用金庫 ○○支店

財産を取得した年月日: 平成 27年 04月 30日

財産の価額: 23,000,000円

特別控除額の計算

財産の価額の合計額(課税価格)	⑲	23,000,000
過去の年分の申告において控除した特別控除額の合計額(最高2,500万円)	⑳	
特別控除額の残額 (2,500万円－⑳)	㉑	25,000,000
特別控除額 (⑲の金額と㉑の金額のいずれか低い金額)	㉒	23,000,000
翌年以降に繰り越される特別控除額 (2,500万円－⑳－㉒)	㉓	2,000,000

税額の計算

㉒の控除後の課税価格 (⑲－㉒) 【1,000円未満切捨て】	㉔	000
㉔に対する税額 (㉔×20%)	㉕	00
外国税額の控除額(外国にある財産の贈与を受けた場合で、外国の贈与税を課せられたときに記入します。)	㉖	
差引税額 (㉕－㉖)	㉗	0

上記の特定贈与者からの贈与により取得した財産に係る過去の相続時精算課税分の贈与税の申告状況

申告した税務署名	控除を受けた年分	受贈者の住所及び氏名(「相続時精算課税選択届出書」に記載した住所・氏名と異なる場合にのみ記入します。)
署	平成 年分	
署	平成 年分	
署	平成 年分	
署	平成 年分	

(注) 上記の欄に記入しきれないときは、適宜の用紙に記載し提出してください。

◎ 上記に記載された特定贈与者からの贈与について初めて相続時精算課税の適用を受ける場合には、申告書第一表及び第二表と一緒に「相続時精算課税選択届出書」を必ず提出してください。なお、同じ特定贈与者から翌年以降財産の贈与を受けた場合には、「相続時精算課税選択届出書」を改めて提出する必要はありません。

※ 税務署整理欄
- 整理番号
- 名簿
- 届出番号
- 財産細目コード
- 確認

※印欄には記入しないでください。

(第二表は、必要な添付書類とともに申告書第一表と一緒に提出してください。)

相続時精算課税選択届出書

税務署受付印

平成＿＿年＿＿月＿＿日

＿＿＿＿＿税務署長

受贈者
- 住所又は居所：〒　電話（ － － ）
  大阪市中央区中央通1-1-201
- フリガナ：タナカトオル
- 氏名（生年月日）：田中 通 ㊞　（大・㊐・平）55年 1月 3日
- 特定贈与者との続柄：長男

　私は、下記の特定贈与者から平成 **27** 年中に贈与を受けた財産については、相続税法第21条の9第1項の規定の適用を受けることとしましたので、下記の書類を添えて届け出ます。

記

1　特定贈与者に関する事項

住所又は居所	○○市△△町3-1
フリガナ	タナカ ユウコ
氏名	田中 夕子
生年月日	明・大・㊐・平　27年 4月 1日

2　年の途中で特定贈与者の推定相続人となった場合

推定相続人となった理由	
推定相続人となった年月日	平成　年　月　日

3　添付書類

次の（1）～（4）の全ての書類が必要となります。
なお、いずれの添付書類も、贈与を受けた日以後に作成されたものを提出してください。
（書類の添付がなされているか確認の上、□に✓印を記入してください。）

（1）☑ 受贈者の戸籍の謄本又は抄本その他の書類で、次の内容を証する書類
　　　① 受贈者の氏名、生年月日
　　　② 受贈者が特定贈与者の推定相続人であること

（2）☑ 受贈者の戸籍の附票の写しその他の書類で、受贈者が20歳に達した時以後の住所又は居所を証する書類（受贈者の平成15年1月1日以後の住所又は居所を証する書類でも差し支えありません。）

（3）☑ 特定贈与者の住民票の写しその他の書類で、特定贈与者の氏名、生年月日を証する書類

（4）☑ 特定贈与者の戸籍の附票の写しその他の書類で、特定贈与者が65歳に達した時以後の住所又は居所を証する書類（特定贈与者の平成15年1月1日以後の住所又は居所を証する書類でも差し支えありません。）

　　（注）1　租税特別措置法第70条の3（(特定の贈与者から住宅取得等資金の贈与を受けた場合の相続時精算課税の特例)）の適用を受ける場合には「平成15年1月1日以後の住所又は居所を証する書類」となります。
　　　　2　（3）の書類として特定贈与者の住民票の写しを添付する場合で、特定贈与者が65歳に達した時以後（租税特別措置法第70条の3の適用を受ける場合を除きます。）又は平成15年1月1日以後、特定贈与者の住所に変更がないときは、（4）の書類の添付を要しません。

（注）この届出書の提出により、特定贈与者からの贈与については、特定贈与者に相続が開始するまで相続時精算課税の適用が継続されるとともに、その贈与を受ける財産の価額は、相続税の課税価格に加算されます（この届出書による相続時精算課税の選択は撤回することができません。）。

作成税理士	㊞	電話番号	

※	税務署整理欄	届出番号	－	名簿				確認	

※印欄には記入しないでください。

○「相続時精算課税選択届出書」は、必要な添付書類とともに申告書第一表及び第二表と一緒に提出してください

(4) 配偶者に対する居住用不動産又は居住用不動産取得資金の贈与（配偶者控除の特例）

① 適用要件

Ⅰ	贈与者は婚姻期間が20年以上である配偶者であること（婚姻の届出があった日から贈与までの期間が20年以上必要）
Ⅱ	贈与を受けた財産は、国内に存する居住用不動産であるか又は居住用不動産の取得に充てるための資金であること
Ⅲ	上記Ⅱの不動産に現在住んでいるか又は贈与を受けた翌年3月15日までに居住する見込みであり、かつ、今後も引き続き贈与を受けた不動産に居住する予定であること
Ⅳ	過去にこの特例の適用を受けていないこと

② 配偶者控除の額

2,000万円

③ 適用を受けるための手続

贈与税の申告書に次の書類を添付して提出する必要があります。

（添付書類）

・受贈者の戸籍謄本又は抄本
・受贈者の戸籍の附表の写し
・贈与を受けた居住用不動産の登記事項証明書
・受贈者の住民票の写し

④ 申告書記載方法

> （設例） 田中夕子が配偶者である田中一郎から居住用家屋（評価額400万円）とその敷地（評価額2,000万円）の贈与を受けた場合

家屋……………400万円

土地……………2,000万円

贈与を受けた財産の価額……2,400万円

税額の計算……2,400万円－2,000万円（配偶者控除）－110万円（基礎控除）＝290万円（課税価格）

290万円×15％（税率）－10万円（控除額）＝33万5千円

平成27年分贈与税の申告書 第一表

FD4724

提出用

- 住所: ○○市△△町3-1
- フリガナ: タナカ ユウコ
- 氏名: 田中夕子 ㊞
- 生年月日: 昭和 27年 04月 01日

I 暦年課税分

贈与者1
- 住所: ○○市△△町3-1
- フリガナ: タナカ イチロウ
- 氏名: 田中一郎
- 続柄: 夫
- 生年月日: 昭和25年2月28日
- 取得した財産の明細: 土地等 宅地 自用宅地 200㎡ 100,000
- 所在場所等: ○○市△△町3-1
- 財産を取得した年月日: 平成27年04月01日
- 財産の価額: 20,000,000

贈与者2
- 住所: ○○市△△町3-1
- フリガナ: タナカ イチロウ
- 氏名: 田中一郎
- 続柄: 夫
- 生年月日: 昭和25年2月28日
- 取得した財産の明細: 家屋 居住用 自用家屋 93.5㎡
- 所在場所等: ○○市△△町3-1 4,000,000
- 財産を取得した年月日: 平成27年04月01日
- 財産の価額: 4,000,000

①	財産の価額の合計額（課税価格）	24,000,000
②	配偶者控除額（24,000,000円）	20,000,000
③	基礎控除額	1,100,000
④	②及び③の控除後の課税価格（①-②-③）	2,900,000
⑤	④に対する税額	335,000
⑥	外国税額の控除額	
⑦	医療法人持分税額控除額	
⑧	差引税額（⑤-⑥-⑦）	335,000

II 相続時精算課税分
⑨	特定贈与者ごとの課税価格の合計額	
⑩	特定贈与者ごとの差引税額の合計額	

III 合計
⑪	課税価格の合計額（①+⑨）	24,000,000
⑫	差引税額の合計額（納付すべき税額）（⑧+⑩）	335,000
⑬	農地等納税猶予税額	
⑭	株式等納税猶予税額	
⑮	医療法人持分納税猶予税額	
⑯	申告期限までに納付すべき税額（⑫-⑬-⑭-⑮）	335,000
⑰	差引税額の合計額（納付すべき税額）の増加額	
⑱	申告期限までに納付すべき税額の増加額	

実務の注意点

1. 相続税には、被相続人の居住の用に供していた土地については、特定居住用宅地等として小規模宅地等についての課税価格の特例（80％評価減）がありますので、贈与税の配偶者控除の特例を適用する場合には、配偶者の財産内容などをよく検討しておきましょう。
2. 居住用不動産の贈与を受けると、翌年の２月１日から３月15日までの間に贈与税の申告書を提出することになりますが、急遽、贈与をした側の転勤などで一緒に居住できなくなった場合でも、配偶者控除の特例の適用は受けることは可能です。贈与を受けた側が３月15日までに居住する見込みであり、引き続き居住する予定であることがポイントです。
3. 配偶者控除の適用を受けた受贈財産のうち控除を受けた配偶者控除額に相当する金額は、相続税法19条（３年以内加算）の適用はありませんので、相続財産に加算する必要はありません。

(5) 住宅取得等資金の贈与①（直系尊属から住宅取得等資金の贈与を受けた場合の非課税特例＋暦年課税）

① 直系尊属から住宅取得等資金の贈与を受けた場合の非課税特例

平成27年１月１日から平成31年６月30日までの間に、その直系尊属からの贈与により住宅取得等資金の取得をした受贈者については、贈与により取得をした住宅取得等資金のうち次の非課税限度額までの金額については、贈与税の課税価額に算入されません。

② 非課税限度額

住宅用家屋の取得等に係る契約の締結期間	良質な住宅用家屋		左記以外の住宅用家屋	
	消費税（10％）	左記以外	消費税（10％）	左記以外
平成27年12月まで	―	1,500万円	―	1,000万円
平成28年１月〜９月	―	1,200万円	―	700万円
平成28年10月〜平成29年９月	3,000万円		2,500万円	
平成29年10月〜平成30年９月	1,500万円	1,000万円	1,000万円	500万円
平成30年10月〜平成31年６月	1,200万円	800万円	700万円	300万円

注１　「消費税（10％）」とは、住宅用家屋の取得に係る対価の額又は費用の額に含まれる消費税等の税率が10％であるものをいう。

注２　「良質な住宅用家屋」とは、①省エネルギー対策等級４（平成27年４月以降は断熱等性能等級４）若しくは一次エネルギー消費量等級４以上に該当する住宅用家屋又は②耐震等級２以上若しくは免震建築物に該当する住宅用家屋又は③高齢者配慮対策等級３以上に該当する住宅用家屋のいずれかに該当するものをいう。

③ 住宅取得等資金とは

次のいずれかに掲げる新築、取得又は増築等の対価に充てるための金銭のことです。

Ⅰ	受贈者による住宅用家屋の新築又は建築後使用されたことのない住宅用家屋の取得（住宅用家屋の敷地の用に供されている土地又は権利も含みます。）。
Ⅱ	受贈者による既存住宅用家屋の取得
Ⅲ	受贈者が所有している家屋の増改築

この特例を受けるためには、贈与を受けた年の翌年の３月15日までに、贈与を受けた全額を住宅用家屋の新築、取得又は増改築の資金に充てる必要がありますのでご注意ください。

> **実務の注意点**
>
> 住宅取得資金等の贈与の特例は、文字どおり、住宅用家屋の新築、取得又は増改築等のために贈与を受けた資金（金銭）が対象となりますので、住宅用家屋、その敷地の用に供している土地などそのものの贈与については適用はありませんのでご注意ください。

上記ⅠないしⅢの対象となる住宅用家屋は概ね次のとおりです。

これらの住宅用家屋は、日本国内にあるものが対象となります。

Ⅰ 新築住宅、建築後使用されたことのない住宅用家屋	ⅰ その家屋の床面積の１／２以上に相当する部分が専ら居住の用に供されるものであるもの ⅱ その家屋の床面積が50m²以上240m²以下であるもの
Ⅱ 既存住宅用家屋	ⅰ その家屋の床面積の１／２以上に相当する部分が専ら居住の用に供されるものであるもの ⅱ その家屋の床面積が50m²以上240m²以下であるもの ⅲ 対火建築物である家屋の場合は取得の日以前25年以内（それ以外は20年以内）に建築されたもの又は地震に対する基準に適合したものとして「耐震基準適合証明書」又は「住宅性能評価書の写し」等により証明されたもの
Ⅲ 住宅用家屋の増改築等（居住の用に供している住宅用家屋の増改築等に限る）	ⅰ 工事費が100万円以上のものであり、居住用部分の工事費が全体の２分の１以上であること ⅱ 増改築後の家屋の床面積の１／２以上に相当する部分が専ら居住の用に供されるものであるもの ⅲ 増改築後の登記簿上の床面積が50m²以上240m²以下であるもの ⅳ 増改築等について「確認済証」の写し、「検査済証」の写し又は「増改築等工事証明書」により証明された工事であるもの

> **実務の注意点**
>
> 「新築」には、贈与を受けた年の翌年３月15日において屋根を有し、土地に定着して建造物として認められる時以後のものが含まれますが、「取得」にはこれらの状態のものは含まれませんので、住宅取得資金を全て住宅用家屋の対価に充てていても、贈与を受けた年の翌年３月15日までに引き渡しを受けていなければ取得したことにならず、特例の適用が認められませんのでご注意ください。

④ 適用要件（受贈者）

Ⅰ	贈与を受けた時に贈与者の直系卑属であること
Ⅱ	贈与を受けた年分の合計所得金額が2,000万円以下であること
Ⅲ	贈与を受けた時に日本国内に住所を有していること
Ⅳ	贈与を受けた年の1月1日において20歳以上であること
Ⅴ	贈与を受けた年の翌年3月15日までに住宅取得資金の全部を充てて住宅用の家屋の新築、取得又は増改築をすること
Ⅵ	贈与を受けた年の翌年3月15日までに当該家屋に居住すること又は遅滞なくその家屋に居住することが確実であること
Ⅶ	特別の関係のある者（配偶者、親族など）から当該家屋を新築、取得又は増築をしたものではないこと（措法70条の2②五）

⑤ 適用を受けるための手続

　贈与税の申告書に次の書類を添付して提出する必要があります。

（添付書類）

・住宅取得等のための金銭の贈与を受けた日の属する年分のその贈与者に係る贈与税の計算に関する明細書（贈与税の申告書第一表の二に記載）
・受贈者の氏名、生年月日を証する書類、贈与者が受贈者の直系尊属に該当することが証明できる書類（受贈者の戸籍の謄本など）
・住宅取得等のための金銭の贈与を受けた日の属する年分の所得税に係る合計所得金額を明らかにする書類（合計所得金額が2,000万円以下であることの証明）（所得税の確定申告書を提出する人は、提出した年月日、税務署名を贈与税の申告書の所定の欄に記載するだけで、当該書類を提出する必要はありません。）
・新築、取得又は増改築等を行い、その家屋に3月15日までに居住していることを明らかにする書類（登記事項証明書、受贈者の住民票の写しなど）
・良質な住宅用家屋の新築、取得又は増改築に充てるための資金を取得した場合については、当該良質な住宅用家屋に該当することを証する書類（住宅性能証明書、建設住宅性能評価書の写しなど）

⑥ 申告書記載方法

> （設例）　田中通が居住用の家屋（土地含む）を取得するにあたり、父（田中一郎）から住宅取得のための資金1,200万円の贈与を受けた場合
> 条件：省エネ性等を満たさない一般の家屋を取得
> 　　　平成27年に贈与

贈与を受ける資金……1,200万円
非課税限度額…………1,000万円（平成27年分）
課税価格………………1,200万円－1,000万円－110万円（基礎控除）＝90万円（課税価格）
税額……………………90万円×10％（税率）＝9万円

III 贈与税の要点と申告書作成

平成27年分贈与税の申告書 第一表

FD4724

提出用

税務署長　平成　年　月　日提出

住所：〇〇市▽▽町1-6
フリガナ：タナカトオル
氏名：田中通
生年月日：3(昭和)55年01月03日
職業：会社員

（単位は円）

I 暦年課税分

贈与者1
- 住所：〇〇市△△町3-1
- フリガナ：タナカイチロウ
- 氏名：田中一郎
- 続柄：父
- 生年月日：昭25年1月3日
- 取得した財産の明細：現金預貯金等／住宅取得資金／申告書第一表の二のとおり
- 財産を取得した年月日：平成27年06月30日
- 財産の価額：12,000,000円

財産の価額の合計額（課税価格）	①	2,000,000
配偶者控除額	②	
基礎控除額	③	1,100,000
②及び③の控除後の課税価格（①-②-③）【1,000円未満切捨て】	④	900,000
④に対する税額	⑤	90,000
外国税額の控除額	⑥	
医療法人持分税額控除額	⑦	
差引税額（⑤-⑥-⑦）	⑧	90,000

II 相続時精算課税分

特定贈与者ごとの課税価格の合計額	⑨	
特定贈与者ごとの差引税額の合計額	⑩	

III 合計

課税価格の合計額（①+⑨）	⑪	2,000,000
差引税額の合計額（納付すべき税額）（⑧+⑩）【100円未満切捨て】	⑫	90,000
農地等納税猶予税額	⑬	00
株式等納税猶予税額	⑭	00
医療法人持分納税猶予額	⑮	
申告期限までに納付すべき税額（⑫-⑬-⑭-⑮）	⑯	90,000
差引税額の合計額（納付すべき税額）の増加額	⑰	
申告期限までに納付すべき税額の増加額	⑱	00

平成27年分贈与税の申告書 (住宅取得等資金の非課税の計算明細書)

第一表の二

提出用

受贈者の氏名：

次の住宅取得等資金の非課税の適用を受ける人は、□の中にレ印を記入してください。
☑ 私は、租税特別措置法第70条の2第1項の規定による住宅取得等資金の非課税の適用を受けます。

(単位は円)

住宅取得等資金の非課税分

贈与者の住所・氏名(フリガナ)・申告者との続柄・生年月日	取得した財産の所在場所等	住宅取得等資金を取得した年月日 / 住宅取得等資金の金額
住所：○○市△△町3-1 フリガナ：タナカ イチロウ 氏名：田中一郎　続柄：父 生年月日：昭 25年 1月 3日	○○銀行▽▽支店	平成 27年 06月 30日 12,000,000

住宅取得等資金の合計額 ㉘ 12,000,000

贈与者の住所・氏名(フリガナ)・申告者との続柄・生年月日	取得した財産の所在場所等	住宅取得等資金を取得した年月日 / 住宅取得等資金の金額
住所： フリガナ：　　続柄： 氏名： 生年月日：明・大・昭・平　年　月　日		平成　年　月　日

住宅取得等資金の合計額 ㉙

非課税限度額の残額の計算

- 非課税限度額（1,500万円又は1,000万円） ㉚ 10,000,000
- ㉛
- 非課税限度額の残額（㉚−㉛） ㉜ 10,000,000

贈与者別の非課税の適用を受ける金額の計算

- ㉘のうち非課税の適用を受ける金額 ㉝ 10,000,000
- ㉙のうち非課税の適用を受ける金額 ㉞
- 非課税の適用を受ける金額の合計額（㉝＋㉞）（㉜の金額を限度とします。） ㉟ 10,000,000

贈与税の課税価格に算入される金額の計算

- ㉘のうち課税価格に算入される金額（㉘−㉝）
（㉘に係る贈与者の「財産の価額」欄（申告書第一表又は第二表）にこの金額を転記します。） ㊱ 2,000,000
- ㉙のうち課税価格に算入される金額（㉙−㉞）
（㉙に係る贈与者の「財産の価額」欄（申告書第一表又は第二表）にこの金額を転記します。） ㊲

㊱又は㊲に金額の記載がある場合における申告書第一表又は第二表の贈与者又は特定贈与者の「住所・氏名（フリガナ）・申告者との続柄・生年月日」欄の記載は、㊱又は㊲の金額に係る贈与者又は特定贈与者の「氏名（フリガナ）」のみとして差し支えありません。

(第一表の二は、必要な添付書類とともに申告書第一表と一緒に提出してください。)

※ 税務署整理欄　整理番号□□□□□□□　名簿□□□□□　確認
※印欄には記入しないでください。

実務の注意点

　贈与者の相続開始前3年以内に取得し特例の適用を受けた住宅取得等資金については、住宅取得等資金のうち非課税限度額までの金額については、贈与税の課税価格にも算入されず、相続税の相続開始前3年以内贈与があった場合の贈与加算の対象とはなりません。しかし、基礎控除相当額は対象となってきますのでご注意ください。当該事例の場合は、90万円ではなく、200万円が相続税の加算の対象となります。

(6) 住宅取得等資金の贈与②（相続時精算課税特例適用）
① 適用要件

贈与者	受贈者の父母、祖父母
受贈者	贈与税の無制限納税義務者に該当する個人であること 贈与を受けた時に贈与者の推定相続人及び孫であること 住宅取得等資金の贈与を受けた年の1月1日において20歳以上であること 贈与を受けた年の翌年3月15日までに住宅取得資金の全部を充てて住宅用の家屋の新築、取得又は増改築をすること 贈与を受けた年の翌年3月15日までに当該家屋に居住すること又は遅滞なくその家屋に居住することが確実であること 特別の関係のある者（配偶者、親族など）から当該家屋を新築、取得又は増築をしたものではないこと

実務の注意点

　住宅取得等資金の贈与を受けた者については、贈与者が60歳未満（平成26年12月31日までは65歳未満）であっても相続時精算課税を選択することができます。この特例を受けた場合は、上記の相続時精算課税の選択をした場合と同様、住宅取得等資金の贈与を受けた年分以降の年分は相続時精算課税適用者とみなされますので、翌年分以降、この贈与者から贈与により取得した財産については、全て相続時精算課税が適用されることになります。
　なお、住宅取得等資金贈与の非課税特例の適用を受け、課税価格に算入する住宅取得等資金が生じない場合はこの特例の適用はないことになります。

② 対象となる住宅用家屋の新築、取得又は増改築
　(5)の「直系尊属から住宅取得等資金の贈与を受けた場合の非課税特例」と同じです。（床面積要件は、50m²以上とされます。）
③ 適用を受けるための手続
　贈与税の申告書に次の書類を添付して提出する必要があります。
（添付書類）
・相続時精算課税選択届出書

・受贈者の戸籍の謄本又は抄本等で、受贈者の氏名、生年月日を証する書類、受贈者が贈与者の推定相続人又は孫であることを証する書類
・受贈者の戸籍の附表の写しその他の書類で、受贈者が20歳に達した時以後又は平成15年1月1日以後の住所又は居所を証する書類
・贈与者の住民票の写し等で、贈与者の氏名、生年月日を証する書類
・贈与者の戸籍の附票の写しなどで、贈与者の平成15年1月1日以後の住所又は居所を証する書類
・住宅取得等のための金銭の贈与を受けた日の属する年分のその贈与者に係る贈与税の計算に関する明細書（贈与税の申告書第一表の二に記載）
・新築、取得又は増改築等を行い、その家屋に3月15日までに居住していることを明らかにする書類（登記事項証明書、受贈者の住民票の写しなど）

④　申告書記載方法

> （設例）　田中通が住宅を取得するにあたり、母（田中夕子）から住宅取得のための資金2,000万円の贈与を受けた場合

贈与を受けた住宅取得等資金の額……2,000万円
相続時精算課税を選択適用（「相続時精算課税選択届出書」を必ず提出）
税額の計算……2,000万円－2,000万円（特別控除）＝0円（控除後の課税価格）

留意点
　税額は生じませんが、必ず申告する必要があります。
　なお、贈与を受けた年分の特別控除として住宅取得等資金の金額2,000万円を限度として控除しますが、2,500万円（特別控除）から2,000万円（適用年分に控除した金額）を控除した金額の残り500万円については、翌年分以降にその贈与者から財産の贈与があれば、500万円を限度に控除できることになります。

III 贈与税の要点と申告書作成

平成27年分贈与税の申告書 FD4724

第一表

提出用

税務署長　平成　年　月　日提出

住所：○○市▽▽町1-6
フリガナ：タナカ トオル
氏名：田中 通
生年月日：3(昭和) 55年01月03日
職業：会社員

(住宅取得等資金の非課税の申告は申告書第一表の二又は第一表の三と、相続時精算課税の申告は申告書第二表と、一緒に提出してください。)

I 暦年課税分

贈与者の住所・氏名（フリガナ）／申告者との続柄・生年月日／取得した財産の明細／財産を取得した年月日／財産の価額

（3件分の空欄欄）

財産の価額の合計額（課税価格）	①	
配偶者控除額	②	
基礎控除額	③	1,100,000
②及び③の控除後の課税価格（①-②-③）【1,000円未満切捨て】	④	000
④に対する税額	⑤	
外国税額の控除額	⑥	
医療法人持分税額控除額	⑦	
差引税額（⑤-⑥-⑦）	⑧	

II 相続時精算課税分

特定贈与者ごとの課税価格の合計額	⑨	20,000,000
特定贈与者ごとの差引税額の合計額	⑩	

III 合計

課税価格の合計額（①+⑨）	⑪	20,000,000
差引税額の合計額（納付すべき税額）（⑧+⑩）【100円未満切捨て】	⑫	00
農地等納税猶予税額	⑬	
株式等納税猶予税額	⑭	
医療法人持分納税猶予税額	⑮	
申告期限までに納付すべき税額（⑫-⑬-⑭-⑮）	⑯	00
この申告書が修正申告書である場合 差引税額の合計額（納付すべき税額）の増加額	⑰	
申告期限までに納付すべき税額の増加額	⑱	00

平成27年分贈与税の申告書（相続時精算課税の計算明細書） FD4733

受贈者の氏名：田中 遍

第二表

提出用

☑ 私は、租税特別措置法第70条の3第1項の規定による**相続時精算課税選択の特例**の適用を受けます。
（単位は円）

相続時精算課税分

特定贈与者の住所・氏名（フリガナ）申告者との続柄・生年月日	左の特定贈与者から取得した財産の明細	財産を取得した年月日／財産の価額
住所：○○市△△町3-1	種類：現金預貯金等　細目：現金　利用区分・銘柄等：現金　所在場所等：○○銀行○○支店	平成27年10月01日　20,000,000円
フリガナ：タナカユウコ　氏名：田中夕子		
続柄：母　生年月日：昭和27年04月01日		

特別控除額の計算	財産の価額の合計額（課税価格）	⑲	20,000,000
	過去の年分の申告において控除した特別控除額の合計額（最高2,500万円）	⑳	
	特別控除額の残額（2,500万円－⑳）	㉑	25,000,000
	特別控除額（⑲の金額と㉑の金額のいずれか低い金額）	㉒	20,000,000
	翌年以降に繰り越される特別控除額（2,500万円－⑳－㉒）	㉓	5,000,000
税額の計算	㉒の控除後の課税価格（⑲－㉒）【1,000円未満切捨て】	㉔	000
	㉔に対する税額（㉔×20％）	㉕	00
	外国税額の控除額（外国にある財産の贈与を受けた場合で、外国の贈与税を課せられたときに記入します。）	㉖	
	差引税額（㉕－㉖）	㉗	0

上記の特定贈与者からの贈与により取得した財産に係る過去の相続時精算課税分の贈与税の申告状況	申告した税務署名	控除を受けた年分	受贈者の住所及び氏名（「相続時精算課税選択届出書」に記載した住所・氏名と異なる場合にのみ記入します。）
	署	平成　年分	
	署	平成　年分	
	署	平成　年分	
	署	平成　年分	

（注）上記の欄に記入しきれないときは、適宜の用紙に記載し提出してください。

◎ 上記に記載された特定贈与者からの贈与について初めて相続時精算課税の適用を受ける場合には、申告書第一表及び第二表と一緒に「相続時精算課税選択届出書」を必ず提出してください。なお、同じ特定贈与者から翌年以降財産の贈与を受けた場合には、「相続時精算課税選択届出書」を改めて提出する必要はありません。

※ 税務署整理欄　整理番号　名簿　届出番号　財産細目コード　確認

※印欄には記入しないでください。

相続時精算課税選択届出書

（平成21年分以降用）

税務署受付印

平成＿＿年＿＿月＿＿日

＿＿＿＿＿＿税務署長

受贈者
- 住所又は居所：〒　電話（　－　－　）　〇〇市▽▽町1-6
- フリガナ：タナカ トオル
- 氏名（生年月日）：田中 通 ㊞　（大・㊵・平　55年1月3日）
- 特定贈与者との続柄：長男

私は、下記の特定贈与者から平成 **27** 年中に贈与を受けた財産については、相続税法第21条の9第1項の規定の適用を受けることとしましたので、下記の書類を添えて届け出ます。

記

1 特定贈与者に関する事項

住所又は居所	〇〇市△△町3-1
フリガナ	タナカ ユウコ
氏名	田中 夕子
生年月日	明・大・㊵・平　27年 4月 1日

2 年の途中で特定贈与者の推定相続人となった場合

推定相続人となった理由	
推定相続人となった年月日	平成　年　月　日

3 添付書類

次の（1）～（4）の全ての書類が必要となります。
なお、いずれの添付書類も、贈与を受けた日以後に作成されたものを提出してください。
（書類の添付がなされているか確認の上、□に✓印を記入してください。）

（1）☑ 受贈者の戸籍の謄本又は抄本その他の書類で、次の内容を証する書類
　① 受贈者の氏名、生年月日
　② 受贈者が特定贈与者の推定相続人であること

（2）☑ 受贈者の戸籍の附票の写しその他の書類で、受贈者が20歳に達した時以後の住所又は居所を証する書類(受贈者の平成15年1月1日以後の住所又は居所を証する書類でも差し支えありません。)

（3）☑ 特定贈与者の住民票の写しその他の書類で、特定贈与者の氏名、生年月日を証する書類

（4）☑ 特定贈与者の戸籍の附票の写しその他の書類で、特定贈与者が65歳に達した時以後の住所又は居所を証する書類（特定贈与者の平成15年1月1日以後の住所又は居所を証する書類でも差し支えありません。）

　（注）1 租税特別措置法第70条の3（（特定の贈与者から住宅取得等資金の贈与を受けた場合の相続時精算課税の特例））の適用を受ける場合には「平成15年1月1日以後の住所又は居所を証する書類」となります。
　　　2 （3）の書類として特定贈与者の住民票の写しを添付する場合で、特定贈与者が65歳に達した時以後（租税特別措置法第70条の3の適用を受ける場合を除きます。）又は平成15年1月1日以後、特定贈与者の住所に変更がないときは、（4）の書類の添付を要しません。

（注）この届出書の提出により、特定贈与者からの贈与については、特定贈与者に相続が開始するまで相続時精算課税の適用が継続されるとともに、その贈与を受ける財産の価額は、相続税の課税価格に加算されます（この届出書による相続時精算課税の選択は撤回することができません。）。

| 作成税理士 | | ㊞ | 電話番号 | |

| ※税務署整理欄 | 届出番号 | － | | 名簿 | | | | | 確認 | |

※印欄には記入しないでください。

○「相続時精算課税選択届出書」は、必要な添付書類とともに申告書第一表及び第二表と一緒に提出してください。

(7) 農地等の贈与（農地等を贈与した場合の納税猶予の特例）（暦年課税）

　この特例は、農業経営を行っている方が、その後継人となるべき推定相続人の一人に、農地の全部（採草放牧地と準農地の場合はそれぞれ２／３以上）を一括して贈与すれば、贈与税のうち農地等の価額に対応する贈与税額を贈与者が死亡するまでの間、納税を猶予する特例です。

① 適用要件

贈与者	贈与の日まで引き続き３年以上農業を営んでいた者であること等
受贈者	贈与者の推定相続人で、次のすべてに該当するとして農業委員会が適格者証明書を発行した者であること Ⅰ　贈与により農地を取得した日における年齢が18歳以上であること Ⅱ　贈与により農地を取得した日までに引き続き３年以上農業に従事していたこと Ⅲ　贈与により農地等を取得した日以後速やかにその農地等において農業経営を行うと認められること

② 特例の対象となる農地等の要件

　次の農地等を一括で贈与した場合に適用されます。

Ⅰ	農業の用に供している農地の全部
Ⅱ	農業の用に供している採草放牧地の面積の２／３以上
Ⅲ	準農地の面積の２／３以上

③ 適用を受けるための手続

　贈与税の期限内申告書に納税猶予を受けたい旨を記載し、次の書類を添付して申告する必要があります。なお、贈与税の申告書の提出期限までに納税猶予に係る贈与税の額及び利子税の額に相当する担保を提供する必要があります。納税猶予に係る贈与税の全部について納税猶予期限が確定するまでの間、贈与税の提出期限の翌日から起算して３年を経過するごとの日までに、納税猶予継続届出書を提出する必要があります。

（添付書類）

Ⅰ	提供する担保の種類、数量、価額及びその所在場所の明細を記した書類
Ⅱ	担保を提供する書類
Ⅲ	贈与者が、贈与の日まで引き続き３年以上農業を営んでいた者であることを証明する書類（農業委員会の証明書）
Ⅳ	受贈者が贈与者の推定相続人であることを証する種類（戸籍謄本など）及び上記①のⅡ、Ⅲを証する書類（農業員会の証明）
Ⅴ	贈与契約書など贈与事実を証する書類
Ⅵ	贈与を受けた農地等の地目、地積その他の明細を記載した書類
Ⅶ	「贈与年の前年以前に農地を推定相続人に贈与していない」、「贈与の年に当該贈与以外の農地等の贈与がない」、「上記②のⅡ及びⅢである」ことを記載した書類

④ 納税猶予期限

　納税猶予の期限は、原則として「受贈者又は贈与者の死亡の日」となっており、猶予税額は免除されます。（贈与者の死亡の場合は相続税の課税対象となります。）

⑤　納税猶予の打切り

特例を受けている農地等を譲渡した場合などには、納税猶予の全部又は一部が打ち切られることになります。

納税猶予の全部が打ち切られる場合、一部が打ち切られる場合は概ね次のとおりです。

全部が確定するとき	Ⅰ	特例の適用を受けた農地等の面積の20％を超えて任意に譲渡等した場合
	Ⅱ	特例の適用を受けた農地等の経営を廃止した場合
	Ⅲ	受贈者が贈与者の推定相続人に該当しなくなった場合
	Ⅳ	3年ごとの継続届出書を期限までに提出しなかった場合
	Ⅴ	担保の変更命令に応じなかった場合
猶予税額を全部納付すべき日	上記ⅠないしⅢの事実が生じたときは、その事実が生じた日の翌日から2月を経過する日までに納付する必要があります。また、上記Ⅳの事実が生じた時は、届出書の提出期限の翌日から2月を経過する日まで、上記Ⅴの時は、猶予期限の繰上げに係る通知書に記載した猶予期限までに納付する必要があります。	
一部が確定するとき	Ⅰ	特例農地等の面積の20％以下の部分について任意に譲渡等した場合
	Ⅱ	特例農地等について収用交換等による譲渡等をした場合
	Ⅲ	贈与税の申告書の提出期限から10年を経過する日において「未開発の準農地」がある場合

納税猶予が打ち切られると、利子税も含め、猶予税額を納付する必要がありますので、どのような事実が生じれば贈与税の全部又は一部が打ち切られるのか、概ね理解した上で、納税猶予の特例を受ける必要があります。

> **実務の注意点**
>
> 　納税猶予の全部又は一部が確定しそうな事実（例えば農地の譲渡など）が生じることが予想されるのであれば、納税猶予の特例の適用を受けるべきか、よく検討するべきです。
> 　また、農地等の贈与に係る納税猶予の特例を適用する場合は、相続時精算課税の適用を受けることができませんので、暦年課税で申告することになります。

⑥　申告書記載方法

> （設例）　田中一郎が父（田中太郎）から耕作中の農地の全部（固定資産税評価額58万円、倍率7.0）、現金300万円の贈与を受けた場合

（贈与により取得した財産）

　農地……58万円×7.0倍＝406万円

　現金……300万円

　贈与を受けた財産の合計額……406万円＋300万円＝706万円

(贈与税額)

　　706万円－110万円(基礎控除)＝596万円

　　596万円×20％－30万円(贈与税の速算表)＝89万2千円

(納期限までに納付すべき贈与税額)

　　(706万円－406万円)－110万円(基礎控除)＝190万円
　　　　　　↑
　　　　　　└農地等以外の贈与財産の額

　　190万円×10％(税率)＝19万円

(猶予される贈与税額)

　　89万2千円－19万円＝70万2千円

Ⅲ 贈与税の要点と申告書作成

平成 27 年分贈与税の申告書　FD4724

第一表

提出用

住所：○○市△△町3-1
フリガナ：タナカ イチロウ
氏名：田中一郎
生年月日：昭 3 25年 02月 28日

Ⅰ 暦年課税分

贈与者1
住所：○○市△△町3-1
フリガナ：タナカ タロウ
氏名：田中太郎　続柄：父
生年月日：昭 5年 1月 28日

取得財産の明細：土地等／田／自用地／650㎡
固定資産税評価額 580,000　倍数 7.0
措置法第70条の4第1項適用分別添計算書のとおり
取得年月日：平成27年03月15日
財産の価額：4,060,000円

贈与者2
住所：○○市△△町3-1
フリガナ：タナカ タロウ
氏名：田中太郎　続柄：父
生年月日：昭 5年 1月 28日

取得財産の明細：現金預貯金等／現金／現金
取得年月日：平成27年03月20日
財産の価額：3,000,000円

①	財産の価額の合計額（課税価格）	7,060,000
②	配偶者控除額	
③	基礎控除額	1,100,000
④	②及び③の控除後の課税価格（①－②－③）【1,000円未満切捨て】	5,960,000
⑤	④に対する税額	892,000
⑥	外国税額の控除額	
⑦	医療法人持分税額控除額	
⑧	差引税額（⑤－⑥－⑦）	892,000

Ⅱ 相続時精算課税分

⑨	特定贈与者ごとの課税価格の合計額	
⑩	特定贈与者ごとの差引税額の合計額	

Ⅲ 合計

⑪	課税価格の合計額（①＋⑨）	7,060,000
⑫	差引税額の合計額（納付すべき税額）（⑧＋⑩）【100円未満切捨て】	892,000
⑬	農地等納税猶予税額	702,000
⑭	株式等納税猶予税額	
⑮	医療法人持分納税猶予税額	
⑯	申告期限までに納付すべき税額（⑫－⑬－⑭－⑮）	190,000
⑰	差引税額の合計額（納付すべき税額）の増加額	
⑱	申告期限までに納付すべき税額の増加額	00

137

農地等の贈与税の納税猶予税額の計算書

提出用

贈与者の氏名 田中太郎　　　受贈者の氏名 田中一郎

生年月日 (明・大・㊊・平) 5 年 1 月 28 日

私（受贈者）は、租税特別措置法第70条の4第1項の規定による農地等についての贈与税の納税猶予の適用を受けます。

○農地等の明細についてこの計算書に書ききれない場合には、この計算書を追加して記入してください。

Ⅰ　納税猶予の適用を受ける農地等の明細

田・畑 採草放牧地 準農地の別	地上権、永小作権、使用貸借による権利、賃借権(耕作権)の場合のその別	所在場所	面積／固定資産税評価額	単価／倍数	価額
田		○○市△△町25番	650 ㎡／580,000 円	7.0 倍	4,060,000 円
〈計〉			〈650〉		〈4,060,000〉
合計			650 ㎡		Ⓐ 4,060,000

Ⅱ　納税猶予税額の計算

農地等以外の財産に対する贈与税額の計算			差引税額の合計額（申告書第一表の⑫の金額）	⑥	892,0 00 円
農地等以外の財産の価額（申告書第一表　上欄のⒶの①の金額 － Ⓐの金額）	①	3,000,000 円	相続時精算課税の差引税額の合計額（申告書第一表の⑩の金額）	⑦	
配偶者控除額（申告書第一表の②の金額）	②		農地等以外の財産に対する贈与税額 (⑤+⑦)	⑧	190,0 00
基礎控除額	③	1,100,000			
農地等以外の課税価格（①－②－③）（1,000円未満の端数は切り捨てます。また、この金額が1,000円未満のときは、その金額を切り捨てます。）	④	1,900,000	100円未満の端数は切り捨てます。また、この金額が100円未満のときは、その金額を切り捨てます。		
④に対する税額（申告書第一表（控用）の裏面の速算表を使って計算します。）	⑤	190,0 00	納税猶予税額 (⑥－⑧)	⑨	702,0 00

(8) 非上場株式の納税猶予の特例

　この特例は、後継者である受贈者（経営承継贈与者）が、贈与により、経済産業大臣の認定を受けた非上場会社（認定贈与承継会社）の株式等を贈与者から全部又は一定以上を取得して、贈与税の申告期限までに一定の担保を提供した場合に、後継者が納付すべき贈与税のうち、その株式等の一定の部分に対応する贈与税が猶予される特例です。

① 適用要件

先代経営者である贈与者の主な要件	Ⅰ　贈与前に認定贈与承継会社の代表権を有していたことがあること Ⅱ　贈与者と贈与者と特別の関係がある者（親族など一定の者）で認定贈与承継会社の総議決権数の50％超を有し、かつ、経営承継受贈者を除いたこれらの者の中で最も多くの議決権を有していたこと Ⅲ　贈与時において認定贈与承継会社の代表権を有していないこと
後継者である受贈者の主な要件	Ⅰ　贈与の時において20歳以上であり、かつ、認定贈与承継会社の代表者であること Ⅱ　受贈者及び受贈者と特別の関係がある者（親族など一定の者）で総議決権数の50％超を有し、かつ、これらの者の中で最も多くの議決権を有することになること Ⅲ　贈与の日までに引き続き3年以上認定贈与承継会社の役員であったこと Ⅳ　贈与税の申告期限まで贈与により取得した認定贈与承継会社の株式をすべて保有していること

② 特例の適用対象となる認定贈与承継会社の要件

　相続税の納税猶予の特例（30ページ）と同じです。

③ 適用を受けるための手続

　贈与税の申告書に特例を受ける旨を記載し、特例の適用を受ける非上場株式の明細等の書類を添付して申告期限内に提出する必要があります。また、納税猶予分の贈与税額及び利子税の額に相当する担保を提供する必要があります。株式等納税猶予税額の免税又は株式等納税猶予税額の全部について納税の猶予が打ち切られるまでの間、贈与税の申告期限後5年間は毎年、5年経過後は3年ごとに、引き続いてこの特例の適用を受ける旨及び会社の状況等に関する事項を記載した継続届出書を提出しなければなりません。

　継続届出書の提出がない場合には、この特例の適用が打ち切られ、株式等納税猶予税額と利子税を納付しなければなりません。

④ 特例の対象となる非上場株式等の数

	区分	特例の対象となる非上場株式等の限度額	贈与を受ける非上場株式等の数の要件
1	a＋b＜c×2／3の場合	a	贈与者が贈与直前に保有する非上場株式等の全部であることが必要です。
2	a＋b≧c×2／3の場合	c×2／3－b	発行済株式総数（c）の2／3から受贈者が贈与前から保有する非上場株式等の数（b）を控除した数以上であること

注　a：先代経営者（贈与者）が贈与の直前に保有する非上場株式等の数
　　b：後継者（受贈者）が贈与前から保有する非上場株式等の数
　　c：贈与直前の発行済株式の総数

● **計算例**

発行済株式総数　　　　　　30,000株（c）
贈与者の保有株数　　　　　20,000株（a）
後継者の贈与前からの保有株数　5,000株（b）

20,000＋5,000＝25,000
30,000×2／3＝20,000（a＋bが発行済株式総数の2／3を上回るため上表2に該当）
30,000×2／3－5,000＝15,000（特例の対象となる非上場株式等の限度額）

⑤　贈与者が死亡した場合

　贈与者が死亡した場合には、経営承継受贈者は、この特例を受けた非上場株式等を贈与者から相続又は遺贈により取得したものとみなして相続税が課税されることになります。納税猶予税額は免除されます。

　その際、相続税の課税価格の計算をするにあたっては、非上場株式等の贈与時の時価で算定することになります。

⑥　申告書記載方法

（設例）　田中一郎が父（田中太郎）から非上場株式700株（田中太郎が保有する全部）（1株30,000円）、現金300万円の贈与を受けた場合
・発行済株式総数は900株
・田中一郎が贈与前から保有していた株式数100株

（特例の対象となる非上場株式等の限度額）
　100株＋700株＝800株＞900株×2／3＝600株
　（先代保有分＋後継者保有分が発行済株式総数×2／3を上回ることを確認）
　贈与を受ける非上場株式等の数の要件の確認
　900株×2／3－100株＝500株＜贈与を受ける非上場株式数700株
　限度額の計算……900株×2／3－100株＝500株

（猶予される贈与税額の計算）

ステップ1
1年間に贈与を受けた財産の価額の合計額 ①受贈者の贈与税

ステップ2
特例を受ける非上場株式等の額 ②仮定した贈与税

贈与を受けた財産が特例を受ける非上場株式等のみであると仮定した贈与税を計算します。

ステップ3
②の仮定した贈与税が納税が猶予される贈与税の額です。

 猶予される税額　　納付税額

(ステップ１)
　１年間に贈与を受けた財産の合計額……2,400万円
　　非上場株式700株×３万円＝2,100万円
　　現金300万円
　2,400万円に相当する贈与税……765万5,000円
(ステップ２)
　特例を受ける非上場株式等のみの贈与を受けたと仮定して計算した贈与税
　非上場株式500株×３万円＝1,500万円
　1,500万円に相当する贈与税……366万円
(ステップ３)
　猶予される税額……366万円
　納付すべき税額……399万5,000円

実務の注意点

　非上場株式等の納税猶予の特例の適用を受けると、贈与者が死亡した時又は贈与者が死亡する前に経営継承受贈者が死亡した時には、贈与税額の全額が免除されますが、申告期限後５年以内に特例の適用を受けた非上場株式等を譲渡した場合などは、利子税を含めた贈与税の全額を納付しなければなりませんので、特例の適用を受ける場合には、十分な検討が必要です。

主な全額納付をしなければならない場合	・特例を受けた非上場株式等を譲渡した場合 ・経営承継受贈者が代表権を有しなくなった場合（申告期限後５年以内） ・申告期限後５年間における常時使用従業員数の平均が８割を下回った場合 ・資産管理会社に該当することとなった場合 ・特例の適用をやめる場合　など

平成27年分贈与税の申告書 第一表

FD4724

税務署長　平成　年　月　日提出

提出用

- 住所：〇〇市△△町3-1
- フリガナ：タナカ イチロウ
- 氏名：田中一郎 ㊞
- 生年月日：昭和3 25年 02月 28日
- 職業：会社役員

税務署整理欄（記入しないでください。）

（単位は円）

I 暦年課税分

取得した財産の明細

贈与者の住所・氏名（フリガナ）申告者との続柄・生年月日	種類	細目	利用区分・銘柄等所在場所等	数量固定資産税評価額	単価倍数	財産を取得した年月日 財産の価額
住所：〇〇市△△町3-1　フリガナ：タナカ タロウ　氏名：田中太郎　続柄：父　生年月日：昭和5年1月28日	現金預貯金等	現金	現金			平成27年09月01日 3,000,000
住所：〇〇市△△町3-1　フリガナ：タナカ タロウ　氏名：田中太郎　続柄：父　生年月日：昭和5年1月28日	有価証券	株式・その他の株式		700	30,000	平成27年08月30日 21,000,000

課税税分

財産の価額の合計額（課税価格）	①	24,000,000
配偶者控除額	②	
基礎控除額	③	1,100,000
②及び③の控除後の課税価格（①-②-③）【1,000円未満切捨て】	④	22,900,000
④に対する税額	⑤	7,655,000
外国税額の控除額	⑥	
医療法人持分税額控除額	⑦	
差引税額（⑤-⑥-⑦）	⑧	7,655,000

II 相続時精算課税分

特定贈与者ごとの課税価格の合計額	⑨	
特定贈与者ごとの差引税額の合計額	⑩	

III 合計

課税価格の合計額（①+⑨）	⑪	24,000,000
差引税額の合計額（納付すべき税額（⑧+⑩））【100円未満切捨て】	⑫	7,655,000
農地等納税猶予税額	⑬	00
株式等納税猶予税額	⑭	3,660,000
医療法人持分納税猶予税額	⑮	
申告期限までに納付すべき税額 ⑫-⑬-⑭-⑮	⑯	3,995,000

この申告書が修正申告書である場合
| 差引税額の合計額（納付すべき税額）の増加額 | ⑰ | |
| 申告期限までに納付すべき税額の増加額 | ⑱ | 00 |

（住宅取得等資金の非課税の申告は申告書第一表の二又は第一表の三と、相続時精算課税の申告は申告書第二表と、一緒に提出してください。）

株式等納税猶予税額の計算書（贈与税）

経営承継受贈者の氏名	田中一郎	贈与者の氏名（裏面の「1」参照）	田中太郎

私は、次の会社の株式（出資）のうち、「2　特例対象贈与の判定及び納税猶予の特例の適用を受ける株式等の数等の限度数（限度額）の計算並びに特例受贈非上場株式等の明細」の⑦欄の株式等の数等について非上場株式等についての贈与税の納税猶予の特例（租税特別措置法第70条の7第1項）の適用を受けます。
この計算書の書きかた等については、裏面をご覧ください。

1　特例受贈非上場株式等に係る会社

① 会社名	株式会社タナカ	⑦ 贈与の時における経営承継受贈者の役職名	代表取締役
② 会社の整理番号（会社の所轄税務署名）	123123（○○署）	⑧ 経営承継受贈者が役員等に就任した年月日	平成27年8月20日
③ 事業種目	鉄鋼業	⑨ 経済産業大臣の認定の状況　認定年月日	平成27年10月10日
④ 贈与の時における資本金の額	1,000,000円	認定番号	123456
⑤ 贈与の時における資本準備金の額	300,000円	⑩ 会社又はその会社の特別関係会社であってその会社との間に支配関係がある法人が保有する外国会社又は医療法人の株式等の有無	有・（無）
⑥ 贈与の時における従業員数	30人		

2　特例対象贈与の判定及び納税猶予の特例の適用を受ける株式等の数等の限度数（限度額）の計算並びに特例受贈非上場株式等の明細

受贈年月日	① 贈与の時における発行済株式等の総数等	② 発行済株式等の総数等の3分の2に相当する数等 (a)（①×2/3）（1株・口・円未満の端数切上げ）	③ 贈与者が贈与の直前に保有していた株式等の数等 (b)	④ 経営承継受贈者が贈与の直前に保有していた株式等の数等 (c)	⑤ 贈与により取得した株式等の数等 (d)
平27.8.30	900株・口・円	600株・口・円	700株・口・円	100株・口・円	700株・口・円

⑥ 特例対象贈与の判定及び特例の対象となる株式等の数等の限度数（限度額） (イ) a＞b+c の場合 ⇒ b 　※ b＞d の場合は、特例適用不可 (ロ) a≦b+c の場合 ⇒ (a−c) 　※ (a−c)＞d の場合及び (a−c) が赤字の場合は、特例適用不可	⑦ ⑥欄の数等を限度として、⑤欄の数等のうち、特例の適用を受ける株式等の数等	⑧ 1株（口・円）当たりの価額（裏面の「3(3)」参照）	⑨ 価額（⑦×⑧）
500株・口・円	500株・口・円	30,000円	A 15,000,000円

3　株式等納税猶予税額の計算

① 上記2の⑨欄「A」の価額	② 基礎控除額	③ (①−②)の金額（1,000円未満切捨て）	④ ③に対する税額（株式等納税猶予税額）（100円未満切捨て）
15,000,000円	1,100,000円	13,900,000円	3,660,000円

4　会社が現物出資又は贈与により取得した資産の明細書

この明細書は、租税特別措置法施行規則第23条の9第22項第9号の規定に基づき、会社が贈与前3年以内に経営承継受贈者及び経営承継受贈者と特別の関係がある者（裏面の「5(1)」参照）から現物出資又は贈与により取得した資産の価額等について記入します。
なお、この明細書によらず会社が別途作成しその内容を証明した書類を添付しても差し支えありません。

取得年月日	種類	細目	利用区分	所在場所等	数量	① 価額	出資者・贈与者の氏名・名称
． ．						円	
． ．							
． ．							

② 現物出資又は贈与により取得した資産の価額の合計額（①の合計額）	
③ 会社の全ての資産の価額の合計額（②の金額を含みます。）	
④ 現物出資等資産の保有割合（②/③）	％

上記の明細の内容に相違ありません。
　　　　　　　　　　　　　　　　　　　　　　　　　　平成　年　月　日
　　　　　　　　　　　　　所在地
　　　　　　　　　　　　　会社名
　　　　　　　　　　　　　代表者氏名　　　　　　　印

※印欄には記入しないでください。

※ 税務署整理欄	法人管轄署番号	−	入力	確認		

(9) 直系尊属から教育資金の一括贈与を受けた場合の贈与税の非課税特例

① 特例の概要

平成25年4月1日から平成31年3月31日までの間に、受贈者（30歳未満の者）が、教育資金に充てるために直系尊属と金融機関等との契約に基づいて、直系尊属から①教育資金管理契約に基づき信託受益権を取得した場合、②書面による贈与により取得した金銭を教育資金管理契約に基づき金融機関の営業所において預金若しくは貯金として預入を行った場合、③教育資金管理契約に基づき直系尊属から書面による贈与により取得した金銭等で有価証券を購入した場合には、1,500万円までの金額に相当する部分の価額については、金融機関等の営業所を経由して教育資金非課税申告書を提出することによって贈与税が非課税となるものです。

② 課税される場合

受贈者が30歳に達することなどによって、教育資金口座に係る契約が終了した場合には非課税拠出額から教育資金支出額を控除して残額がある場合には、契約が終了した日の属する年に贈与があったものとされ、贈与税が課税されることになります。

非課税拠出額	教育資金非課税申告書にこの制度の適用を受けるとして記載した金額（限度額1,500万円）
教育資金支出額	金融機関等の営業所等が、領収書等により教育資金として支払われたことを確認して記録された金額の合計額

> **留意点**
> 教育資金の一括贈与を受けた場合、1,500万円までの非課税枠が設けられていますが、30歳までに使い切れない場合には贈与税が課税されることになりますので、教育資金非課税申告書を金融機関等の営業所等に提出する場合には、限度額の記載については、受贈者の年齢や教育方針などを十分検討するよう、アドバイスしなければなりません。

(10) 結婚・子育て資金の一括贈与に係る贈与税の非課税特例（平成27年度改正・新設）

① 特例の概要

平成27年4月1日から平成31年3月31日までの間に、受贈者（20歳以上50歳未満）が、結婚、子育て資金の支払に充てるために、直系尊属が金銭等を金融機関等に信託等した場合に、1,000万円（結婚資金は300万円）を非課税とする特例です。

② 課税される場合

受贈者が50歳に達した時に残額があれば、残額に相当する金額の贈与があったものとして贈与税が課税されます。

> **実務の注意点**
> 贈与者が死亡した場合、死亡の日における残額（支出精算後）に相当する金額を受贈者が相続又は遺贈により取得したものとみなして、贈与者の相続税の課税価格に加算することになります。

> ただし、この残額に対する相続税については2割加算の適用はありません。

　そもそも、子供の結婚費用や出産費用など、その都度、扶養義務者である親や祖父母が支払った場合（相当過度な場合を除く）は贈与税の課税対象とはなりません。

　また、上記で記載したとおり、贈与者が死亡した場合に、残額があれば、相続財産に加算することとなりますので、よく検討して活用するようにしましょう。

Ⅳ 評価の要点

　平成25年分の相続税の申告状況では、相続財産の金額の構成比は、土地41.5％、現預金26.0％、有価証券16.5％の順となっており、土地や有価証券などの評価を要する財産の構成比率が過半を占めています。このことは、相続税の申告実務を担当する税理士にとって、いかに評価という作業が重要なものであるかを示しています。相続税申告における税理士のミスの多くも、この評価という作業の中で発生しているのではないでしょうか。

　限られた時間の中でいかに効率的かつ的確な評価を行うのか、このことを念頭に置いて、以下に主な財産の評価方法と注意すべき事項について記載します。

一　財産の価額

　相続税法第22条は「相続、遺贈又は贈与により取得した財産の価額は、当該財産の取得の時における時価により」と規定しており、評価により求めるべき相続財産の価額は時価であることを明らかにしています。しかしながら、相続税法で評価方法を定めている財産は、地上権や定期金に関する権利などごく一部の財産だけです（相法23〜26）。その他の財産の評価方法は財産評価基本通達（以下、「評価通達」といいます。）に規定されています。

　評価通達1(2)では、「時価とは、課税時期において、それぞれの財産の現況に応じ、不特定多数の当事者間で自由な取引が行われる場合に通常成立すると認められる価額をいい、その価額は、この通達によって評価した価額による」ことを明らかにしています。

　これらの規定から、相続税実務における評価作業は、評価通達の規定に基づいて各財産を評価する作業が中心となります。

```
相続税法
「評価により求めるべき財産の価額は時価」
しかし、相続税法で評価方法を定めている財産はごく一部にすぎない。
```

```
評価通達
「時価とは……この通達によって評価した価額」
評価通達では各財産の評価方法を詳細に定めている。
```

```
評価の実務
各財産を評価通達の規定に基づいて評価する作業が中心となる。
```

以下では、評価通達の規定に基づき主な財産の評価方法と注意すべきポイントを説明します。

二　土地

（一）　土地評価の区分及び評価単位

　土地の評価においては、原則として評価の対象となる土地を現況地目の別に区分し（評価通達7）、さらに、同一地目の土地の内における評価の対象となる単位を確定する必要があります（評価通達7－2）。そして、土地は評価単位ごとに評価することとされています。

～評価の区分と評価単位のイメージ～

評価対象地

1　評価の区分（評価通達7）

宅地／田／畑／山林／原野／牧場／池沼／鉱泉地／雑種地

2　評価単位（評価通達7－2）

評価単位

1　土地の評価上の区分（評価通達7）

(1)　原則

　まずは、評価の対象となる土地を次の地目ごとに区分します。なお、地目の判定は不動産登記事務取扱手続準則68条及び69条に準じて行いますが、判定するのは登記地目ではなく課税時期現在の現況地目であることに注意してください。不動産登記事務取扱手続準則68条では、各地目の土地の用途について定めていますが、主なものは次のとおりです。

地目	用　　　　途
宅地	建物の敷地及びその維持若しくは効用を果たすために必要な土地
田	農耕地で用水を利用して耕作する土地
畑	農耕地で用水を利用しないで耕作する土地
山林	耕作の方法によらないで竹木の生育する土地
原野	耕作の方法によらないで雑草、かん木類の生育する土地
牧場	家畜を放牧する土地
池沼	かんがい用水でない水の貯留地
鉱泉地	鉱泉（温泉を含む。）の湧出口及びその維持に必要な土地
雑種地	以上を含む22の地目のいずれにも該当しない土地

(2) **異なる地目の土地を一団として評価する場合**

　次のイ、ロ及びハの各要件を全て満たす場合には、地目の異なる複数の土地を一体として評価します。
　この取扱いは、宅地に比準して評価する土地は、現況の利用状況に基づく評価ではなく、宅地転用を想定して評価することが妥当であることから、その地域の標準的な宅地を基準として評価の対象となる一団の土地の範囲を規定するものです。

イ　市街化調整区域（都市計画法第7条）以外の都市計画区域で市街地的形態を形成する地域であること

　市街化区域等については、各土地の価格は宅地の価格を標準として形成されます。しかし、市街化調整区域内に所在する土地については、原則として非宅地の宅地化が認められていませんので、この取扱いの対象とはされていません。

ロ　市街地農地（生産緑地を除きます。）、市街地山林、市街地原野及び宅地に状況が類似する雑種地等の2以上の地目の土地が隣接すること

　この取扱いの対象となる土地には、宅地が含まれていないことに注意してください。宅地は、あくまでも宅地単独で1評価の区分となります。

ハ　形状、地積の大小及び位置等からみて一団として評価することが合理的と認められること

　この合理性の判断は、宅地に転用した場合の宅地としての効用の観点から判断します。具体的には、面積狭小及び不整形のため標準的な宅地の効用を果たせない場合（図a）、や単独では接道義務等の点から宅地としての利用が困難な場合（図b）等があります。このような場合には、地目の異なる隣接地を一団として利用することにより、標準的な宅地の効用を発揮できるものと認められますので、評価する際にも、これらを一団として評価の対象とするものです。

```
   a        b
┌──┬──┬──┐ ┌──────────┐ ┌──────────┐
│  │  │  │ │   農地   │ │          │
│農│山│雑│ ├──────────┤ │標準的な宅地│
│地│林│種│ │          │ │          │
│  │  │地│ │  雑種地  │ │          │
└──┴──┴──┘ └──────────┘ └──────────┘
           道　　路
```

実務の注意点

相続した土地の中に、被相続人の自宅敷地であった宅地（A地）とアスファルト路面舗装やフェンス等の設備を築造した月極駐車場（B地）が隣接してあった場合、これらは一体として評価するのか、それともそれぞれ別個に評価するのか、どのようになるのでしょうか。

```
┌─────────┬─────────┐
│  A地    │  B地    │
│         │         │
│自宅敷地 │アスファルト敷│
│(600m²)  │き月極駐車場│
│         │(700m²)  │
└─────────┴─────────┘
      道　　路
```

A地は建物の敷地の用に供されていることから地目は宅地です。B地は、仮に登記地目が宅地であったとしても、設備を築造して月極駐車場の用に供していることから現況地目は雑種地に該当します。そうすると、これらは評価の区分が異なることから、それぞれ区分して別個に評価することになります。

仮にこれらの土地が、広大地（広大地については176ページ参照）の開発許可面積基準が1,000m²である地域にある場合には、一体で評価する場合には広大地に該当する可能性がありますが、評価の区分が別になると広大地に該当することはありません。現行の広大地評価においては、この評価の区分と次に説明する評価単位が非常に重要です。これらの判定誤りにより、誤って広大地評価を適用したり、また、広大地に該当するにもかかわらず広大地評価を適用していない例が相当あるように思われます。

2　評価単位（評価通達7-2）

評価単位とは、各地目ごとの評価の対象となる単位をいいます。

つまり、各土地は原則として地目別に区分し（評価上の区分）、さらに各地目ごとの土地を評価単位に区分して、それぞれの評価単位ごとに評価することになります。各地目ごとの評価単位は、次のとおりです。

(1) **宅地**

宅地は、1画地の宅地を評価単位とします。

ここで、1画地とは、利用の単位となっている1区画の宅地をいい、具体的にはその利用状況によって、次のとおり判定します。

① 異なる権利の対象となっている部分ごとの評価

評価する宅地のうちに、自用地の部分、借地権の目的となっている部分、貸家建付地となっている部分がある場合には、これらをそれぞれ別個に区分して評価します。

次の図の場合には、aは土地所有者である甲自らが土地及び建物を利用しているため自用地になります。bは土地及び建物ともに甲が所有していますが、建物を借家人乙に貸しているため貸家建付地になります。また、cの部分は丙の借地権が設定されていることから、借地権の目的となっている土地になります。これらのことから、a、b及びcの各部分は、それぞれを別個に区分して評価することになります。

自用地、借地権の目的となっている宅地及び貸家建付地のそれぞれが複数ある場合には、これらの内での「利用の単位となっている1区画の宅地」は次のとおり判定します。

A　自用地

自用地とは、所有する宅地を自ら使用する場合をいいます。つまり、自用地とは宅地の使用収益を制限する他者の権利がない宅地をいいます。

隣接する自用地は、その全体が1画地となります。

次の図では、事業用に使用している宅地と居住用として使用している宅地が隣接していますが、これらは自ら使用する宅地ですので、すべて自用地に該当します。そうすると、これらの宅地を同一の相続人が取得した場合には、これら全体で1画地、つまり1評価単位となります。

また、次のように被相続人の自宅敷地Ａ宅地と使用貸借により親族に貸し付けているＢ宅地とが隣接している場合、これらを同一の者が相続したときにはＡ宅地及びＢ宅地を合わせて一画地として一評価単位となります。これは、親族等に対して使用貸借で貸し付けている場合には、他者の権利の存在しない土地、すなわち自用地として判定することになるからです。

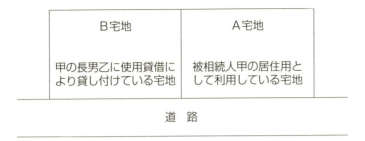

B　借地権の目的となっている宅地

　借地権又は定期借地権等の目的となっている宅地は、同一人に貸し付けられている部分ごとに1画地と判定します。

　したがって、次の図のような宅地については、Ａ宅地、Ｂ宅地ともに他人の借地権が存し、いずれも貸宅地として利用していますが、借地権者が異なることから、それぞれを1画地の宅地と判定します。

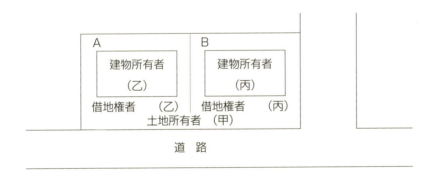

C　貸家建付地

　貸家建付地とは、貸家の敷地の用に供されている宅地をいいます。

　貸家が数棟ある場合には、貸家建付地は原則として各貸家の敷地ごとに1画地とて判定します。

　次の図の場合には、それぞれの貸家の敷地ごとに1画地として評価の対象とします。

D 不合理分割

相続税評価においては、土地は原則として相続により取得した所有者単位で評価します。しかし、その分割が不合理分割と認められる場合には、所有者単位ではなく、分割前の画地を一評価単位として評価します。

不合理分割とは、贈与・遺産分割等による宅地の分割が親族間で行われた場合において、分割後の画地が宅地として通常の用途に供することができないなど、その分割が著しく不合理であると認められることをいいます。

不合理分割の例としては、次の図のような宅地のうちA部分は甲が、B部分は乙が相続するような場合があります。

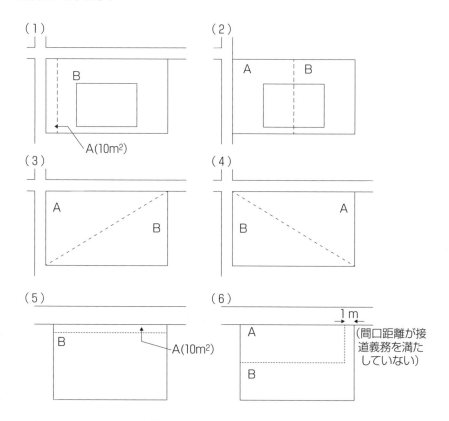

(1)については現実の利用状況を無視した分割であり、(2)は無道路地を、(3)は無道路地及び不整形地を、(4)は不整形地を、(5)は奥行短小な土地と無道路地を、(6)は接道義務を満たさないような間口が狭小な土地を創出する分割であり、分割時のみならず将来においても有効な土地利用が図られず通常の用途に供することができない、著しく不合理な分割と認められるため、全体を1画地の宅地としてその価額を評価した上で、個々の宅地を評価することとするのが相当です。

具体的な評価方法は、A、B宅地全体を1画地の宅地として評価した価額に、各土地の価額の比を乗じた価額により評価します。

なお、この取扱いは同族会社間等でこのような不合理分割が行われた場合にも適用されます。

(2) 田及び畑
① 宅地比準方式又は広大地評価に準じて評価する農地
（市街地周辺農地（評価通達36-3）、市街地農地（評価通達40）、広大な市街地農地等（評価通達40-2）及び生産緑地（評価通達40-3））

　これら市街地農地等の価格は、その地域の宅地の価格形成要因の影響下で形成される傾向にあります。このことから、これらの農地の評価単位は耕作の単位となっている1枚の農地ではなく、利用の単位となっている一団の農地で判定します。具体的には、次のように判定します。

A　所有している農地を自ら使用している場合には、耕作の単位にかかわらず、その全体をその利用の単位となっている一団の農地とします。

B　所有している農地を自ら使用している場合において、その一部が生産緑地である場合には、生産緑地とそれ以外の部分をそれぞれ利用の単位となっている一団の農地とします。
　　生産緑地には、農地として管理する義務があり、宅地転用等について制限がありますので、他の市街地農地とは区分して評価の単位を判定しなければなりません。

C　所有する農地の一部について、永小作権又は耕作権を設定させ、他の部分を自ら使用している場合には、永小作権又は耕作権が設定されている部分と自ら使用している部分をそれぞれ利用の単位となっている一団の農地とします。

D　所有する農地を区分して複数の者に対して永小作権又は耕作権を設定させている場合には、同一人に貸し付けられている部分ごとに利用の単位となっている一団の農地とします。

　　次のa～gの農地の場合、a、b、dは自ら使用している農地ですので、これらで一団の農地になります。eは耕作権が設定されていることから、また、cは生産緑地であることから、これらは単独でそれぞれが一評価単位になります。f及びgも自ら使用する農地ですが、他の農地とは公道で分断されていますので、これらで一団の農地になります。

d		e 耕作権設定地
a	b	c 生産緑地

公　道		
f	g	

　なお、このように評価単位を判定した結果、評価対象となる市街地農地等が評価通達40-2の広大な市街地農地等に該当する場合には、広大地として評価することになります。
　市街地農地等については、路線価に基づき評価する場合が多いと見込まれますが、評価単位の判定により路線価評価の画地調整率に影響し、また、広大地評価の可否にも関係しますので、実務上非常に重要です。

また、宅地の不合理分割の取扱いは、市街地農地等についても適用されます。
② ①以外の農地
　①以外の農地については、1枚の農地（耕作の単位となっている1区画の農地をいいます。）が1評価単位となります。
　ここに該当する農地は、倍率方式により評価する場合が多いと思われますが、倍率地域にはよく「国道沿い」や「県道沿い」を別区分にして他の地域よりも高い倍率を設定している例が見受けられます。農地が国道沿いや県道沿いにある場合、どこまでが国道又は県道沿いになるのかは、この評価単位に基づき判定します。
　例えば、次のような場合には、農地aは「国道沿い」の農地に該当しますが、bは「上記以外の地域」、つまり国道沿い以外の農地の倍率を適用することになります。

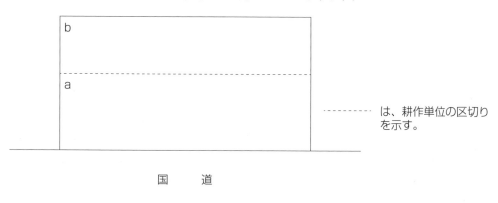

(3) **山林及び原野**
① 宅地比準方式又は広大地評価に準じて評価する山林・原野
　（市街地山林（評価通達49）、広大な市街地山林（評価通達49-2）、市街地原野（評価通達58-3）、広大な市街地原野（評価通達58-4））
　これら市街地山林・原野の価格は、その地域の宅地の価格を標準として形成される傾向にあります。このことから、これらの山林・原野の評価単位は筆界ではなく、利用の単位となっている一団の山林・原野で判定します。
　なお、宅地の不合理分割の取扱いは、市街地山林等についても適用されます。
② ①以外の山林及び原野
　1筆の山林又は原野を1評価単位とします。

(4) **牧場及び池沼**
　原野と同様です。

(5) **鉱泉地**
　原則として1筆の鉱泉地が1評価単位となります。

(6) **雑種地**
① 原則
　雑種地は、利用の単位となっている一団の雑種地が1評価単位となります。この場合、一団の雑種地とは、同一の目的に供されている雑種地をいい、未利用の雑種地については、その全体を「利用の単位となっている一団の雑種地」とします。

```
┌──────────────┬──────────────┬──────────────┐
│  A  駐車場   │ B  資材置場  │C 未利用の雑種地│
└──────────────┴──────────────┴──────────────┘
              道　路
```

　上の例の場合には、A、B及びCがそれぞれ異なる用途に供されていることから、それぞれで一団の雑種地となります。

② 　市街化区域等内において形状・地積の大小及び位置等の関係から一団の雑種地として評価する場合

　これは、上記「**異なる地目の土地を一団として評価する場合**」（149ページ）と同じ要件及び理由から、原則からすると2以上の評価単位となる雑種地全体を一団の雑種地として評価するものです。

　上の例の場合には、A、B及びCの各雑種地は、その形状・地積の大小及び位置関係からみて、全体を一団の雑種地として評価することが合理的と認められます。このような場合には、異なる用途に供されている場合にも全体を一団の雑種地として評価の対象とします。

3　土地の上に存する権利の評価上の区分（評価通達9）

　土地の上に存する権利は、次の権利の別に評価します。

権利の種類	権利の内容
地上権	他人の土地において工作物又は竹木を利用するための権利（民法265）。ただし、区分地上権又は借地権に該当するものは除く。
区分地上権	工作物を所有するため、地下又は空間の上下を定めて設定された地上権（民法269の2）
永小作権	小作料を支払って他人の土地において耕作又は牧畜をする権利（民法270）
区分地上権に準ずる地役権	特別高圧架空電線の架設、高圧のガスを通ずる導管の敷設等の目的のために地下又は空間について上下の範囲を定めて設定された地役権で、建造物の設置を制限するもの（地価税法施行令2）
借地権	建物の所有を目的とする地上権又は賃借権（借地借家法2一、借地法1）。ただし、定期借地権等に該当するものは除く。
定期借地権等	定期借地権（借地借家法22）、事業用定期借地権等（同法23）、建物譲渡特約付借地権（同法24）、及び一時使用目的の借地権（同法25）
耕作権	農地又は採草放牧地の上に存する賃借権をいう。ただし、農地法第18条（農地又は採草放牧地の賃貸借の解約等の制限）第1項本文の規定の適用がある賃借権に限る。
温泉権（引湯権を含む）	温泉権とは、鉱泉地において温泉を排他的に利用することができる権利をいい、引湯権とは、温泉権者から温泉を引湯することができる権利をいう。
賃借権	土地の上に存する賃借権とは、当事者の一方が相手方に賃料を支払うことにより土地の使用収益をすることをできる権利をいう（民法601）。ただし、上記の借地権、定期借地権等、耕作権及び温泉権に該当するものは除かれる。
占用権	河川法の規定による河川区域内の土地の占用許可に基づく権利でゴルフ場や自動車教習所の設置を目的とするものや、道路法又は都市公園法の占用許可に基づく権利で駐車場、建物その他の工作物の設置を目的とするものをいう（地価税法施行令2②）

なお、使用貸借に基づく土地の利用もありますが、使用貸借は借主の死亡によりその効力を失い（民法599）、また、一般的に使用借権は交換価値もない極めて弱い権利であるため相続税の評価上は考慮されません。

（二）　宅地の評価

評価通達に基づく宅地の評価方法には、路線価方式と倍率方式があります。
一般的には、路線ごとに地価事情が異なる市街地を形成している地域では路線価方式が、比較的地価の開差の小さい農村地域等では倍率方式が適用されます。

1　路線価方式

路線価方式とは、宅地の面する路線（不特定多数の者の通行の用に供されている道路をいいます。）に付された路線価に基づき評価する方式です。路線価は標準的な宅地の1㎡当たりの単価を示していますので、評価対象宅地の形状等に応じた画地調整率（以下、「画地調整率」といいます。）を適用して具体的な評価対象地の㎡当たりの単価を算定します。

なお、路線価は自用地価格を表していますので、権利の付着した宅地や宅地の上に存する権利を評価する場合には当該権利に応じた権利割合を控除又は乗じて評価額を算定します。

自用地の場合	路線価 × 画地調整率 × 面積 ＝ 自用地価額
権利が付着した宅地（貸地）の場合	自用地価額 ×（1 －当該権利の割合）＝ 評価額
宅地の上に存する権利の場合	自用地価額 × 当該権利の割合 ＝ 評価額

2 倍率方式

倍率方式とは、固定資産税評価額に国税局長が地域ごとに定めた倍率を乗じて評価する方式をいいます。

自用地の場合	評価対象地の固定資産税評価額 × 評価倍率 ＝ 自用地価額
権利が付着した宅地（貸地）の場合	自用地価額 ×（1 －当該権利の割合）＝ 評価額
宅地の上に存する権利の場合	自用地価額 × 当該権利の割合 ＝ 評価額

Ⅳ　評価の要点

【路線価図の例】

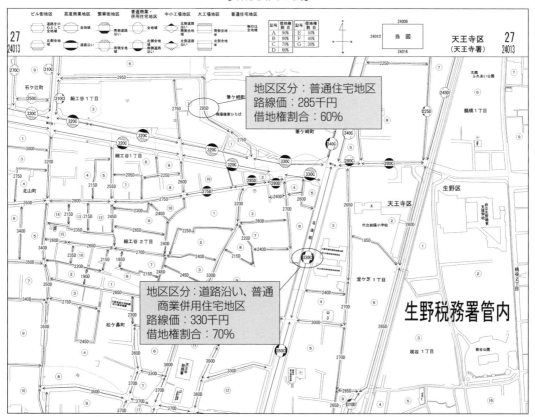

【倍率表の例】

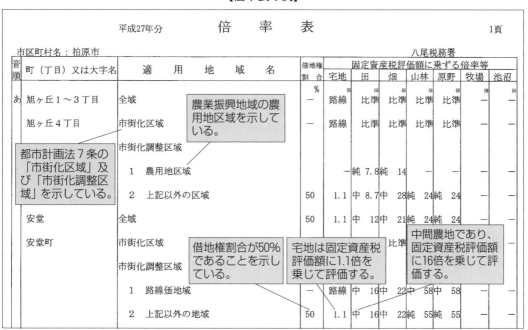

（三） 路線価方式

1 画地調整率

　画地調整率とは、評価する宅地の形状や接道状況に応じた価格に、路線価を修正するための率です。

　画地調整率は路線価の7種類の路線価の地区区分（「ビル街地区」、「高度商業地区」、「繁華街地区」「普通商業・併用住宅地区」、「普通住宅地区」、「中小工業地区」、「大工場地区」）ごとに定められています。これは、同じ規模・形状の宅地であっても、例えば規模の大きいビル敷地が標準であるビル街地区と、戸建住宅敷地等が標準である普通住宅地区では、土地の価格に対する影響度が異なるためです。

　画地調整率には、次のものがあります。

① 奥行価格補正率
② 側方路線影響加算率
③ 二方路線影響加算率
④ 間口狭小補正率
⑤ 奥行長大補正率
⑥ 不整形地補正率
⑦ がけ地補正率

　上記の各画地調整率は、「土地及び土地の上に存する権利の評価についての調整率表」（次ページ）で確認することができます。なお、この表は国税庁ホームページで公表されています。

　なお、評価通達24-4に定める「広大地の評価」（176ページ参照）に基づいて評価する場合には、これらの画地調整率は適用できません。

土地及び土地の上に存する権利の評価についての調整率表（平成19年分以降用）

① 奥行価格補正率表

地区区分 奥行距離m	ビル街	高度商業	繁華街	普通商業・併用住宅	普通住宅	中小工場	大工場
4未満	0.80	0.90	0.90	0.90	0.90	0.85	0.85
4以上 6未満		0.92	0.92	0.92	0.92	0.90	0.90
6 〃 8 〃	0.84	0.94	0.95	0.95	0.95	0.93	0.93
8 〃 10 〃	0.88	0.96	0.97	0.97	0.97	0.95	0.95
10 〃 12 〃	0.90	0.98	0.99	0.99	1.00	0.96	0.96
12 〃 14 〃	0.91	0.99	1.00	1.00		0.97	0.97
14 〃 16 〃	0.92	1.00				0.98	0.98
16 〃 20 〃	0.93					0.99	0.99
20 〃 24 〃	0.94					1.00	1.00
24 〃 28 〃	0.95				0.99		
28 〃 32 〃	0.96		0.98		0.98		
32 〃 36 〃	0.97		0.96	0.98	0.96		
36 〃 40 〃	0.98		0.94	0.96	0.94		
40 〃 44 〃	0.99		0.92	0.94	0.92		
44 〃 48 〃	1.00		0.90	0.92	0.91		
48 〃 52 〃		0.99	0.88	0.90	0.90		
52 〃 56 〃		0.98	0.87	0.88	0.88		
56 〃 60 〃		0.97	0.86	0.87	0.87		
60 〃 64 〃		0.96	0.85	0.86	0.86	0.99	
64 〃 68 〃		0.95	0.84	0.85	0.85	0.98	
68 〃 72 〃		0.94	0.83	0.84	0.84	0.97	
72 〃 76 〃		0.93	0.82	0.83	0.83	0.96	
76 〃 80 〃		0.92	0.81	0.82			
80 〃 84 〃		0.90	0.80	0.81	0.82	0.93	
84 〃 88 〃		0.88		0.80			
88 〃 92 〃		0.86			0.81	0.90	
92 〃 96 〃	0.99	0.84					
96 〃 100 〃	0.97	0.82					
100 〃	0.95	0.80			0.80		

② 側方路線影響加算率表

地区区分	加算率	
	角地の場合	準角地の場合
ビル街	0.07	0.03
高度商業、繁華街	0.10	0.05
普通商業・併用住宅	0.08	0.04
普通住宅、中小工場	0.03	0.02
大工場	0.02	0.01

③ 二方路線影響加算率表

地区区分	加算率
ビル街	0.03
高度商業、繁華街	0.07
普通商業・併用住宅	0.05
普通住宅、中小工場	0.02
大工場	

④ 不整形地補正率を算定する際の地積区分表

地区区分 地積区分	A	B	C
高度商業	1,000 ㎡未満	1,000 ㎡以上 1,500 ㎡未満	1,500 ㎡以上
繁華街	450 ㎡未満	450 ㎡以上 700 ㎡未満	700 ㎡以上
普通商業・併用住宅	650 ㎡未満	650 ㎡以上 1,000 ㎡未満	1,000 ㎡以上
普通住宅	500 ㎡未満	500 ㎡以上 750 ㎡未満	750 ㎡以上
中小工場	3,500 ㎡未満	3,500 ㎡以上 5,000 ㎡未満	5,000 ㎡以上

⑤ 不整形地補正率表

地区区分 かげ地割合	高度商業、繁華街、普通商業・併用住宅、中小工場			普通住宅		
	A	B	C	A	B	C
10%以上	0.99	0.99	1.00	0.98	0.99	0.99
15% 〃	0.98	0.99	0.99	0.96	0.98	0.99
20% 〃	0.97	0.98	0.99	0.94	0.97	0.98
25% 〃	0.96	0.98	0.99	0.92	0.95	0.97
30% 〃	0.94	0.97	0.98	0.90	0.93	0.96
35% 〃	0.92	0.95	0.98	0.88	0.91	0.94
40% 〃	0.90	0.93	0.97	0.85	0.88	0.92
45% 〃	0.87	0.91	0.95	0.82	0.85	0.90
50% 〃	0.84	0.89	0.93	0.79	0.82	0.87
55% 〃	0.80	0.87	0.90	0.75	0.78	0.83
60% 〃	0.76	0.84	0.86	0.70	0.73	0.78
65% 〃	0.70	0.75	0.80	0.60	0.65	0.70

⑥ 間口狭小補正率表

地区区分 間口距離m	ビル街	高度商業	繁華街	普通商業・併用住宅	普通住宅	中小工場	大工場
4未満	—	0.85	0.90	0.90	0.90	0.80	0.80
4以上6未満	—	0.94	1.00	0.97	0.94	0.85	0.85
6 〃 8 〃	—	0.97		1.00	0.97	0.90	0.90
8 〃 10 〃	0.95	1.00			1.00	0.95	0.95
10 〃 16 〃	0.97					1.00	0.97
16 〃 22 〃	0.98						0.98
22 〃 28 〃	0.99						0.99
28 〃	1.00						1.00

⑦ 奥行長大補正率表

地区区分 奥行距離/間口距離	ビル街	高度商業	繁華街	普通商業・併用住宅	普通住宅	中小工場	大工場
2以上3未満	1.00	1.00		1.00	0.98	1.00	1.00
3 〃 4 〃		0.99		0.99	0.96	0.99	
4 〃 5 〃		0.98		0.98	0.94	0.98	
5 〃 6 〃		0.96		0.96	0.92	0.96	
6 〃 7 〃		0.94		0.94	0.90	0.94	
7 〃 8 〃		0.92		0.92		0.92	
8 〃		0.90		0.90		0.90	

⑧ がけ地補正率表

がけ地の方位 がけ地地積/総地積	南	東	西	北
0.10以上	0.96	0.95	0.94	0.93
0.20 〃	0.92	0.91	0.90	0.88
0.30 〃	0.88	0.87	0.86	0.83
0.40 〃	0.85	0.84	0.82	0.78
0.50 〃	0.82	0.81	0.78	0.73
0.60 〃	0.79	0.77	0.74	0.68
0.70 〃	0.76	0.74	0.70	0.63
0.80 〃	0.73	0.70	0.66	0.58
0.90 〃	0.70	0.65	0.60	0.53

2　画地調整率を用いた宅地の評価

(1) 奥行価格補正率（評価通達15）

　宅地の価格は、その奥行距離に影響を受けます。その地区の標準的な宅地の奥行距離よりも長かったり、又は短すぎる場合には宅地の価格は逓減する傾向があります。

　なお、奥行距離が一様でない宅地の奥行距離は、平均的な奥行距離に基づいて奥行価格補正率を適用します。平均的な奥行距離は、「面積÷間口距離」により算定します。ただし、想定整形地の奥行距離が限度となります。

　奥行距離が一様でない土地の奥行距離の例は次のとおりです。

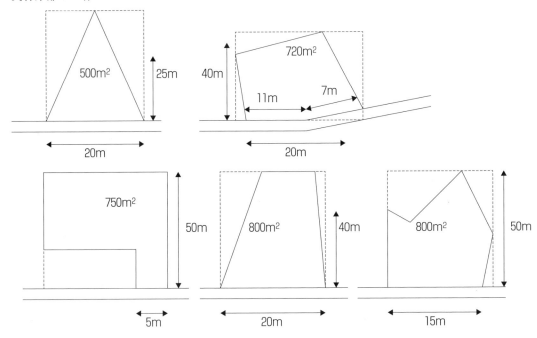

奥行価格補正率を用いた評価事例

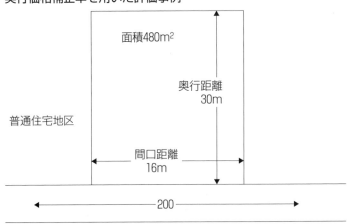

```
　　（路線価）  （普通住宅地区の奥行30mに）  （㎡単価）
　　　　　　　　対応する奥行価格補正率
　　200,000円 ×         0.98          ＝ 196,000円

　　196,000円 × 480㎡ ＝ 94,080,000円
```

(2) 側方路線影響加算率 （評価通達16）

評価する宅地が正面と側方で路線に面する角地である場合には、側方路線影響加算率を用いて評価します。

① 正面路線の判定

角地を評価する場合には、まず、いずれの路線が正面路線となるかを決める必要があります。原則として、正面路線は奥行価格補正率適用後の価格の最も高い路線が正面路線となります。

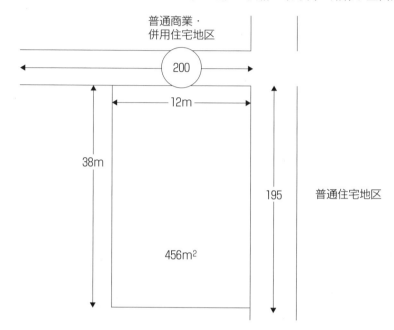

上図の場合には、それぞれの路線の奥行価格補正率適用後の価格は次のとおりです。

200千円 × 0.96 （奥行距離38mの普通商業・併用住宅地区の奥行価格補正率） ＝ 192千円

195千円 × 1.00 （奥行距離12mの普通住宅地区の奥行価格補正率） ＝ 195千円

したがって、普通住宅地区195千円の路線が正面路線となります。

正面路線価が決定すれば、画地調整率はすべて正面路線の地区区分のものを適用します。

② 具体的評価方法

○正面路線の奥行価格補正率適用後の価格

195千円 × 1.00 ＝ 195千円

○側方路線影響加算額

200千円 × 0.94 （奥行距離38mの普通住宅地区の奥行価格補正率） × 0.03 （普通住宅地区の側方路線影響加算率） ＝ 5,640円

○評価額

(195,000円 ＋ 5,640円) × 456m² ＝ 91,491,840円

③ 両側に側方路線がある場合

次のように正面路線の両側に側方路線がある場合も同様に評価します。

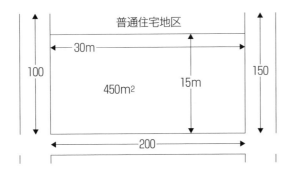

○正面路線の奥行価格補正率適用後の価格

200千円 × $\underset{\substack{\text{奥行距離15mの普通住宅}\\\text{地区の奥行価格補正率}}}{1.00}$ = 200千円

○側方路線（150千円）影響加算額

150千円 × $\underset{\substack{\text{奥行距離30mの普通住宅}\\\text{地区の奥行価格補正率}}}{0.98}$ × $\underset{\substack{\text{普通住宅地区の側}\\\text{方路線影響加算率}}}{0.03}$ = 4,410円

○側方路線（100千円）影響加算額

100千円 × $\underset{\substack{\text{奥行距離30mの普通住宅}\\\text{地区の奥行価格補正率}}}{0.98}$ × $\underset{\substack{\text{普通住宅地区の側}\\\text{方路線影響加算率}}}{0.03}$ = 2,940円

○評価額

(200,000円 + 4,410円 + 2,940円) × 450m² = 93,307,500円

④ 準角地の評価方法

準角地とは、次の図のように一系統の路線の屈折部の内側に位置する宅地をいいます。

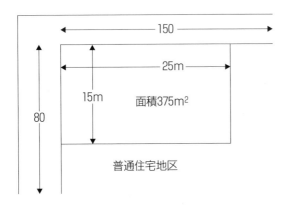

準角地は、一系統の路線にのみ面していることから、通常の角地よりは効用が劣ります。そのため、準角地の側方路線影響加算率は、角地のものよりも低くなっています。

具体的な評価方法は次のとおりです。

○正面路線の奥行価格補正率適用後の価格

150千円 × $\underset{\substack{\text{奥行距離15mの普通住宅}\\\text{地区の奥行価格補正率}}}{1.00}$ = 150千円

○側方路線影響加算額

80千円 × 0.99 $\begin{pmatrix}\text{奥行距離25mの普通住宅}\\\text{地区の奥行価格補正率}\end{pmatrix}$ × 0.02 (準角地の側方路線加算率) = 1,584円

○評価額

(150,000円 + 1,584円) × 375m² = 56,844,000円

⑤ 側方路線に面するが角地としての効用が認められない宅地

下図のように、角の部分が欠けているために角地としての効用が認められない宅地については、二方路線影響加算率を用いて評価します。

具体的な側方路線影響加算額の計算は、次のとおりです

側方路線影響加算額 = 側方路線価 × 奥行価格補正率 × 二方路線影響加算率 × $\dfrac{b}{a}$

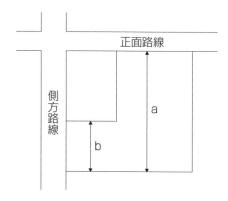

(3) **二方路線影響加算率**（評価通達17）

次の図のように、正面路線の裏面に路線がある場合には、二方路線影響加算率を用いて評価します。

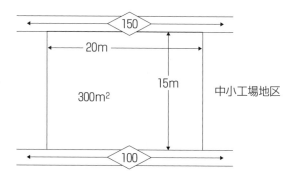

具体的な評価方法は、次のとおりです。

○正面路線の奥行価格補正率適用後の価格

150千円 × 0.98 $\begin{pmatrix}\text{奥行距離15mの中小工業}\\\text{地区の奥行価格補正率}\end{pmatrix}$ = 147,000円

○二方路線影響加算額

100千円 × 0.98 $\begin{pmatrix}\text{奥行距離15mの中小工業}\\\text{地区の奥行価格補正率}\end{pmatrix}$ × 0.02 (二方路線影響加算率) = 1,960円

○評価額

　(147,000円＋1,960円)×300m²＝44,688,000円

(4) **間口狭小補正率及び奥行長大補正率**（評価通達20-3）

　標準的な宅地に比して間口が狭小な宅地は、通風、採光及び進入の利便性等の点で劣るため、その間口距離に応じた減価割合が定められています。この率を間口狭小補正率といいます。

　また、宅地の価格は、間口距離と奥行距離の整合性にも影響されます。間口距離に比して奥行距離が長大な宅地の価額は低くなる傾向があります。この間口距離と奥行距離の不均衡を調整する率が奥行長大補正率です。

　間口狭小補正率と奥行長大補正率は、評価対象宅地が両方の要件に当てはまる場合には併用できますし、片方のみに該当する場合にはそれぞれ単独で適用します。

　次図の宅地のように、間口狭小・奥行長大な宅地の評価方法は次のとおりです。

　なお、側方路線や裏面路線については、これらの補正率の適用はありません。

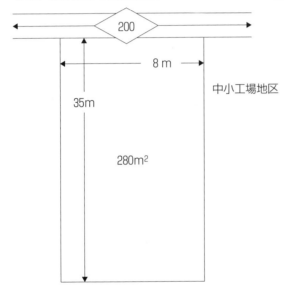

○奥行価格補正率後の価格

　200千円 × 1.00 （奥行距離35mの中小工業地区の奥行価格補正率）＝ 200千円

○間口狭小補正率・奥行長大補正率の適用

　200千円 × 0.95 （間口距離8mの中小工業地区の間口狭小補正率）× 0.98 （奥行距離／間口距離が4以上5未満の中小工業地区の奥行長大補正率）＝ 186,200円

○評価額

　186,200円×280m²＝52,136,000円

(5) **不整形地補正率**（評価通達20）

　不整形な宅地を評価する場合には、不整形地補正率を適用します。

　不整形地は、不整形地補正率適用前の価額を求め（①）、次に、その価額に不整形地補正率を適用（②）して評価額を算定します。

① 不整形地補正率適用前の価額

　不整形地評価の手順としては、次のイからニのいずれか有利な方法により不整形地補正率適用前の

価額を求めます。この価額は、評価通達15（奥行価格補正）から評価通達18（三方又は四方路線影響加算）までの規定に基づいて評価します。

イ　次図のように不整形地を区分して求めた整形地を基として計算する方法

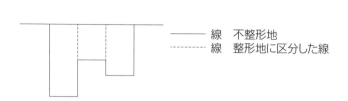

――――　線　不整形地
・・・・・・　線　整形地に区分した線

ロ　次図のように不整形地の地積を間口距離で除して算出した計算上の奥行距離を基として求めた整形地により計算する方法

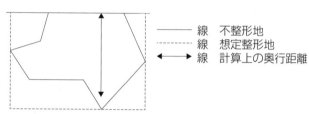

――――　線　不整形地
・・・・・・　線　想定整形地
←――→　線　計算上の奥行距離

（注）ただし、計算上の奥行距離は、不整形地の全域を囲む、正面路線に面するく形又は正方形の土地（想定整形地）の奥行距離を限度とする。

ハ　次図のように不整形地に近似する整形地（以下「近似整形地」という。）を求め、その設定した近似整形地を基として計算する方法

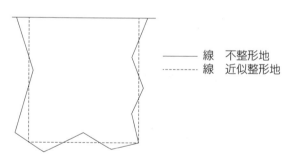

――――　線　不整形地
・・・・・・　線　近似整形地

（注）近似整形地は、近似整形地からはみ出す不整形地の部分の地積と近似整形地に含まれる不整形地以外の部分の地積がおおむね等しく、かつ、その合計地積ができるだけ小さくなるように求める

ニ 次図のように近似整形地（①）を求め、隣接する整形地（②）と合わせて全体の整形地の価額の計算をしてから、隣接する整形地（②）の価額を差し引いた価額を基として計算する方法

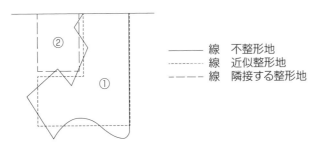

―――― 線　不整形地
･･････ 線　近似整形地
― ― ― 線　隣接する整形地

② 不整形地補正率の適用

　評価対象地に適用する不整形地補正率は、「不整形地補正率表」に基づいて求めますが、具体的な方法は次のとおりです。

イ　評価対象地の路線価の地区区分及び地積を「不整形地補正率を算定する際の地積区分表」に当てはめ、評価対象地が地積区分A、B又はCのいずれに該当するかを判定する。

ロ　評価対象地に係る想定整形地からかげ地割合を求める。

　想定整形地とは、不整形地のすべてを含む正面路線に面するく形（長方形）のことです。

　また、かげ地割合は次の算式で求めます。

$$かげ地割合 = \frac{想定整形地の地積 - 不整形地の地積}{想定整形地の地積}$$

ハ　評価対象地の地積区分及びかげ地割合を「不整形地補正率表」に当てはめ、評価対象地の不整形地補正率を求める。

　なお、評価対象地が間口が狭小な宅地にも該当する場合には、上記で求めた不整形地補正率に間口狭小補正率を乗じた率が不整形地補正率となります。ただし、この場合の不整形地補正率は60％が下限です。

　また、奥行が長大な宅地にも該当する不整形地は、不整形地補正率と奥行長大補正率は併用することはできません。したがって、奥行が長大な不整形地については、「不整形地補正率×間口狭小補正率」か、又は「間口狭小補正率×奥行長大補正率」のいずれか有利な率を適用して評価します。

　上記ロの想定整形地の求め方の例は次のとおりです。　（ ‐‐‐‐‐‐‐‐‐ が想定整形地）

Ⅳ　評価の要点

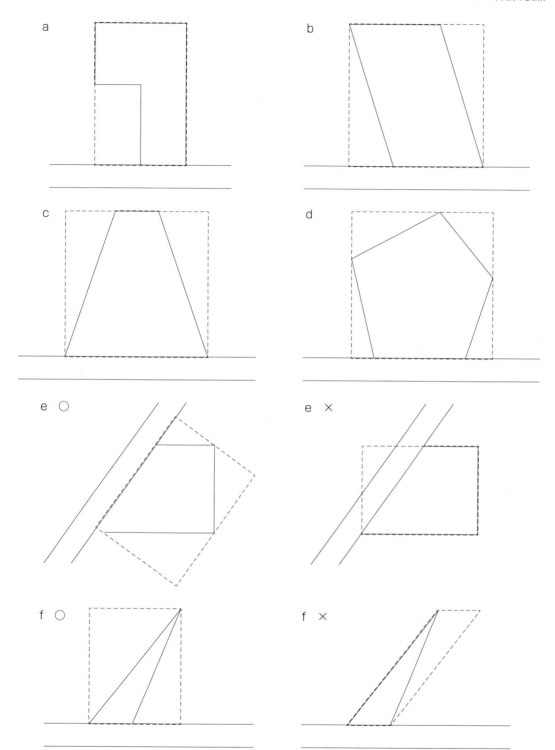

③　不整形地評価の例

　次図のような不整形地は、不整形地の地積を間口距離で除して算出した平均的な奥行距離を基として求めた不整形地補正率適用前の価額に、不整形地補正率を適用して評価します。

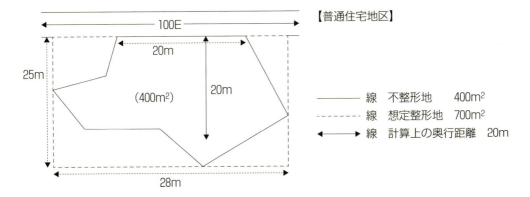

(計算例)
1 不整形地の計算上の奥行距離による奥行価格補正

  地積 間口距離 計算上の奥行距離 想定整形地の奥行距離
  400m² ÷ 20m = 20m   （＜25m）

  （路線価） （奥行距離20mの場合の普通住宅地区の奥行価格補正率） （1m²当たりの価額）
  100,000円 ×   1.00   = 100,000

2 不整形地補正率

  不整形地補正率0.85（普通住宅地区　地積区分A　かげ地割合42.86％）

$$\text{かげ地割合} = \frac{\text{（想定整形地の地積）700m}^2 - \text{（不整形地の地積）400m}^2}{\text{（想定整形地の地積）700m}^2} \fallingdotseq 42.86\%$$

3 評価額

  （整形地とした場合の1m²当たりの価額） （不整形地補正率） （地積）
   100,000円 × 0.85 × 400m² = 34,000,000円

(6) がけ地補正率（評価通達20-4）

がけ地等で通常の用途に供することができないと認められる部分を有する宅地は、がけ地補正率を適用して評価します。

「がけ地等で通常の用途に供することができないと認められる部分を有する宅地」とは、平坦部分とがけ地部分等（宅地である土地の内の傾斜部分又は法地部分）を一体として包含している宅地をいいます。

具体的には、山林等の傾斜地を造成して宅地化した場合の擁壁で保護された法地部分と一体となった宅地や、隣地との高低差が大きいためがけ地部分を含む宅地等があります。

① がけ地等を有する宅地の評価方法

がけ地等を有する宅地の価額は、がけ地等部分ががけ地等でないとした場合の価額にがけ地補正率を適用して評価します。

なお、がけ地補正率表の「がけ地の方位」とは、斜面の向きをいいます。

また、評価する宅地に２方位以上のがけ地がある場合、又はがけ地の方位が南東のように中間の方位である場合には、がけ地補正率は次のように算定します。

イ　２方位以上のがけ地がある場合のがけ地補正率

$$\frac{\left\{\begin{array}{l}\text{総地積に対する}\\\text{がけ地部分の全}\\\text{地積の割合に応}\\\text{ずるA方位のが}\\\text{け地補正率}\end{array}\right. \times \begin{array}{l}\text{A方位}\\\text{のがけ}\\\text{地の地}\\\text{積}\end{array} + \begin{array}{l}\text{総地積に対する}\\\text{がけ地部分の全}\\\text{地積の割合に応}\\\text{ずるB方位のが}\\\text{け地補正率}\end{array} \times \begin{array}{l}\text{B方位}\\\text{のがけ}\\\text{地の地}\\\text{積}\end{array} + \cdots\left.\right\}}{\text{がけ地部分の全地積}}$$

ロ　がけ地である斜面の向きが中間方位である場合のがけ地補正率

この場合には、それぞれの方位に応ずるがけ地補正率の平均により計算します。

例えば、がけ地の方位が南東であり、$\frac{\text{がけ地地積}}{\text{総\ 地\ 積}}$が「0.20以上」に該当する場合には、がけ地補正率は、

$$\frac{\overset{\text{(南方位のがけ地補正率)}}{0.92} + \overset{\text{(東方位のがけ地補正率)}}{0.91}}{2} = 0.91 \text{（小数点第２位未満切り捨て）}$$

となります。

なお、中間方位であっても、「北北西」のような場合には、「北」のみの方位によることとしても差し支えありません。

② がけ地等を有する宅地の評価事例

次図のような、

$\left\{\begin{array}{l}\text{総地積　250m}^2\\\text{内がけ地部分　50m}^2\\\text{がけ地の方位　西}\end{array}\right.$

であるがけ地等を有する宅地の評価は、次のように行います。

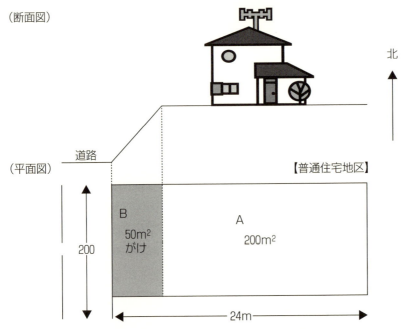

（注）上図においては、法面部分は道路区域外であり、宅地の一部を構成しているものとしています。

（説明）

上図のがけ地を有する宅地の具体的な評価方法は次のとおりです。

ⅰ　がけ地部分の割合

$$\frac{50㎡}{250㎡} = 0.20$$

ⅱ　がけ地補正率

0.90

ⅲ　評価額

200,000円 × 0.99 （奥行価格補正率） × 0.90 （がけ地補正率） × 250㎡ （総地積） = 44,550,000円

③　その他の宅地に影響を与える要因

　画地調整率以外でも、宅地の価額に影響を与える価格形成要因には各種のものがあり、評価通達でも各種の規定があります。ここでは、実務でよく見受けられる「無道路地の評価」、「セットバックを必要とする宅地の評価」及び「都市計画道路予定地内にある宅地の評価」について説明します。

(1)　無道路地の評価（評価通達20-2）

　宅地に建物を建築するためには、建築基準法等の定める接道義務を満たす必要があります。建築基準法では接道義務として、原則として建物の敷地は建築基準法上の道路に2m以上接していなければならないと定めています。また、自治体の条例により別途、より厳格な接道義務を規定している場合もあります。無道路地とは、これらの法令の接道義務を満たしていない宅地をいいます。

① 無道路地の評価方法

　無道路地の評価は、実際に利用している路線の路線価に基づき不整形地として評価した価額から、その価額の100分の40の範囲内において相当と認める金額を控除して評価します。この場合において、

100分の40の範囲内において相当と認める金額は、建築基準法等の法令において規定されている接道義務を満たすために必要な道路に接すべき最小限の間口距離の要件（接道義務）に基づき最小限度の通路を開設する場合のその通路に相当する部分の金額（路線価に地積を乗じた価額）とされています。

② 無道路地の評価事例

次のような、無道路地の具体的な評価方法は次のとおりです。

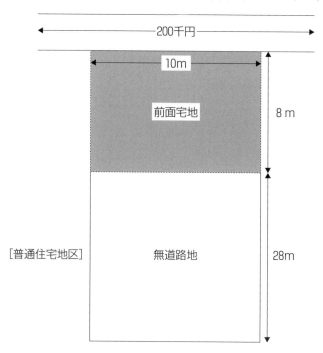

ⅰ 無道路地と前面宅地部分を合わせた近似整形地の価額の算出

実際に利用している路線の路線価に基づき、評価する無道路地と前面宅地とを合わせた土地の奥行価格補正後の価額を算定します。

$\underset{\text{（路線価）}}{200,000円} \times \underset{\substack{\text{（奥行距離36mに対応)}\\\text{する奥行価格補正率}}}{0.94} \times \underset{\substack{\text{（無道路地と前面宅地と)}\\\text{を合わせた土地の面積}}}{360㎡} = 67,680,000円$

ⅱ 前面宅地部分の評価額の算出

$\underset{\text{（路線価）}}{200,000円} \times \underset{\text{（奥行価格補正率＊）}}{1.00} \times 80㎡ = 16,000,000円$

＊ 奥行距離8mに対応する普通住宅地区の奥行価格補正率は0.97ですが、これは奥行距離が短いため1.00未満となっています。このように、前面宅地の奥行距離が短いために、その奥行価格補正率が1.00未満となる場合においては、奥行価格補正率は1.00を適用して計算します。ただし、全体の近似整形地の奥行距離が短いため奥行価格補正率が1.00未満となる場合には、前面宅地の奥行価格補正率もその数値とします。

ⅲ 無道路地の奥行価格補正後の価額の算出

67,680,000円 − 16,000,000円 ＝ 51,680,000円（㎡当たり単価184,571円）

ⅳ 不整形地としての価額の算出

○不整形地補正率と間口狭小補正率との連乗値

かげ地割合

$\dfrac{80㎡}{360㎡} = 22.2\%$ ▶ 不整形地補正率　0.94

間口狭小補正率（間口距離2m　0.90）
接道義務を満たす最小限度の間口距離で道路に接続しているものとして間口狭小補正率を適用します。

0.94（不整形地補正率）×0.90（間口狭小補正率）＝0.846

○奥行長大補正率と間口狭小補正率の連乗値

奥行長大補正率

$\dfrac{奥行距離8m+28m}{間口距離2m}=18$ ➡ 奥行長大補正率　0.90

0.90（奥行長大補正率）×0.90（間口狭小補正率）＝0.81

0.846＞0.81

51,680,000円×0.81＝41,860,800円

ⅴ　無道路地補正の適用

○無道路地補正額（通路開設費相当額）

200,000円×$\begin{pmatrix}建築基準法上の接道義\\務を満たす間口距離\end{pmatrix}$2m　×8m＝3,200,000円

＊　通路開設費相当額は正面路線価に通路部分の面積を乗じてもとめ、画地調整率は適用しないことに注意してください。

3,200,000円＜41,860,800円×40％＝16,744,320円（無道路地補正の限度額）

○無道路地の評価額

41,860,800円－3,200,000円＝38,660,800円

(2)　**セットバックを必要とする宅地の評価**（評価通達24-6）

建築基準法（第42条）でいう「道路」とは、一定の要件に該当する幅員4m以上のものをいいます。したがって、幅員4m未満の道は原則的には接道義務の要件を満たす道路にはなりません。しかし、同法第42条2項では、一定の要件に該当する幅員4m未満の道路に面する宅地は、道路境界とみなされる線まで後退して道路敷きとして宅地の一部を提供することにより、建物の建築が可能であることを定めています。この道路境界とみなされる線までの後退をセットバックといいます。

幅員4m未満の道路の場合、一般的には、道路の中心線から2mの線が道路境界線とみなされますので、建物の建築の際にはその線までセットバックする必要があります。また、道の反対側ががけ地、川、線路等である場合には、その反対側から敷地側に4mの線が道路境界とみなされます。

① 　セットバックを必要とする宅地の評価方法

セットバックを必要とする宅地の価額は、セットバックの必要がないとした場合の価額から、次の価額を控除して評価します。

セットバックの必要がないものとした場合の価額×$\dfrac{セットバックを要する部分の地積}{宅地の総地積}$×0.7

② 　セットバックを要する宅地の評価例

セットバックを要する宅地を評価する場合には、セットバックを要する部分の地積を算定する必要があります。下図の宅地の場合にはセットバックを要する部分の地積は次のとおりです。

○正面路線からのセットバック

（2m－3m÷2）×20m＝10m²

○側方路線からのセットバック

　（2m−2m÷2）×10m＝10m²

○セットバックを要する地積

　10m²＋10m²＝20m²

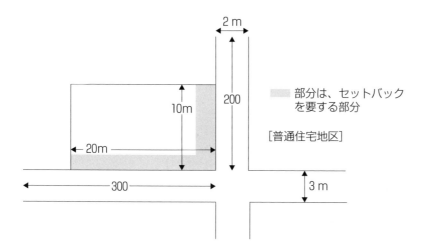

　上図の場合の評価額は次のとおりです。

○セットバックがないものとした場合の価額

（300,000円×$\underset{\substack{(奥行価格\\補正率)}}{1.00}$＋200,000円×$\underset{\substack{(奥行価格\\補正率)}}{1.00}$×$\underset{\substack{(側方路線\\影響加算率)}}{0.03}$）×200m²＝61,200,000円

○セットバックを要する宅地であるために控除する価額

　61,200,000円×$\dfrac{20m^2}{200m^2}$×0.7＝4,284,000円

○評価額

　61,200,000円−4,284,000円＝56,916,000円

(3) 都市計画道路予定地の区域内にある宅地の評価（評価通達24-7）

　都市計画道路予定地の区域とは、都市計画法第4条第6項に規定する都市計画施設のうち道路予定地の区域をいます。

① 都市計画道路予定地の区域内にある宅地の評価方法

　都市計画道路予定地の区域内にある宅地は、都市計画道路予定地の区域内ではないとした場合の価額から、次表の地区区分、容積率、地積割合の別に応じて定める補正率を乗じて評価します。

地区区分 地積割合\容積率	ビル街地区、 高度商業地区			繁華街地区、 普通商業・併用住宅地区			普通住宅地区、 中小工場地区、 大工場地区	
	600%未満	600%以上 700%未満	700%以上	300%未満	300%以上 400%未満	400%以上	200%未満	200%以上
30%未満	0.91	0.88	0.85	0.97	0.94	0.91	0.99	0.97
30%以上 60%未満	0.82	0.76	0.70	0.94	0.88	0.82	0.98	0.94
60%以上	0.70	0.60	0.50	0.90	0.80	0.70	0.97	0.90

② 都市計画道路予定地の区域内にある宅地の評価事例

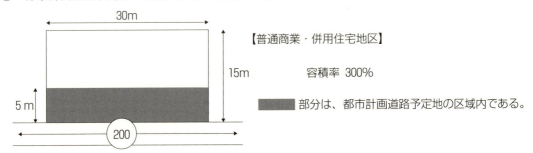

上図の土地の評価方法は、次のとおりです。

○通常の評価額

200,000円 × （奥行価格補正率）1.0 × 450m² = 90,000,000円

○地積割合

150m² ÷ 450m² = 33.3%

○評価額

90,000,000円 × 0.88 = 79,200,000円

4 広大地 (評価通達24-4)

　広大な宅地をその地域の標準的な宅地に分割する際には、道路用地等の公共公益的施設用地の負担が必要であること等から、広大地の価格（単価）は標準的な宅地に比して、相当低くなります。

　このようなことから、一定の要件を満たす規模の大きい宅地は、評価通達24-4において、「広大地」として評価することが定められています。

　広大地に該当する場合には、画地調整率等による評価方法に代えて、正面路線価に次の広大地補正率を乗じて評価します。

$$広大地補正率 = 0.6 - 0.05 \times \frac{広大地の地積}{1,000m^2}$$

広大地の評価額 = 路線価 × 広大地補正率 × 地積

(注) 1　広大地補正率は0.35が下限となります。
　　 2　広大地評価における正面路線価とは、その路線が2以上ある場合には、原則として、その広大地が面する路線価のうち最も高いもの（奥行価格補正率適用前で）になります。

上記の広大地補正率と併用できない画地調整率等とは次の表のとおりです。

評価通達の項番	規定の内容
評価通達　15	奥行価格補正
16	側方路線影響加算
17	二方路線影響加算
18	三方又は四方路線影響加算
20	不整形地の評価
20-2	無道路地の評価
20-3	間口が狭小な宅地等の評価
20-4	がけ地等を有する宅地の評価
20-5	容積率の異なる2以上の地域にわたる宅地の評価
24-6	セットバックを必要とする宅地の評価

　なお、広大地補正率に基づく評価額が画地調整率等に基づく評価額を上回る場合には、画地調整率に基づいて評価します。

(1) **広大地の要件**

　広大地に該当するためには、次の4つの要件を満たす必要があります。

① 評価通達22-2【大規模工場用地】に規定する大規模工場用地に該当しないこと

　大規模工場用地は、規模が大きいことによりその効用を発揮できるものですから、開発行為により公共公益的施設用地の負担が発生することが見込まれません。また、規模が大きいことを前提に路線価等が評定されており、広大であることがそれ以上の減価要因となるものではありません。したがって、大規模工場用地は広大地には該当しません。

② マンション等適地ではないこと

　マンション等適地とは、「その宅地について、経済的に最も合理的と認められる開発行為が中高層の集合住宅等建築を目的とするものであると認められるもの」をいいます。

　マンション等適地の判定は、その宅地の存する地域の標準的使用の状況を参考とすることになります。しかし、その判定が困難な場合には、指定容積率(都市計画により指定されたその地域の容積率)200％以下の地域と300％以上の地域に区分して判定します。

イ　指定容積率200％以下の地域

　次のa及びbの場合のようにマンション等適地であることが明らかである場合を除き、指定容積率200％以下の地域に所在する宅地は、マンション等適地に該当しないものとして差し支えありません。

a　その地域における用途地域・建ぺい率・容積率や地方公共団体の開発規制等が厳しくなく、交通、教育、医療等の公的施設や商業地への接近性（社会的・経済的・行政的見地）から判断して中高層の集合住宅等の敷地用地に適していると認められる場合

b　その地域に現に中高層の集合住宅等が建てられており、また、現在も建築工事中のものが多数ある場合、つまり、中高層の集合住宅等の敷地としての利用に地域が移行しつつある状態で、しかもその移行の程度が相当進んでいる場合

ロ　指定容積率300％以上の地域

　指定容積率が300％以上の地域については、戸建住宅用地として利用するよりもマンション等の敷

地として利用することが合理的と認められます。したがって、原則としてマンション等敷地に該当するものとされています。

　地域によっては、指定容積率が300％以上でありながら、戸建住宅が多く存在する地域もありますが、このような地域は指定容積率を十分に活用しておらず、（イ）将来的にその戸建住宅を取り壊したとすれば、中高層の集合住宅等が建築されるものと認められる地域か、あるいは、（ロ）例えば道路の幅員などの何らかの事情により指定容積率を活用することができない地域であると考えられます（参考）。したがって、（ロ）のような例外的な場合を除き、評価対象地が存する地域の指定容積率が300％以上である場合には、「中高層の集合住宅等の敷地用地に適しているもの」と判断することになります。

(参考)
　指定容積率のほか、前面道路（前面道路が2以上あるときは、その幅員の最大のもの）の幅員が12m未満である建築物の容積率は、当該前面道路の幅員のメートルの数値に下表の数値を乗じたもの以下でなければならないとされています（建築基準法第52条第2項）。

建築物のある地域	前面道路の幅員のメートル数値に乗ずべき数値
第1種・第2種低層住居専用地域	4／10
第1種・第2種中高層住居専用地域 第1種・第2種住居地域、準住居地域 （高層住居誘導地区内の建築物であってその住宅の用途に供する部分の床面積の合計がその延べ面積の3分の2以上であるものを除く）	4／10（特定行政庁が都道府県都市計画審議会の議を経て指定する区域内の建築物にあっては6／10）
その他の地域	6／10（特定行政庁が都道府県都市計画審議会の議を経て指定する区域内の建築物にあっては4／10又は8／10のうち特定行政庁が都道府県都市計画審議会の議を経て定めるもの）

③　その地域における標準的な宅地の面積に比して著しく面積が広大であること

　ここでは、イ「開発許可面積基準による判定」とロ「その地域における標準的な宅地の規模を超えるものである」ことの判定と2つの判定が必要です。

イ　開発許可面積基準による判定

　広大地に該当するためには、評価対象地が開発許可面積基準（都市計画法施行令第19条第1項及び第2項の規定に基づき各自治体の定める開発許可を要する面積基準）以上の面積であることが必要です。

【開発許可面積基準】

a　市街化区域

500㎡である地域	ⅰ：首都圏整備法上の既成市街地又は近郊整備地帯 ⅱ：近畿圏整備法上の既成都市区域又は近郊整備区域 ⅲ：中部圏開発整備法上の都市整備区域の三大都市圏の区域
1,000㎡である地域	上記以外の市街化区域である地域

　（注）　市街化区域内においては、都道府県又は政令指定都市等の一定の市町村は、300㎡以上1,000㎡未満の範囲内で条例において開発許可面積基準を別途定めることができます。この条例による開発許可面積基準がある場合には、これによります。

b 市街化区域と市街化調整区域との区分が定められていない区域（以下「非線引き都市計画区域」といいます。）及び準都市計画区域

　　3,000m²

c 非線引き都市計画区域及び準都市計画区域のうち、用途地域が定められている区域

　　市街化区域に準じた面積

　（注）1 「準都市計画区域」とは、開発許可制度等の都市計画区域に準じた規制が行われる都市計画法第5条の2に規定されている都市計画区域外の区域をいいます。
　　　　2 「用途地域」とは、都市計画法第8条第1項に定められている第1種低層住居専用地域から工業専用地域までの12種類の地域をいいます。

ロ 「その地域における標準的な宅地の規模を超えるものである」こと

　評価対象地がイの開発許可面積基準を満たしていても、その地域における標準的な宅地の地積と同程度の場合には広大地には該当しません。

　評価通達24-4で規定する広大地とは、開発を想定した場合に戸建分譲用地として分割されて道路用地の負担が発生する土地をいいますが、標準的な宅地の規模が大きい地域では分割することなく規模の大きい土地をそのまま使用するのが経済的に合理的と認められるからです。このような地域の例としては、規模の大きい量販店やファミレス等の店舗が連たんする郊外路線商業地域や規模の大きい倉庫、物流センター、工場等が多い工業系の地域があります。

　ロの判定は、言い換えれば、評価対象地の属する地域が、

ⅰ 戸建住宅等の規模の小さい宅地を標準とする地域（広大地に該当する地域）
ⅱ 郊外路線商業地域のように、規模の大きい宅地を分割することなくそのまま使用するのが標準である地域（広大地に該当しない地域）

のいずれの地域に該当するかを判定することです。

④ 都市計画法第4条第12項に規定する開発行為を行うとした場合に公共公益的施設用地の負担が必要と見込まれるものであること

　公共公益的施設用地とは、「都市計画法第4条第14項に規定する道路、公園等の公共施設の用に供される土地」をいいますが、一般的には、開発道路の築造の必要性の有無で判断することとなります。なお、ごみ集積所などの小規模な施設のみの開設が必要な土地は、「公共公益的施設用地の負担がほとんど生じないと認められる土地」になるため広大地には該当しません。

(2) **倍率方式の地域に所在する広大地**

　倍率方式の地域に所在する広大地についても、広大地補正率に基づき評価します。

　倍率地域にある広大地は、その広大地が標準的な間口距離及び奥行距離を有する宅地であるとした場合の1m²当たりの価額に、上記の広大地補正率と地積を乗じて評価します。

> **留意点**
> 「その広大地が標準的な間口距離及び奥行距離を有する宅地であるとした場合の1m²当たりの価額」は、具体的には固定資産税の路線価に評価倍率を乗じて算定することになります。

(3) **市街化調整区域内の土地の広大地評価**

　都市計画法で市街化調整区域とは市街化を抑制すべき区域とされています。そして、市街化調整区

域内の開発行為は、原則として、「周辺地域住民の日常生活にための物品の販売、加工、修理等の店舗・事務所」等を目的とする一定の要件を満たすものだけが許可されます。このため、市街化調整区域内の宅地は、原則として広大地の評価を行うことはできません。

しかし、都市計画法の規定により開発行為を許可することができることとされた区域内の土地等（例えば、都市計画法第34条第11号の規定に基づき都道府県等が条例で定めた区域内の宅地）で、都道府県等の条例の内容により戸建分譲を目的とした開発行為を行うことができる場合には、市街化調整区域内の宅地であっても広大地の評価における他の要件を満たせば広大地の評価を行うことができます。

(4) **広大地の評価事例**

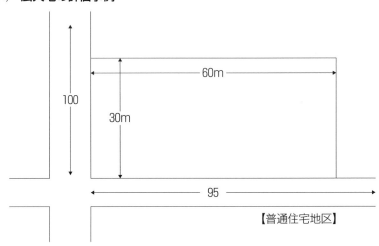

上図のような広大地は、広大地補正率を用いて次のように評価します。

$$\underset{\text{(正面路線価)}}{100{,}000\text{円}} \times \left[\underset{\text{(広大地補正率)}}{0.6 - 0.05 \times \frac{1{,}800\text{m}^2}{1{,}000\text{m}^2}}\right] \times \underset{\text{(地積)}}{1{,}800\text{m}^2} = 91{,}800{,}000\text{円}$$

(注) 奥行価格補正後の金額では95,000円が正面路線価となりますが、広大地評価においては、原則として面している路線の最も高い路線価に基づき評価します。
　したがって、上図の場合には正面路線価100,000円に基づき広大地評価を行います。

(四) 倍率方式

倍率方式とは、固定資産税評価額に国税局長が地域ごとに定めた倍率を乗じて評価する評価方式です。

固定資産税は、固定資産税評価額に一定の課税上の措置が適用された課税標準額に税率を乗じて算定されますが、倍率方式の評価では課税標準額ではなく、固定資産税評価額を用いることに注意してください。実務では、評価年分の「固定資産税評価証明書」に基づき評価額を確認するのが、誤りのない方法です。

固定資産税評価額×倍率＝評価額

なお、上記の算式によって得られる評価額は、自用地としての価額です。貸地等の場合には、それぞれ次のとおり評価します。

○権利が付着した宅地（貸地）の場合
　自用地価額×（1－当該権利の割合）＝評価額
○宅地の上に存する権利の場合
　自用地価額×当該権利の割合＝評価額

倍率方式における評価単位

　固定資産税評価では、原則として一筆の宅地が一画地とされます。例外として、利用状況等からみて、一筆の宅地の内、一体として利用されている部分ごとに区分し、又は数筆の宅地を合わせて一画地と判定する場合もあります。いずれにしても、固定資産税評価の画地認定には、貸付等の権利関係は反映されていません。また、一体として利用されている場合には、所有者の異なる複数の筆を合わせて一画地として認定されることがあるようです。

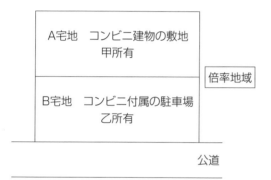

　上図の場合には、甲はA宅地をコンビニ建物の敷地として貸し付けていますが、道路に面しているB宅地は他人の所有地であり、甲はB宅地には何らの権利も有していません。したがって、相続税評価においてはA宅地（底地）は無道路地に該当します。しかし、固定資産税評価においては、外見上A宅地及びB宅地が一体として利用されていることから、これらを合わせて画地認定して評価している場合もあるようです。固定資産税評価において、A宅地が無道路地として評価されていない場合には、相続税評価では無道路地としての固定資産税評価額を算定して、その額に倍率を乗じて評価する必要があります。
　また、固定資産税では一筆で一画地と認定されている場合で、相続税評価の評価単位は、自用地、貸地、貸家建付地等複数ある場合には、それぞれの評価単位の宅地に相当する固定資産税評価額を算定して倍率を乗じる必要があります。この場合、評価上影響がなければ、一筆の固定資産税評価額を各評価単位の面積比であん分する方法もあります。

（五）　農地・山林の評価

1　宅地比準方式

　宅地比準方式とは、その農地又は山林が宅地であるとした場合の価額から、宅地に造成する場合に

必要となる造成費相当額を控除して評価する方式です。宅地比準方式は、市街地農地又は市街地山林に適用される評価方法です。

$$\left(\begin{array}{l}\text{その農地又は山林が宅地とした} \\ \text{場合の1m}^2\text{当たりの価額}\end{array} - \begin{array}{l}1\text{m}^2\text{当たりの} \\ \text{造成費}\end{array}\right) \times \text{地積} = \begin{array}{l}\text{宅地比準方式による} \\ \text{農地又は山林の価額}\end{array}$$

農地の場合、市街地周辺農地にも宅地比準方式が適用されますが、市街地周辺農地の価額は、上記宅地比準方式の価額に100分の80を乗じて算定します。

$$\left(\begin{array}{l}\text{その農地が宅地とした場} \\ \text{合の1m}^2\text{当たりの価額}\end{array} - \begin{array}{l}1\text{m}^2\text{当たりの} \\ \text{造成費}\end{array}\right) \times \frac{80}{100} \times \text{地積} = \text{市街地周辺農地の価額}$$

(1) その農地又は山林が宅地とした場合の1m²当たりの価額

① 路線価地域内の場合

農地又は山林が路線価地域内にある場合には、画地調整率等を用いて上記(三)(160ページ)で説明した路線価方式の評価方法で評価します。

農地や山林は、農道や里道等の接道義務を満たさない道にしか面していない場合も数多くありますが、このような場合には無道路地の評価方法を適用します。

② 倍率地域内の場合

倍率地域内の場合には、評価通達40(市街地農地の評価)及び49(市街地山林の評価)では「その付近にある宅地について評価した1平方メートル当たりの価額を基とし、その宅地と農地(山林)との位置、形状等の条件の差を考慮して評価する」旨が定められています。しかしながら、付近の宅地との条件差を考慮して評価することはかなり困難です。そこで、実務上はその農地又は山林が宅地であるとした場合の1平方メートル当たりの価額は次の算式に基づき算定します。

その農地又は山林が標準的な
宅地とした場合の固定資産税 × 倍率 × 画地調整率
評価額(1m²当たり)

なお、上記の算式中の画地調整率は、路線価評価における普通住宅地区の画地調整率を用いることが認められています。

上記のように、農地や山林の場合には、農道や里道にのみ面しており建物の建築が可能な道路に面していないことも多く見受けられます。このような場合には、その農地又は山林に進入するために実際に利用している道路に面した標準的な宅地の固定資産税評価額(1平方メートル当たり)に基づき、路線価方式の無道路地の評価方法に準じて、宅地としての評価額を算定します。

Ⅳ　評価の要点

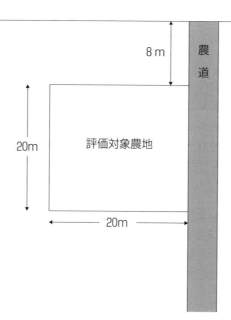

　上図のような場合、評価する農地が倍率地域内にある場合の「その農地が標準的な宅地とした場合の固定資産税評価額は次の算式に基づいて算定します。

$$\begin{pmatrix}その農地が標準的な宅地とし\\た場合の固定資産税評価額\\（㎡当たり単価）\end{pmatrix} \times 倍率 \times 画地調整率 = \begin{bmatrix}その農地が宅地とした場合\\の１㎡当たりの価額\end{bmatrix}$$

　なお、評価対象地が倍率地域にある場合の「画地調整率」は、「普通住宅地区」のものを使用します。

○標準的な宅地の価額

$$\underset{\begin{pmatrix}標準的な宅地の固定資産税\\評価額の㎡当たり単価\end{pmatrix}}{55,000円} \times \underset{（宅地の評価倍率）}{1.1} = \underset{（標準的な宅地の価額）}{60,500円}$$

○評価対象地と前面土地を合わせた土地の価額から前面宅地の価額を控除して、評価対象地の奥行価格補正後の価額を算定する。

　なお、倍率地区内の土地について画地調整を行う場合には、画地調整率は普通住宅地区のものを適用します。

$$\underset{\begin{pmatrix}普通住宅地区の奥行距離\\28ｍの奥行価格補正率\end{pmatrix}}{60,500円 \times 0.98} \times \underset{\begin{pmatrix}評価対象地＋前\\面平地の面積\end{pmatrix}}{560㎡} = 33,202,400円$$

183

　　　　　　　　　（奥行価格補正率＊）　（前面宅地の面積）
　60,500円 ×　　　1.00　　　×　　　160㎡　　＝9,680,000円

（＊……173ページの＊参照）

（33,202,400円－9,680,000円）÷400㎡＝58,806円（奥行価格補正後の評価対象地の単価）

○評価対象地について、接道義務を満たす最小限の間口距離（一般的には2ｍ）による間口狭小補正率と奥行長大補正率又は不整形地補正率を適用した価格を算定する。

・奥行長大補正率　奥行距離28ｍ／間口距離2ｍ＝14　　➡　奥行長大補正率0.90
・不整形地補正率　想定整形地　20ｍ×28ｍ＝560㎡
　　　　　　　　　かげ地割合　（560㎡－400㎡）／560㎡＝0.28　➡　不整形地補正率0.92

（奥行長大補正率）（不整形地補正率）
　　0.90　　＜　　0.92　　　より、この場合には奥行長大補正率を適用します。

　　　　　　（間口狭小補正率）（奥行長大補正率）
　58,806円×　　0.90　　×　　0.90　　＝47,632円

○以上までの不整形地としての補正を行った後の価額から無道路地としての補正を行います。

　無道路地としての補正は、接道義務を満たす最小の面積の通路を想定し、この通路開設のために必要な面積に路線価を乗じた額を控除して行います。

　（60,500円×2ｍ×8ｍ）÷（47,632円×400㎡）＝0.050806

　なお、この割合は0.4を限度とします。

○その農地が宅地とした場合の1㎡当たりの価額

　47,632円×（1－0.050806）＝45,212円

(2) 宅地造成費

　市街地農地等及び市街地山林を評価するための宅地造成費は、各都道府県ごとに「平坦地の宅地造成費」と「傾斜地の宅地造成費」の別に定められています。

　宅地造成費は、国税庁ホームページの「路線価図・倍率表」の中の「宅地造成費の金額表」で確認することができます。

　以下に、平成27年分の大阪府の宅地造成費の金額表等を記載します（国税庁ホームページより）。

表1　平坦地の宅地造成費

工事費目		造成区分	金額
整地費	整地費	整地を必要とする面積1平方メートル当たり	500円
	伐採・抜根費	伐採・抜根を必要とする面積1平方メートル当たり	600円
	地盤改良費	地盤改良を必要とする面積1平方メートル当たり	1,300円
土盛費		他から土砂を搬入して土盛りを必要とする場合の土盛り体積1立方メートル当たり	4,100円
土止費		土止めを必要とする場合の擁壁の面積1平方メートル当たり	46,700円

（留意事項）
（1）「整地費」とは、①凹凸がある土地の地面を地ならしするための工事費又は②土盛工事を要する土地について、土盛工事をした後の地面を地ならしするための工事費をいい

Ⅳ 評価の要点

(2)「伐採・抜根費」とは、樹木が生育している土地について、樹木を伐採し、根等を除去するための工事費をいいます。したがって、整地工事によって樹木を除去できる場合には、造成費に本工事費を含めません。
(3)「地盤改良費」とは、湿田など軟弱な表土で覆われた土地の宅地造成に当たり、地盤を安定させるための工事費をいいます。
(4)「土盛費」とは、道路よりも低い位置にある土地について、宅地として利用できる高さ（原則として道路面）まで搬入した土砂で埋め立て、地上げする場合の工事費をいいます。
(5)「土止費」とは、道路よりも低い位置にある土地について、宅地として利用できる高さ（原則として道路面）まで地上げする場合に、土盛りした土砂の流出や崩壊を防止するために構築する擁壁工事費をいいます。

〔平坦地の宅地造成費の計算例〕
○ 規模、形状
　面積「400㎡」、一面が道路に面した間口20m、奥行20mの土盛り1mを必要とする画地で、道路面を除いた三面について土止めを必要とする正方形の土地である場合

(略図)

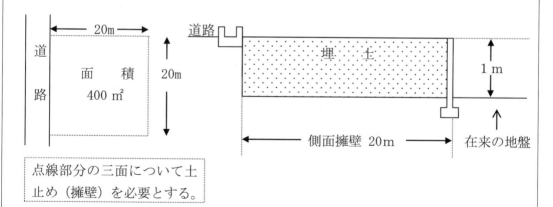

○ 宅地造成費の計算（市街地農地等の評価明細書（一部抜粋））

宅地造成費	平坦	整地費	整地費	(整地を要する面積) 400 ㎡ × (1㎡当たりの整地費) 500 円	⑥ 200,000 円
			伐採・抜根費	(伐採・抜根を要する面積) ㎡ × (1㎡当たりの伐採・抜根費) 円	⑦ 円
			地盤改良費	(地盤改良を要する面積) ㎡ × (1㎡当たりの地盤改良費) 円	⑧ 円
		土盛費		(土盛りを要する面積) 400 ㎡ × (平均の高さ) 1 m × (1㎡当たりの土盛費) 4,100 円	⑨ 1,640,000 円

成費の計算	地	土 止 費	（擁壁面の長さ）（平均の高さ）（1㎡当たりの土止費） 60 m × 1 m × 46,700 円	⑩ 円 2,802,000
		合 計 額 の 計 算	⑥ + ⑦ + ⑧ + ⑨ + ⑩	⑪ 円 4,642,000
		1㎡当たりの計算	⑪ ÷ ①	⑫ 円 11,605
	傾斜地	傾斜度に係る造成費	（傾斜度）　　　度	⑬ 円
		伐採・抜根費	（伐採・抜根を要する面積）　　　　（1㎡当たりの伐採・抜根費） 　　㎡ × 　　円	⑭ 円
		1㎡当たりの計算	⑬ + （⑭ ÷ ①）	⑮ 円

※　上記評価明細書の①は、評価する農地等の面積を指します。

表2　傾斜地の宅地造成費

傾　斜　度	金　　額
3度超　5度以下	9,600 円/㎡
5度超　10度以下	16,600 円/㎡
10度超　15度以下	23,200 円/㎡
15度超　20度以下	38,000 円/㎡

（留意事項）
（1）「傾斜地の宅地造成費」の金額は、整地費、土盛費、土止費の宅地造成に要するすべての費用を含めて算定したものです。
　　なお、この金額には、伐採・抜根費は含まれていないことから、伐採・抜根を要する土地については、「平坦地の宅地造成費」の「伐採・抜根費」の金額を基に算出し加算します。
（2）傾斜度3度以下の土地については、「平坦地の宅地造成費」の額により計算します。
（3）傾斜度については、原則として、測定する起点は評価する土地に最も近い道路面の高さとし、傾斜の頂点（最下点）は、評価する土地の頂点（最下点）が奥行距離の最も長い地点にあるものとして判定します。
（4）宅地への転用が見込めないと認められる市街地山林については、近隣の純山林の価額に比準して評価する（財産評価基本通達 49（市街地山林の評価））こととしています。
　　したがって、宅地であるとした場合の価額から宅地造成費に相当する金額を控除して評価した価額が、近隣の純山林に比準して評価した価額を下回る場合には、経済合理性の観点から宅地への転用が見込めない市街地山林に該当するので、その市街地山林の価額は、近隣の純山林に比準して評価することになります。
　　　（注）1　比準元となる具体的な純山林は、評価対象地の近隣の純山林、すなわち、評価対象地からみて距離的に最も近い場所に所在する純山林です。
　　　　　　2　宅地造成費に相当する金額が、その山林が宅地であるとした場合の価額の

100分の50に相当する金額を超える場合であっても、上記の宅地造成費により算定します。
3　宅地比準方式により評価する市街地農地、市街地周辺農地及び市街地原野等についても、市街地山林と同様、経済合理性の観点から宅地への転用が見込めない場合には、宅地への転用が見込めない市街地山林の評価方法に準じて、その価額は、純農地又は純原野の価額により評価することになります。
　なお、市街地周辺農地については、市街地農地であるとした場合の価額の100分の80に相当する金額によって評価する（財産評価基本通達39（市街地周辺農地の評価））ことになっていますが、これは、宅地転用が許可される地域の農地ではあるが、まだ現実に許可を受けていないことを考慮したものですので、純農地の価額に比準して評価する場合には、80％相当額に減額する必要はありません。

（参考）高さと傾斜度との関係

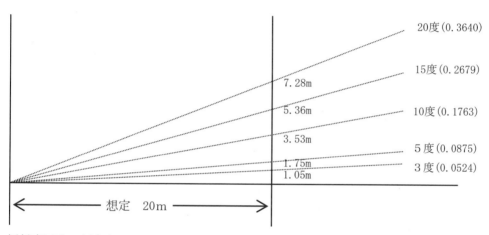

傾斜度区分の判定表

傾　斜　度	①高さ÷奥行	②奥行÷斜面の長さ
3度超5度以下	0.0524 超 0.0875 以下	0.9962 以上 0.9986 未満
5度超10度以下	0.0875 超 0.1763 以下	0.9848 以上 0.9962 未満
10度超15度以下	0.1763 超 0.2679 以下	0.9659 以上 0.9848 未満
15度超20度以下	0.2679 超 0.3640 以下	0.9397 以上 0.9659 未満

（注）①及び②の数値は三角比によります。

〔傾斜地の宅地造成費の計算例〕

○　規模、形状

　　道路の地表に対し傾斜度9度の土地

　　面積「480㎡」、全面積について伐採・抜根を要する場合

（略図）

○ 宅地造成費の計算（市街地農地等の評価明細書（一部抜粋））

宅地造成費の計算	平坦地	整地費	整地費	（整地を要する面積）　　　　　　（1㎡当たりの整地費） 　　　　㎡　×　　　　　　円	⑥	円
			伐採・抜根費	（伐採・抜根を要する面積）　　　（1㎡当たりの伐採・抜根費） 　　　　㎡　×　　　　　　円	⑦	円
			地盤改良費	（地盤改良を要する面積）　　　　（1㎡当たりの地盤改良費） 　　　　㎡　×　　　　　　円	⑧	円
		土盛費		（土盛りを要する面積）（平均の高さ）（1㎥当たりの土盛費） 　　　　㎡　×　　　m　×　　　円	⑨	円
		土止費		（擁壁面の長さ）（平均の高さ）（1㎡当たりの土止費） 　　　　m　×　　　m　×　　　円	⑩	円
		合計額の計算		⑥＋⑦＋⑧＋⑨＋⑩	⑪	円
		1㎡当たりの計算		⑪ ÷ ①	⑫	円
	傾斜地	傾斜度に係る造成費		（傾斜度）　　　9　度	⑬	円 16,600
		伐採・抜根費		（伐採・抜根を要する面積）　　　（1㎡当たりの伐採・抜根費） 　480　㎡　×　　　600　円	⑭	円 288,000
		1㎡当たりの計算		⑬ ＋ （⑭ ÷ ①）	⑮	円 17,200

※ 上記評価明細書の①は、評価する農地等の面積を指します。

(3) 宅地への転用が見込まれない市街地農地等及び市街地山林

経済合理性等の観点から宅地への転用が見込まれない市街地農地等及び市街地山林は、それぞれ純農地又は純山林に比準して評価します。

宅地比準方式は、その土地が宅地であるとした場合の価額から宅地造成費を控除して評価する方法ですが、宅地への転用が見込まれない土地については宅地比準方式は合理性がありません。しかし、最低限その土地本来の地目の利用が可能であることから、宅地への転用が見込まれない純農地又は純山林に比準して評価するものです。

なお、「宅地への転用が見込まれない」場合とは、宅地比準方式では評価額がマイナスとなる場合や、急傾斜等の形状等から造成が不可能である場合などがあります。

2 広大な市街地農地等及び市街地山林

市街地農地等及び市街地山林は、原則として宅地比準方式により評価します。しかし、これらが宅地であるとした場合において、前記（160ページ）の広大地の要件を満たす場合には、広大地の評価方法により評価します。

この場合には、広大地として評価した価額から宅地造成費を控除することはできません。したがって、宅地の広大地の評価額と同額になります。

なお、広大地として評価した価額が宅地比準方式で評価した価額を上回る場合には、宅地比準方式で評価した額がその市街地農地等又は市街地山林の評価額となります。

次の市街地農地は、間口距離10m・奥行距離100mで地積が1,000m²です。
道路より平均的で1.5m低く位置しています。

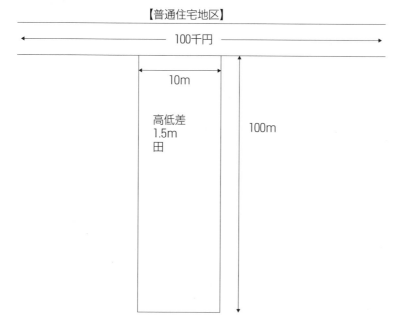

　この農地が評価通達40-2の広大な市街地農地に該当する場合、広大地補正率を用いた評価額と宅地比準方式による評価額は次のとおりです。

① 広大地補正率による評価額

$$100千円 \times \left(0.6 - 0.05 \times \frac{1,000m^2}{1,000m^2}\right) \times 1,000m^2 = 55,000,000円$$

② 宅地比準方式による評価額

○宅地としての評価額

$$100千円 \times \underset{\substack{\text{(奥行距離100mの普通住}\\\text{宅地区の奥行価格補正率)}}}{0.80} \times \underset{\substack{\text{(奥行距離／間口距離が8以上の}\\\text{普通住宅地区の奥行長大補正率)}}}{0.90} \times 1,000m^2$$

　＝72,000,000円

○造成費相当額（宅地造成費は大阪府の平成27年分を適用しています。また、伐採・抜根費と地盤改良費は不要であると仮定しています。）

・整地費　　500円×1,000m²＝500,000円

・土盛費　　4,100円×1,000m²×1.5m＝6,150,000円

・土止費　　46,700円×(100m＋10m＋100m)×1.5m＝14,710,500円

・造成費合計額　　21,360,500円

○宅地比準方式による評価額

72,000,000円－21,360,500円＝50,639,500円

広大地補正率による評価額　＞　宅地比準方式による評価額
　　55,000,000円　　　　　　　　　50,639,500円

したがって、宅地比準方式に基づく50,639,500円が当該農地の評価額となります。

3 倍率方式

　純農地及び中間農地並びに純山林及び中間山林は、それぞれの地目ごとに定められた倍率を乗じて評価します。

　固定資産税評価額×倍率＝評価額

　なお、山林等についてはいわゆる縄延び（公簿地積よりも実際の地積が多いこと）がある場合が多いといわれていますが、縄延びがある場合には、固定資産税評価額を実際の地積に相応する額に計算し直し、この額に倍率を乗じて評価します。

$$\text{固定資産税評価額} \times \frac{\text{実際の地積}}{\text{台帳地積}} \times \text{倍率} = \text{実際の地積に相応する評価額}$$

> **実務の注意点**
>
> 　倍率方式で評価する農地や山林の場合、国道等の幹線道路沿いの地域とそれ以外の地域では適用する倍率が区分されている場合があります。
>
> 　例えば下図の場合、国道沿いの山林の倍率が60倍、それ以外の地域に所在する山林の倍率が30倍とします。乙番の山林も甲番の山林と隣接していることから国道沿いの山林として適用すべき倍率は60倍となるのでしょうか。 
>
> ```
> ┌─────────────────────┐
> │    地番　乙番　山林    │
> │                     │┐
> ├─────────────────────┤├ 相続財産
> │    地番　甲番　山林    │┘
> │                     │
> └─────────────────────┘
> ```
>
> 　山林は、1筆の山林を評価単位とします（市街地山林を除きます。）。したがって、地番甲番の山林と乙番の山林は評価単位が異なりますので、甲番の山林については倍率60倍（国道沿い）、乙番の山林については30倍（その他の地域）の倍率を適用します。
>
> 　なお、農地は1枚の農地（耕作の単位となっている1区画の農地）を評価単位としますので（市街地農地を除きます。）、畔等で区分された耕作単位ごとに適用倍率を判定することになります。

（六）　不動産調査

1 不動産調査とは

　土地の評価を行うためには、その土地の位置を特定し、間口距離・奥行距離等のその土地の形状を

把握することが必要です。これらを正確に把握するためには、法務局の地図や地積測量図等に基づく現地確認が効率的です。これらの資料も持たずに現地確認をしてもいたずらに時間を費やすだけです。

また、例えば、評価対象土地が都市計画道路予定地の区域内にあることは、現地確認だけでは判断できません。役所の担当部署で調査することによりはじめて明らかになります。

不動産調査とは、上記のような評価額に影響を与える評価対象土地に係る物的及び法的事項を把握するための調査をいいます。いくら評価通達や質疑応答事例に精通していても、評価対象土地の価格に影響を与える要因を見落としていては、評価通達や質疑応答事例を的確に適用することはできません。結果として、減価要因を見落として過大評価となってしまいます。

不動産調査は、一般的には

という手順になります。

なお、賃借権のように私人間の契約で発生する権利で登記されないものは、当該契約書等により権利の有無及びその内容を確認する必要があることに注意してください。

2 役所調査の内容

評価する土地の状況に応じて、必要となる役所調査には種々のものがありますが、ここでは一般的に必要となることが多いと思われる代表的な役所調査について説明します。

(1) 法務局

法務局で入手できる有用な資料としては、①登記事項証明書、②地図、③地積測量図、④建物図面があります。

なお、これらはインターネット（財団法人民事法務協会・登記提供サービス）により入手することができます。インターネットから出力したものには、登記官の認証文及び印がありませんが、相続税評価実務には影響ありません。

① 登記事項証明書

不動産登記の登記事項証明書（全部事項証明書）は、不動産の物的な事項に関する事実が記載されている表題部と権利関係が記載せれている権利部から構成されています。

また、権利部には甲区と乙区があります。甲区には所有者に関する事項が記載されており、その所有者は誰で、いつ、どんな原因（売買、相続、贈与など）で所有権を取得したかがわかります。被相続人が過去から相続人等に対して持分の贈与を行っている場合には、甲区に記載されている過去から相続開始時点までの所有権の移転の状況に基づいて、相続開始時点の被相続人の持分を算定する必要があります。

乙区は所有権以外の権利に関する事項が記録されています。乙区に記載されている権利には、抵当権などの担保物権や地上権及び地役権等の用益物権に関する事項が記載されています。用益物権が設定されている場合には、その土地の評価額に影響を受けますので、乙区も確実に確認する必要があります。

② 地図

法務局の地図には、14条地図と地図に準ずる図面とがあります。14条地図には国土調査に基づく地籍図等があり、方位・縮尺・形状ともに一定の精度を有するものです。地積測量図がない場合には、14条地図に基づき現地確認を実施することで、評価に必要な間口距離・及び奥行距離等のデータを得

ることが可能です。

　地図に準ずる図面は、縮尺が不明で精度区分の表示もありませんが、対象不動産の特定のためには欠かすことができません。

　14条地図や地図に準ずる図面に基づき現地確認することにより、評価対象土地の中に里道が通っていたり、また、評価対象不動産と道路との間に他人地が介在している事実を把握することができます。

③　地積測量図

　一般的には地積測量図があると、これに基づき評価に必要な形状に関するデータを確認することができます。

　しかし、作成された時期が古い測量図面には正確さに欠けるものがあります。また、土地を分筆する際には実測が必要ですが、平成17年3月からは分筆する土地及び残地ともに実測がされていますが、それ以前は一般的には残地は実測されていません。したがって、分筆後の残地の土地が測量図面に記載されていてもその精度は低いものとなっています。また、その土地自体の面積等が地積測量図に正確に表されていても、現況ではその土地の一部が道路のなかに包含されている場合もあります。

　地積測量図は路線価評価においては重要な資料ですが、これと現地との照合は必ず行ってください。

> **実務の注意点**
>
> 　筆者の経験例ですが、対象地の土地の間口及び奥行距離は地積測量図により事前に把握できたのですが、現実に利用されている土地の範囲と地積測量図を現地確認時に照合したところ、対象地の一部は公道敷に包含されていることがわかった、ということがあります。もちろん公道部分は評価を要しない土地、つまり評価額0円としました。
>
> 　このようなことは、図面だけではわかりません。地積測量図があっても、これと現実に利用されている土地との照合は必ず行ってください。
>
>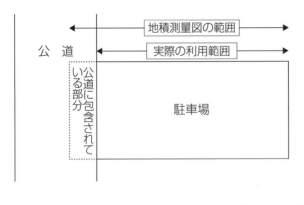

④　建物図面

　建物図面とは建物の位置・形状等を示す図面をいいます。建物図面には、その敷地が縮尺入りで表示されています。地積測量図や14条地図がない場合には、それらの代替資料として現地確認時に用いることができます。

a 総資産価額(帳簿金額)及び従業員数に応ずる割合

卸売業	小売・サービス業	卸売業、小売・サービス業以外	割合
14億円以上(従業員数が50人以下の会社を除く)	7億円以上(従業員数が50人以下の会社を除く)	7億円以上(従業員数が50人以下の会社を除く)	0.90
7億円以上(従業員数が30人以下の会社を除く)	4億円以上(従業員数が30人以下の会社を除く)	4億円以上(従業員数が30人以下の会社を除く)	0.75
7,000万円以上(従業員数が5人以下の会社を除く)	4,000万円以上(従業員数が5人以下の会社を除く)	5,000万円以上(従業員数が5人以下の会社を除く)	0.60

※ 複数の区分に該当する場合には、上位の区分に該当するものとする。

b 直税期末以前1年間における取引金額に応ずる割合

卸売業	小売・サービス業	卸売業、小売・サービス業以外	割合
50億円以上80億円未満	12億円以上20億円未満	14億円以上20億円未満	0.90
25億円以上50億円未満	6億円以上12億円未満	7億円以上14億円未満	0.75
2億円以上25億円未満	6,000万円以上6億円未満	8,000万円以上7億円未満	0.60

③ 小会社の評価

小会社の株式の価額は、1株当たりの純資産価額によって評価します。

ただし、納税者の選択により、Lを0.5として上記②の算式により計算した金額によって評価することができます。

> **実務の注意点**
>
> 実務上は類似業種比準価額の方が純資産価額よりも低い場合が多いので、大会社は類似業種比準、中会社は併用方式、小会社は併用方式を採用してLの割合を0.5で計算した金額を採用する場合が多いです。

(4) 株主の態様による区分

取引相場のない株式を評価する場合は、それぞれの株主のその発行会社に対する支配力の強弱によって評価方法が定まっており、具体的には次の表のとおり、各株主の態様により評価をします。

会社区分	株主の態様による区分				評価方式
	株主区分				
同族株主のいる会社	同族株主30%以上（50%超）	取得後の議決権割合5％以上の株主			原則的評価方式
		取得後の議決権割合5％未満の株主	中心的な同族株主がいない場合		
			中心的な同族株主（25％以上）がいる場合	中心的な同族株主	
				役員である株主又は役員となる株主	
				その他の株主	特例的評価方式
	同族株主以外の株主				
同族株主のいない会社	議決権割合の合計が15％以上のグループに属する株主	取得後の議決権割合5％以上の株主			原則的評価方式
		取得後の議決権割合5％未満の株主	中心的な株主がいない場合		
			中心的な株主（10％以上）がいる場合	役員である株主又は役員となる株主	
				その他の株主	特例的評価方式
	議決権割合の合計が15％未満のグループに属する株主				

注1　同族株主

　　株主の1人及びその同族関係者（法人税法施行令4に規定）の有する議決権の合計数が、その会社の議決権総数の30％以上（50％超の場合にはその同族株主グループに属する株主のみ）である場合における、その株主及び同族関係者

　2　中心的な同族株主

　　同族株主のいる会社の株主で、株主の1人並びにその配偶者、直系血族、兄弟姉妹、一親等の姻族等の有する議決権の合計数が、その会社の議決権総数の25％以上である場合における、その株主

　3　役員

　　社長、理事長のほか、次に掲げる者

　　(1)代表取締役、代表執行役、代表理事

　　(2)副社長、専務、常務その他これらに準ずる職制上の地位を有する役員

　　(3)取締役（委員会設置会社の取締役に限る）、会計参与及び監査役並びに監事

　4　中心的な株主

　　同族株主のいない会社の株主で、株主の1人及びその同族関係者の有する議決権の合計数が、その会社の議決権総数の15％以上である株主グループのうち、単独で議決権総数の10％以上の議決権を有している株主がいる場合における、その株主

《同族関係者の範囲等》

　1　個人たる同族関係者（法人税法施行令4①）

　　(1)株主等の親族（配偶者、6親等内の血族及び3親等内の姻族）

　　(2)株主等と婚姻の届出をしていないが事実上の婚姻関係と同様の事情にある者

　　(3)個人である株主等の使用人

　　(4)上記に掲げる者以外の者で個人である株主等から受ける金銭その他の資産によって生計を維持しているもの

　　(5)上記(2)～(4)に掲げる者と生計を一にするこれらの親族

　2　法人たる同族関係者

　　(1)株主等の1人が他の会社（同族会社かどうかを判定しようとする会社以外の会社。以下同じ。）を支配している場合における当該他の会社。ただし、同族関係会社であるかどうかの判定の基準となる株主等が個人の場合は、その者及び上記1の同族関係者が他の会社を支配している場合における当該他の会社（以下(2)及び(3)において同じ。）。

(2) 株主等の1人並びにこれと特殊の関係のある(1)の会社が他の会社を支配している場合における当該他の会社
(3) 株主等の1人並びにこれと特殊の関係のある(1)及び(2)の会社が他の会社を支配している場合における当該他の会社
（注） 上記(1)～(3)に規定する「他の会社を支配している場合」とは、次に掲げる場合のいずれかに該当する場合をいう。
　イ　他の会社の発行済株式又は出資（自己の株式又は出資を除く。）の総数又は総額の50％超の数又は金額の株式又は出資を有する場合
　ロ　他の会社の次に掲げる議決権のいずれかにつき、その総数（当該議決権を行使することができない株主等が有する当該議決権の数を除く。）の50％超の数を有する場合
　　① 事業の全部若しくは重要な部分の譲渡、解散、継続、合併、分割、株式交換、株式移転又は現物出資に関する決議に係る議決権
　　② 役員の選任及び解任に関する決議に係る議決権
　　③ 役員の報酬、賞与その他の職務執行の対価として会社が供与する財産上の利益に関する事項についての決議に係る議決権
　　④ 剰余金の配当又は利益の配当に関する決議に係る議決権
　ハ　他の会社の株主等（合名会社、合資会社又は合同会社の社員（当該他の会社が業務を執行する社員を定めた場合にあっては、業務を執行する社員）に限る。）
(4) 上記(1)から(3)の場合に、同一の個人又は法人の同族関係者である2以上の会社が判定しようとする会社の株主等（社員を含む。）である場合には、その同族関係者である2以上の会社は、相互に同族関係者であるものとみなされる。
3　個人又は法人たる同族関係者
　個人又は法人との間で当該個人又は法人の意思と同一の内容の議決権を行使することに同意している者がある場合には、当該者が有する議決権は当該個人又は法人が有するものとみなし、かつ、当該個人又は法人（当該議決権に係る会社の株主等であるものを除く。）は当該議決権に係る会社の株主等であるものとみなして、他の会社を支配しているかどうかを判定する。

(5) 計算方法

① 類似業種比準方式

$$A \times \left[\text{Ⓑ}/B + \text{Ⓒ}/C \times 3 + \text{Ⓓ}/D \right] \times 1/5 \times 斟酌率$$

A…類似業種の株価（課税時期の属する月以前3か月及び前1年間平均のうち最も低いもの）
B…類似業種の1株当たりの配当金額
C…類似業種の1株当たりの年利益金額
D…類似業種の1株当たりの純資産価額
Ⓑ…評価会社の1株（1株50円に換算）当たりの配当金額
Ⓒ…評価会社の1株（1株50円に換算）当たりの利益金額
Ⓓ…評価会社の1株（1株50円に換算）当たりの純資産価額（帳簿価額）
A～Dは国税庁から公表されます。
斟酌率は大会社の場合は0.7、中会社は0.6、小会社の場合は0.5を使用します。

② 純資産価額方式

$$\left(\underset{\text{資産の合計額}}{\text{(相続税評価額)}} - \underset{\text{負債の合計額}}{\text{(相続税評価額)}} - 評価差額に対する法人税等相当額 \right) \div 発行済株式数$$

$$\text{評価差額に対する法人税相当額} = \left[\text{相続税評価額による純資産価額} - \text{帳簿価額による純資産価額}\right] \times 38\% \quad \text{(平成27年4月1日以後に相続等又は贈与により取得した場合)}$$

(注) 株式の取得者（納税義務者）とその同族関係者の有する議決権の合計数が、評価会社の議決権総数の50％以下である場合には、1株当たりの純資産価額の80％相当額により評価します（ただし、大会社を除きます。）。

③ 類似業種比準価額と純資産価額方式との併用方式

類似業種比準価額×L＋1株当たりの純資産価額（相続税評価額）×（1－L）

(注) Lの割合　　大会社に近いもの　…0.90
　　　　　　　中間のもの　　　　…0.75　（詳しくは196ページを参照してください。）
　　　　　　　小会社に近いもの　…0.60

④ 特例的評価方式（配当還元方式）

$$\frac{\text{その株式に係る年配当金額}}{10\%} \times \frac{\text{その株式の1株当たりの資本金等の額}}{50\text{円}}$$

⑤ 特別の評価方法（特定の評価会社）

次の表の区分の会社（特定の評価会社）の株式は、表中のそれぞれの評価方法に基づいて評価します。

区　分	内　容	評価方法
比準要素数1の会社	直前期末を基とした場合の3つの要素「配当金額」「利益金額」「純資産価額」のうち、いずれか2つが0であり、かつ、直前々期末を基とした場合も0である会社	純資産価額もしくは類似業種比準価額×0.25＋純資産価額×0.75
株式保有特定会社	総資産価額に占める株式等の価額の割合が50％以上の会社	純資産価額もしくはS1＋S2
土地保有特定会社	総資産価額に占める土地等の価額の割合が 大会社は70％以上、中会社は90％以上 小会社のうち、大会社の総資産価額基準に該当するものは70％以上で中会社の総資産価額基準に該当するものは90％以上の会社	純資産価額
開業後3年未満の会社等	開業後3年未満の会社または、直前期末を基準とした3つの比準要素が全て0の会社	純資産価額
開業前又は休業中の会社	開業前、休業中の会社	純資産価額
清算中の会社	清算中の会社	分配可能額の基準年利率による複利現価の額によって評価

S1+S2の概念図

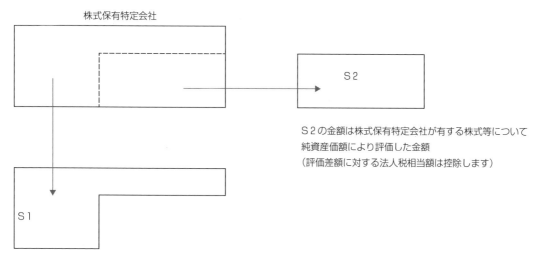

S1の金額は株式保有特定会社が有する株式等と当該株式等に係る受取配当収入がなかったとした場合の同社株式の原則的評価方法による評価額

> **留意点**
>
> 特定の評価会社の中でよくあるのが、比準要素1の会社ではないでしょうか。
> 利益が出ていないから配当をしないということはよくあります。ただし、景気が良かった時の剰余金が多額に存在する会社は要注意です。
> 類似業種比準価額が25％しか使えず、株価が高くなるリスクが高まります。

五　その他の主な財産の評価方法

相続税・贈与税において評価の対象となる財産は多岐にわたりますが、ここでは実務でよく当たると思われる上記以外の主な財産の評価方法について説明します。

1　預貯金

預貯金の価額は、課税時期における預入残高と同時期現在において解約するとした場合の既経過利子の額（源泉徴収されるべき所得税の額を控除した額）の合計額により評価します。

ただし、定期預貯金及び定額郵便貯金以外の預貯金については、既経過利子が少額なものは、課税時期現在の預入残高により評価します。

預貯金の評価額＝課税時期現在の預入残高＋既経過利子の額

（普通預金及び当座預金等については、預貯金の評価額＝課税時期現在の預入残高）

なお、既経過利子の額は、課税時期現在において解約するとした場合に支払を受けることができる金額、つまり課税時期現在の解約利率に基づいて計算することに留意してください。

また、源泉徴収されるべき所得税の額とは、具体的には次の額です。

源泉徴収されるべき所得税の額 ＝ 「所得税に相当する額（平成25年１月１日以降の相続等については復興特別所得税の額に相当する金額を含む）」 ＋ 「特別徴収されるべき道府県民税の利子割の額に相当する金額」

以下の各資産の評価における、「源泉徴収されるべき所得税の額」という場合も同様です。

2　利付公社債

利付公社債は、次の区分ごとにそれぞれ評価します。

(1)　金融証券取引所に上場されている利付公社債

次のA+Bの金額で評価します。

A　最終価格又は日本証券業協会の公表する課税時期の平均値

① その公社債が上場している金融証券取引所の公表する課税時期の最終価格

② 日本証券業協会において売買参考統計値が公表される銘柄として選定された公社債

　　a　日本証券業協会の公表する課税時期の平均値と最終価格のうちいずれか低い金額

　　b　課税時期現在に最終価格及び平均値のいずれもない場合には、課税時期前の最終価格又は平均値のうち、課税時期に最も近い日の最終価格又は平均値

　　c　bの日に最終価格又は平均値のいずれもある場合には、最終価格又は平均値のいずれか低い金額

B　既経過利息相当額

課税時期において利払期が到来していない利息のうち、課税時期現在の既経過分に相当する金額から当該金額から源泉徴収されるべき所得税の額を控除した額。

(2)　日本証券業協会において売買参考統計値が公表される銘柄として選定された利付公社債（金融証券取引所に上場されている利付公社債を除く。）

日本証券業協会の公表する課税時期の平均値＋既経過利息相当額

なお、課税時期現在に平均値がない場合には、課税時期前の平均値のうち、課税時期に最も近い日の平均値とします。

(3)　(1)又は(2)の以外の利付公社債

その公社債の発行価額＋既経過利息相当額

3　割引発行の公社債

(1)　金融商品取引所に上場されている割引発行の公社債

その公社債が上場されている金融証券取引所の公表する課税時期の最終価格

(2)　日本証券業協会において売買参考統計値が公表される銘柄として選定された割引発行の公社債（金融証券取引所に上場されている割引発行の公社債及び割引金融債を除く。）

その公社債の課税時期の平均値

(3) (1)又は(2)の以外の利付公社債

発行価額＋券面額と発行額との差額に相当する金額 × $\left(\dfrac{\text{発行日から課税時期までの日数}}{\text{発行日から償還期限までの日数}}\right)$

4　貸付信託受益証券

元本の額＋既経過収益の額 −（既経過収益の額につき源泉徴収されるべき所得税の額）− 買取割引料

5　証券投資信託受益証券

(1) 中期国債ファンド、MMF等の日々決算型の証券投資信託の受益証券

　課税時期において解約請求又は買取請求により、証券会社等から支払を受けることができる価額。具体的には、次の算式により計算した金額。

1口当たりの基準価額 × 口数 ＋ 再投資されていない未収分配金（A） − Aにつき源泉徴収されるべき所得税の額 − 信託財産留保額及び解約手数料（消費税相当額を含む）

(2) (1)以外の証券投資信託の受益証券

　課税時期において解約請求又は買取請求により、証券会社等から支払を受けることができる価額。具体的には、次の算式により計算した金額。

課税時期の1口当たりの基準価額 × 口数 − 課税時期において解約請求等した場合に源泉徴収されるべき所得税の額 − 信託財産留保額及び解約手数料（消費税相当額を含む）

6　J-REIT

　不動産投資法人の投資証券、いわゆるJ-REITのうち上場されているものの価額は、上場株式の評価に準じて評価します。

7　生命保険契約に関する権利

　相続開始の時において、まだ保険事故が発生していない生命保険契約に関する権利の価額は、相続開始の時における解約返戻金の額により評価します。

　なお、解約返戻金のほかに支払われる前納保険料の金額及び剰余金の分配額がある場合にはこれらの金額を加算し、源泉徴収されるべき所得税の額がある場合にはこれを控除します。

8　ゴルフ会員権

　ゴルフ会員権のうち、取引相場のあるものは課税時期における通常の取引価格の70％相当額で評価します。

　なお、取引価格に含まれない次の預託金等がある場合には、これらを加算して評価します。

① 課税時期において直ちに返還を受けることができる預託金等

　当該預託金等の額

② 課税時期から一定の期間を経過した後に返還を受けることができる預託金等

　返還を受けることができる金額の課税時期から返還を受けることができる日までの期間（1年未満の期間は1年とします。）に応ずる基準年利率による複利現価の額

9 一般動産

動産とは、不動産（土地及び建物、立木等の土地の定着物をいいます。）以外のすべての物をいいます（民法86②）。

評価通達の一般動産とは、動産のうち、たな卸商品等、牛馬等、書画骨とう品及び船舶以外の物をいいます。

また、家屋と構造上一体となっている建物附属設備や門・塀等の設備及び庭園設備も一般動産には含まれません。

一般動産の価額は、原則として売買実例価額、精通者意見価格等を参酌して評価します。具体的には、精通者意見価格のほか、中古市場等やインターネットにより把握できる価額をもとに評価することになります。

売買実例価額、精通者意見価格等が不明な場合には、その動産と同種及び同規格の新品の課税時期における小売価額から、その動産の製造の時から課税時期までの期間（1年未満の期間は1年とします。）の償却費の額を控除した額により評価します。なお、この場合の償却費は、耐用年数は耐用年数省令により、償却方法は定率法によります。

 **実務の注意点**　　　　　　　　家庭用財産

相続税申告実務においては、家庭用財産は次の①及び②等の事実を確認した上で、被相続人の所得及び生活状況等を考慮して査定した額で計上することが多いものと思われます。
① 家庭用財産の購入者が被相続人か相続人か
② 書画骨とう品としての価値が認められる財産の有無
　書画骨とう品は、一般家庭用財産とは別個に精通者意見価格等を参酌して評価する必要があります。

---

10 書画骨とう品

書画骨とう品の評価は、売買実例価額、精通者意見価格等を参酌して評価します。

かなりの価値が見込まれる書画骨とう品は、美術商等の専門家の鑑定に基づいて評価する場合も多いと思われます。

11 たな卸商品等

たな卸商品等は、次の区分ごとにそれぞれ評価します。

(1) 商品

商品の評価額 ＝ その商品の販売業者の課税時期の販売価額 － 適正利潤の額 － 販売時期までの間に販売業者が負担すると見込まれる予定経費の額 － 消費税額（地方消費税額を含む。以下同じ。）

(2) 原材料

原材料の評価額 ＝ その販売業者の課税時期における仕入価額 ＋ 引取り等に要する運賃等のその他の経費の額

(3) 製品及び半製品

製品及び半製品の評価額 ＝ 製造業者又は生産業者の課税時期の販売価額 － 適正利潤の額 － 予定経費の額 － 消費税額

なお、個々の価額を算定し難いたな卸商品等の価額は、その企業が所得の金額の計算上選定している方法によることができます。

〈著者紹介〉

岡本　武久（おかもと　たけひさ）
　　昭和42年　兵庫県生まれ
　　平成3年　神戸大学法学部卒業
　　昭和60年～平成26年
　　　　　　大阪国税局資産課税課、国税不服審判所を経て平成26年東税務署審理専門官（資産）を最後に退職
　　平成26年　税理士登録
　　　　　　岡本武久税理士事務所を開業

丸田　隆英（まるた　たかひで）
　　昭和33年　大阪生まれ
　　昭和56年　関西大学法学部卒業
　　昭和56年～平成21年
　　　　　　大阪国税局国税訟務官室、同局資産評価官付審査指導担当主査等を経て平成21年7月大淀税務署個人課税第一部門統括官を最後に退職
　　平成7年　不動産鑑定士登録
　　平成21年　税理士登録
　　　　　　丸田税理士事務所・不動産鑑定を開業
　　現　在　近畿税理士会税務審理員（資産税担当）

八谷　昌宏（やたに　まさひろ）
　　昭和39年　大阪生まれ
　　昭和63年　同志社大学経済学部卒業
　　昭和63年～平成26年
　　　　　　大阪国税局査察部、同局課税一部資料調査第2課主査等を経て平成26年6月葛城税務署資産課税第一部門統括官を最後に退職
　　平成26年　税理士登録
　　　　　　八谷昌宏税理士事務所を開業

事例でわかる　相続税・贈与税と財産評価の要点

2015年8月17日　発行

著　者　　岡本　武久、丸田　隆英、八谷　昌宏 ©

発行者　　小泉　定裕

発行所　　株式会社 清文社
　　　　　東京都千代田区内神田1−6−6（MIFビル）
　　　　　〒101−0047　電話 03(6273)7946　FAX 03(3518)0299
　　　　　大阪市北区天神橋2丁目北2−6（大和南森町ビル）
　　　　　〒530−0041　電話 06(6135)4050　FAX 06(6135)4059
　　　　　URL http://www.skattsei.co.jp/

印刷：亜細亜印刷㈱

■著作権法により無断複写複製は禁止されています。落丁本・乱丁本はお取り替えします。
■本書の内容に関するお問い合わせは編集部までFAX(06-6135-4056)でお願いします。
■本書の追録情報等は、当社ホームページ(http://www.skattsei.co.jp/)をご覧ください。

ISBN978-4-433-56335-6